HISTOIRE
DE
TURENNE
MARÉCHAL DE FRANCE

PAR

L. ARMAGNAC

SOUS-CHEF DE BUREAU AU MINISTÈRE DE L'INSTRUCTION PUBLIQUE

ORNÉ DE 4 GRAVURES

TOURS

ALFRED MAME ET FILS

ÉDITEURS

HISTOIRE
DE TURENNE

1re ET 2e SÉRIE IN-12

PROPRIÉTÉ DES ÉDITEURS

TURENNE

HISTOIRE

DE

TURENNE

MARÉCHAL DE FRANCE

PAR

L. ARMAGNAC

SOUS-CHEF DE BUREAU AU MINISTÈRE DE L'INSTRUCTION PUBLIQUE

> Il ne faut pas qu'il y ait un homme de guerre en repos en France tant qu'il y aura un Allemand en deçà du Rhin en Alsace. — TURENNE.

SIXIÈME ÉDITION

TOURS

ALFRED MAME ET FILS, ÉDITEURS

M DCCC LXXXVII

HISTOIRE DE TURENNE

CHAPITRE I

*Enfance et jeunesse de Turenne. — Son éducation.
— Ses premières armes.*

Henri de la Tour d'Auvergne, vicomte de Turenne, naquit à Sedan, le 11 septembre 1611. Il était le second fils de Henri de la Tour d'Auvergne, duc de Bouillon, prince de Sedan, et d'Élisabeth de Nassau, fille de Guillaume Ier de Nassau, prince d'Orange.

Le duc de Bouillon, son père, appartenait à la maison de la Tour, « originaire de la province d'Auvergne, bonne, ancienne, bien alliée, » dit Saint-Simon. C'était un homme d'une intelligence remarquable, actif, habile, d'une grande expérience dans les affaires, d'un courage éprouvé, mais très ambitieux, peu scrupuleux sur le choix des moyens, tout entier au désir d'élever sa maison. Son éducation première avait été fort négligée. Devenu jeune homme, il s'était adonné, de lui-même et avec succès, à l'étude de l'histoire, des mathématiques, de la philosophie et « de toutes les sciences qui pouvaient le rendre aussi propre pour les conseils que pour l'exécution ». Il fut distingué par Henri IV, auquel il avait été attaché dès sa jeunesse, et dont il devint, selon les termes mêmes du roi, « le lieutenant, l'ami et le compagnon. » Henri IV le fit maréchal, lui confia d'importantes missions en Angleterre, et contribua à son mariage avec Charlotte de la Mark, héritière de Sedan, Bouillon, Raucourt et Jametz. Après trois ans de mariage, Charlotte mourut sans lui laisser d'enfants;

mais, au lit de mort, elle fit un testament en sa faveur. Quelques chroniqueurs méchants ont osé prétendre qu'elle était déjà morte quand on lui fit signer ce testament. Quoi qu'il en soit, soutenu par Henri IV, qui voyait avec plaisir la possession d'une des frontières du royaume entre les mains d'un de ses plus dévoués serviteurs, le duc garda la dot et se remaria en 1595 avec la fille de Guillaume le Taciturne. Par sa mère, Turenne se rattachait donc à la célèbre maison de Nassau, qui a donné un empereur à l'Allemagne, plusieurs stathouders à la Hollande et un roi à l'Angleterre.

Turenne fut élevé dans la religion protestante, à laquelle son père et sa mère se montraient également attachés. Dès qu'il fut en âge d'avoir des maîtres, son père, qui plus que tout autre devait essentiellement tenir à ce que ses enfants reçussent dès leur jeunesse une éducation soignée et une instruction étendue dont il comprenait si bien l'importance, plaça auprès de lui deux hommes distingués, Daniel Tilenus et le chevalier de Vassignac.

Turenne était un enfant fort ordinaire. Rien chez lui n'annonçait ce qu'il devait être un jour. Il était bon, et donnait volontiers et de lui-même aux pauvres de Sedan l'argent que l'on mettait à sa disposition pour ses menus plaisirs. Son caractère était franc, très posé, modeste et doux, mais ferme. Son esprit était lent et tardif; il y avait du Hollandais chez Turenne. Il apprenait peu et difficilement, mais il réfléchissait beaucoup sur ce qu'il avait lu et appris. Dans les premiers temps de son éducation, la difficulté qu'il avait à étudier passa auprès de ses maîtres pour défaut d'application, et les châtiments corporels, fort en usage en ce temps-là pour les écoliers récalcitrants, fussent-ils princes ou rois (Louis XIV, on le sait, n'y échappa point), faillirent le dégoûter entièrement de ses maîtres et de ses études. Heureusement son père comprit la nature de cet esprit que la sévérité n'aurait pas dompté. Il interdit le fouet, piqua l'amour-propre de l'enfant, l'excita doucement et le fit ainsi travailler et réussir dans ses études, sauf dans les sciences, qu'il n'apprenait qu'à contre-cœur.

Turenne aimait par-dessus tout la lecture, ce travail paresseux qui exige si peu d'efforts. Ses auteurs préférés étaient les historiens, et parmi eux son favori était Quinte-Curce. Son biographe, Ramsay, raconte à ce sujet une anecdote intéressante que je rapporte sans, bien entendu, me porter garant de son authenticité.

A dix ou douze ans, Turenne lisait avec passion cette attachante vie d'Alexandre qu'a écrite Quinte-Curce, et, dans son enthousiasme, il se plaisait à raconter à ceux qui l'entouraient les faits héroïques qui l'avaient le plus frappé. Un jour, à table, comme il venait de citer quelque trait invraisemblable de son héros favori, un officier, ami de son père, voulut le mettre en garde contre les exagérations de Quinte-Curce, et lui dit que la vie d'Alexandre n'était qu'un roman. L'enfant parut vivement froissé de cette observation. La duchesse de Bouillon, ayant remarqué son mécontentement, fit signe à l'officier de continuer à le contredire. La dispute s'échauffa. Turenne se mit en colère, quitta brusquement la table et fit secrètement appeler en duel l'officier, qui, sur l'avis de la duchesse, accepta le cartel. On organisa une partie de chasse pour le lendemain, et Turenne, échappant à la surveillance, volontairement en défaut, de son gouverneur, arriva au lieu du rendez-vous, où l'attendaient sa mère et l'audacieux officier qui avait osé douter de l'absolue véracité de Quinte-Curce. La duchesse de Bouillon reçut son fils en lui disant qu'elle venait servir de second à son adversaire, mais qu'elle espérait que tout pourrait s'arranger. Tout s'arrangea, en effet : l'officier déclara qu'il tenait pour vérités de foi toutes les anecdotes de Quinte-Curce, et, l'enfant s'étant déclaré satisfait, on se dirigea vers une table bien garnie que la duchesse avait fait dresser aux environs. On se mit gaiement à table, et le duel se changea en déjeuner. Serait-ce à Mme de Bouillon que remonterait cette manière d'accommoder les différends, qui est devenue assez commune de nos jours pour qu'elle n'ait plus à nos yeux le piquant de l'originalité ?

Puisque nous en sommes aux anecdotes de l'enfance de Turenne, n'omettons pas le récit bien connu, consacré par les arts et la tradition, qui nous le montre couché sur l'affût d'un canon. Enfant, il était d'une complexion très délicate, et sa constitution fut toujours faible jusqu'à l'âge de douze ans. Son père disait souvent avec regret devant lui qu'il ne serait jamais en état de supporter les fatigues de l'état militaire. Pour lui prouver le contraire, Turenne prit la résolution de passer une nuit pendant l'hiver sur les remparts de Sedan. Il disparut un soir, et le chevalier de Vassignac, après l'avoir longtemps cherché, le trouva vers dix à onze heures, couché et endormi sur l'affût d'un canon.

Le duc de Bouillon mourut en 1623. La mère de Turenne continua l'éducation de son fils. L'enfant, qui entrait dans sa douzième année, commença alors ce qu'on appelait « les exercices », où il réussit mieux et plus vite que dans ses études. Il s'exerça à manier les armes, et prit si bien l'habitude du cheval, qu'en moins d'un an il put monter aisément les chevaux les plus difficiles.

Au commencement de l'année 1625, lorsqu'il venait à peine d'entrer dans sa quatorzième année, Mme de Bouillon jugea qu'il était assez formé pour prendre du service. On commençait de bonne heure en ce temps-là. L'aîné de la famille, Frédéric-Maurice, devenu duc de Bouillon et prince de Sedan par la mort de son père, servait en Hollande sous les ordres du prince Frédéric-Maurice. Ce prince, oncle maternel des deux jeunes gens, venait de recommencer courageusement, après une trêve de douze ans conclue en 1609 et expirée en 1621, la lutte poursuivie depuis tant d'années, avec opiniâtreté et succès, par la Hollande contre la puissante nation espagnole.

La duchesse de Bouillon aurait volontiers envoyé son second fils en France, où elle désirait se ménager des relations et des appuis; mais le cardinal de Richelieu laissait déjà percer le dessein qu'il avait formé de lutter avec vigueur contre la religion protestante, devenue menaçante pour la sûreté de l'État. La duchesse de Bouillon ne voulut point exposer son fils à la pénible nécessité de combattre ses coreligionnaires; d'ailleurs il était très jeune, et comme les deux frères s'aimaient tendrement, elle l'envoya rejoindre son frère aîné en Hollande.

Le prince Maurice, capitaine général et amiral des Provinces-Unies, était un homme d'une grande valeur, l'un des meilleurs capitaines de son temps, actif, expérimenté, prudent, mais ambitieux, froid et dur. Il reçut parfaitement son jeune neveu, l'entretint longtemps, l'interrogea et reconnut en lui une maturité précoce et des dispositions pour la guerre. Le traitant comme il avait traité son frère, il le fit, contrairement à l'usage, entrer comme simple soldat dans une compagnie d'infanterie. En général, les jeunes seigneurs servaient dans la cavalerie et avaient un grade dès leur entrée au corps. Le prince Maurice pensait que les officiers qui ont passé par le rang comprennent mieux les besoins et l'esprit du soldat et savent mieux se faire obéir. De plus, il avait une préférence marquée pour l'infanterie. La guerre des Hollandais consistait surtout en sièges, où l'on pouvait dire avec raison « qu'un fantassin faisait la guerre, tandis qu'un cavalier la regardait faire ». Peut-être aussi ce grand capitaine avait-il entrevu l'importance toujours croissante que l'arme de l'infanterie devait prendre dans les guerres modernes.

Le jeune Turenne, déjà judicieux et sensé, obéit sans murmure aux ordres de son oncle. Il renonça à la cavalerie, prit le mousquet et accepta sérieusement et franchement sa position de simple soldat. Il ne refusait aucune corvée, et ne profita jamais des facilités que pouvaient lui donner sa parenté avec le prince Maurice et sa haute naissance pour se dérober aux devoirs les plus minutieux et les plus pénibles du métier. Lorsque l'armée était en marche, il ne quittait jamais les rangs. Quelques cadets de bonnes familles que le prince Maurice avait aussi enrégimentés, et qui étaient disposés à se donner leurs aises, se voyant dans la nécessité de faire comme lui ou de s'exposer aux reproches des officiers, rentrèrent dans la règle commune. Néanmoins le prince, craignant qu'il n'exposât sa santé en supportant, dans un âge aussi tendre, d'aussi grandes fatigues, lui ordonna de se ménager, ce qu'il ne fit qu'à regret. Les officiers lui ayant offert de le prendre avec eux, il ne voulut jamais y consentir, disant qu'il devait y avoir quelque différence entre les officiers et les soldats. Grand exemple de subordination et de respect de la règle, dont la jeunesse de notre époque, avide de bien-être, impatiente de tout frein, pourrait faire son profit.

Quelques mois après l'arrivée de Turenne à l'armée, le prince Maurice vint à mourir, le 23 avril 1625, à l'âge de cinquante-huit ans. Les Hollandais confièrent le commandement des troupes à son frère le prince Henri-Frédéric, qui traita son jeune neveu avec autant d'affection et de sollicitude que l'avait fait son frère, et lui confia une compagnie d'infanterie. Le nouveau capitaine prit ses fonctions d'officier autant à cœur qu'il avait pris celles de soldat. Sa compagnie était l'une des mieux tenues et des plus disciplinées de l'armée. Il ne se reposait sur personne du soin d'instruire et de surveiller ses hommes. Il leur faisait faire l'exercice lui-même et les reprenait avec patience et fermeté. Dans le service, pour tout ce qui concernait l'instruction militaire et la discipline, il se montrait exigeant et sévère; en toute autre circonstance, il était bon pour les soldats, et se mettait toujours à leur disposition. Il leur donnait des conseils et les assistait fréquemment de sa bourse. Il n'aima jamais beaucoup le jeu; même dans sa jeunesse, il ne jouait jamais, et, au lieu de perdre son temps et son argent, comme faisaient ses camarades, il se livrait à l'étude, et il employait à secourir les misères qu'il voyait autour de lui l'argent dont il pouvait disposer.

Nous ne le suivrons pas dans toutes les campagnes qu'il fit au service de la Hollande, campagnes où il commença d'une manière obscure, mais des plus sérieuses, le rude et pénible apprentissage du métier de la guerre. Qu'il nous suffise de dire qu'en 1626, 1627 et 1628 il servit en qualité de capitaine aux sièges de Klundert, de Willemstadt et de Groll, et qu'il prit part à presque toutes les expéditions du prince Henri contre le fameux Ambroise Spinola, général espagnol, l'un des plus grands hommes de guerre de son temps.

En 1629, quatre ans après son entrée à l'armée, les Hollandais entreprirent le siège de Bois-le-Duc, en Brabant.

Le 30 avril, ils investirent la place, qui capitula après quatre mois de tranchée ouverte, le 14 septembre.

Turenne se fit remarquer pendant ce mémorable siège par sa bravoure et son activité. Il ne ménageait ni sa peine ni sa personne. Ses chefs l'encourageaient, son oncle tout particulièrement. Témoin de ses efforts, il cherchait sans cesse à lui procurer des occasions de se distinguer et à le mettre en avant. « Je n'ai point bougé du quartier, écrivait Turenne à sa mère, le 5 juin, si ce n'est pour aller avec M. le prince, qui s'est allé promener aujourd'hui dès les cinq heures du matin. Il y a quatre ou cinq jours que, venant à propos d'une batterie qu'il a fait faire en ce quartier, i. me dit qu'il voulait que je tirasse les premiers coups... Je donnai deux pistoles aux canonniers, » ajoute Turenne dans sa joie.

Ne négligeant aucune occasion de s'instruire, il interrogeait sans cesse les officiers, les ingénieurs, les sapeurs, les anciens soldats expérimentés, et ne se liait qu'avec les hommes dont il jugeait l'entretien sérieux et profitable. Il examinait les travaux dirigés par ses camarades, étudiait la défense de l'ennemi, observait tout et prenait soigneusement des notes. Il ne considérait pas seulement les faits isolés qui se produisaient sous ses yeux, il cherchait à deviner l'ensemble des opérations. Son esprit, un peu lent, mais pénétrant et sagace, d'une maturité au-dessus de son âge, le servait merveilleusement à cela. Le jour où il était de service à la tranchée, raconte un de ses biographes, était pour lui un jour de repos. La discipline, en lui défendant de quitter son poste, l'obligeait à une tranquillité forcée.

Quand il fallait combattre, il n'épargnait pas sa personne. Son gouverneur, alarmé de sa témérité, lui faisait parfois quelques observations : qu'il s'exposât bravement, quand sa compagnie était appelée à marcher, rien de mieux, c'était son devoir ; mais pourquoi courir sans nécessité au-devant du danger ? Turenne, qui respectait et aimait comme un père le chevalier de Vassignac, n'acceptait pas d'observations sur ce chapitre-là. Le pauvre gouverneur se plaignit de la témérité de son élève au prince d'Orange, qui fit appeler son neveu, le reprit de son ardeur inconsidérée et lui recommanda de ne plus s'éloigner de sa personne, espérant bien au fond n'être pas pris au mot. Quand le jeune homme fut sorti, le prince se tourna vers les officiers présents et leur dit : « Je me trompe fort, Messieurs, ou ce jeune homme égalera un jour les plus grands capitaines. » Dès le lendemain, Turenne se joignit à un détachement commandé par le duc de Bouillon, et qui avait pour mission de combattre un corps de quatre à cinq cents hommes de la garnison de Breda envoyé au secours de la ville assiégée. Après un engagement très vif, les Espagnols furent mis en déroute, et Turenne s'acharna, avec quelques hommes seulement, à la poursuite des fuyards, tandis que le reste de sa compagnie regagnait le camp. On commençait déjà à s'inquiéter de sa longue absence, quand on le vit revenir à la tête d'un petit nombre de gens que son exemple avait entraînés. Ajoutons que le prince ne reprit pas trop son neveu de sa désobéissance.

Le chevalier de Vassignac mourut un peu avant la capitulation de Bois-le-Duc. Turenne « eut un si extraordinaire ressentiment de ce malheur, qu'il était impossible de lui ôter cette pensée, et que toutes les choses que lui avait dites son gouverneur lui revenaient incessamment à la mémoire [1]. »

[1] Turenne à sa mère, 19 septembre 1629.

Chaque année, Turenne venait passer en France, où il était fort bien reçu à la cour, le temps de loisir que lui laissait le service, et il continuait ses études. En 1627, il était à Paris; la peste se mit dans son quartier; il quitta son logement et se rendit « à deux lieues de Paris, en un endroit qu'on appelle l'Hay, qui est à M. de la Boulaye[1] ». Là « les maîtres d'armes et de danse viennent trois ou quatre fois la semaine[2] », et Turenne « explique fort souvent, après le manège, dans les Commentaires de César, où il se plaît plus qu'en aucun autre livre »; quelquefois il prend des leçons avec un M. Justel, qui vient le voir à l'Hay, et « qui prend la peine de l'interroger de son latin[3] ».

Turenne passa l'année 1629 tout entière en Hollande. Nous le trouvons, l'hiver, à la Haye, apprenant le flamand ou se perfectionnant dans les mathématiques. « Je ne trouve pas le flamand difficile à l'égal de ce que l'on disait; expliquant assez courant le Nouveau Testament, et la prononciation n'en étant pas fort malaisée, je tâcherai de m'y rendre savant[4]. » « Je m'avance le plus qu'il m'est possible dans les mathématiques, ayant passé tous les triangles[5]. » Il demeura au camp de Vucht, devant Bois-le-Duc, depuis le milieu de mai jusqu'à la fin d'octobre, et retourna alors à la Haye, où il se remit à l'étude et où il demandait à sa mère de remonter sa garde-robe. « Il ne me reste presque plus d'argent; mon linge s'use fort, n'en ayant point eu depuis Sedan. J'apprends tous les jours le flamand, que je n'ai point oublié, comme je le pensais, le parlant presque tout courant; sachant que vous le désirez, je m'y rendrai fort sujet, et en tout ce qu'il vous plaira de me faire l'honneur de me commander[6]. »

« Turenne, dit Ramsay, servit en Hollande pendant cinq années entières; mais la manière d'y faire la guerre, qui se bornait uniquement aux sièges, ne fournissant pas un champ assez vaste au désir qu'il avait de se perfectionner dans l'art militaire, il souhaita fort d'aller en France, et

---

[1] Turenne à sa mère, 10 août, 1627.
[2] Id., 16 août, 1627.
[3] Id., 20 octobre 1627.
[4] Id., 21 janvier 1629.
[5] Id., 18 janvier 1629.
[6] Id., 18 novembre 1629.

bientôt la situation des affaires de sa maison favorisa son envie. »

Au moment où Turenne mit au service de la France une épée qui devait plus tard peser d'un si grand poids dans ses destinées, il y avait à Paris deux cours, séparées par des inimitiés profondes, celle du roi et celle de sa mère. « Louis XIII, froid, peu communicatif, sans prévenance pour la noblesse, étranger aux goûts de société qui se développaient autour de lui, vivait dans une espèce de retraite, et, comme il détestait les intrigues, surtout celles des femmes, sa jalousie imposait à Anne d'Autriche le même genre de vie. Marie de Médicis, au contraire, avait au palais du Luxembourg, qu'elle s'était fait bâtir dans le goût italien et que Rubens couvrait de ses peintures, une cour magnifique contrastant avec la simplicité de celle de son fils. Les grands affluaient chez elle, attirés par sa générosité et par l'éclat dont elle s'entourait. Leurs flatteries lui persuadaient sans peine qu'elle pouvait tout[1]. » Mais elle ne pouvait rien. La main de fer de Richelieu tenait les rênes du gouvernement. Arrivé pour la seconde fois au pouvoir, en 1624, le cardinal, devenu tout-puissant, poursuivait le plan auquel il avait consacré sa vie, la ruine du parti huguenot, l'abaissement de la maison d'Autriche, la soumission de la turbulente noblesse française. Louis XIII, confiant dans l'habileté de son ministre, résistait à toutes les influences conjurées pour sa ruine. A la journée des Dupes (11 novembre 1630), il le fit plus fort que jamais : c'était justice. On avait pris la Rochelle (1628) ; Montauban et les autres villes révoltées avaient fait successivement leur soumission ; la paix d'Alais ou édit de grâce (juin 1629) avait terminé la dernière guerre religieuse. Les réformés avaient cessé d'être un parti politique et de former un État dans l'État. Mais, pour assurer les résultats obtenus, Richelieu avait des précautions à prendre. La puissante maison de Bouillon, alliée aux plus grandes familles de Hollande et d'Allemagne, et dont les chefs avaient plus d'une fois nourri le dessein de se mettre à la tête du parti calviniste, devait lui donner de l'ombrage. Il résolut de s'en assurer, et en 1630 il fit signer à la duchesse de Bouillon un traité par lequel elle s'engageait à demeurer toujours attachée aux intérêts de la France,

---

[1] Dareste, *Histoire de France*, t. V.

sous la promesse que le roi fit de protéger sa maison.

Non content de cet engagement, Richelieu voulut obliger la duchesse à recevoir dans Sedan garnison française. Pour échapper à cette rigueur, elle rappela de Hollande le jeune Turenne, qu'on envoya en France comme otage. Sa présence devait assurer le cardinal de la fidélité de la famille de Bouillon, et empêcher qu'on ne fît rien au préjudice des prérogatives de son frère aîné. Turenne fut reçu par le roi et le cardinal avec tous les témoignages de distinction que méritaient sa haute naissance et les espérances que faisaient concevoir ses talents militaires. Bien qu'il n'eût encore que dix-neuf ans, on lui confia sur-le-champ un régiment d'infanterie.

Le jeune mestre de camp, attentif et déjà expérimenté, donna tous ses soins à l'équipement et à l'instruction de ses hommes; aussi pouvait-il, peu de temps après (29 août 1630), écrire à sa mère : « J'ai vu ce matin le roi, qui m'a fait fort bonne chère et m'a demandé des nouvelles de mon régiment, et qu'on lui avait dit que c'était le meilleur de l'armée; il le verra demain. » Et le surlendemain : « Mon régiment a passé aujourd'hui devant le roi, qui l'a trouvé fort beau et a dit qu'il l'était autant que le sien des gardes; il l'a voulu voir compagnie par compagnie; il m'a commandé de me mettre dans son carrosse pour aller chez la reine sa mère, qui m'a dit que le roi était fort content de mon régiment et M. le cardinal aussi. » (1er septembre.)

Le régiment de Turenne faisait partie de l'armée envoyée en Italie pour combattre les Espagnols. Le 12 octobre, Turenne fait savoir à sa mère qu'il se prépare à se rendre à Casal. Le 17, l'armée se mit en marche, et, le 26, arriva en vue de cette ville. Elle comptait dix-huit mille hommes d'infanterie et trois mille chevaux. Le jour même on s'avançait en ordre de bataille, les lignes de l'ennemi allaient être attaquées, « on en était à trois cents pas et le commandement fait de donner [1], » lorsqu'un cavalier, courant à bride abattue, apparut dans l'étroit espace libre qui séparait les deux armées, agitant au-dessus de sa tête un papier ou un mouchoir blanc, et criant : *Pace, pace;* paix, paix. C'était Mazarin qui venait annoncer au maréchal de Schomberg que les Espagnols offraient de rendre la ville et le château de Casal et d'évacuer toutes les places

---

[1] Turenne à sa mère, 27 octobre 1630.

du Montferrat, à condition que, pour sauver les apparences, on ne les remettrait pas aux Français, mais à un commissaire impérial dont les fonctions se borneraient à y donner le mot du guet pour les sentinelles. Ces conditions furent acceptées, et Turenne partit dès le lendemain pour ramener son régiment en France.

De 1631 à 1634, le jeune colonel n'a qu'un rôle fort effacé. Ses lettres nous le font voir tantôt en Hollande, où il paraît avoir continué à servir en 1631, 1632 et 1633, tantôt à Paris, partagé entre ses études et les plaisirs de son âge. Il se perfectionne dans l'étude du flamand. Il apprend l'allemand, qu'il parvient à « entendre presque tout au commencement de 1635 ». Il s'occupe beaucoup de son régiment, qui était fort bien tenu, s'il faut en croire les éloges que lui faisaient le roi et le cardinal, éloges qui paraissaient lui aller au cœur, et qu'il n'omet pas de mentionner dans les lettres qu'il écrit à sa mère et à sa sœur.

Le roi et Richelieu, selon son expression favorite, « lui faisaient très bonne chère » habituellement; ce qui n'empêcha pas le terrible cardinal de le menacer un jour de le faire arrêter. « Je vis avant-hier M. le cardinal et hier le roi. Le premier me dit : « Vous n'irez pas à la Bastille pour cette fois, mais ne vous gouvernez pas toujours de même que vous avez fait[1]. » Il s'agissait, je crois, de velléités d'indépendance manifestées par le duc de Bouillon, et auxquelles Turenne se serait associé ou tout au moins ne se serait pas assez énergiquement opposé, au gré du cardinal.

A la cour, l'esprit judicieux et naturellement simple du jeune Turenne est choqué des prodigalités et du luxe inouï des courtisans, et ses ressources de cadet de famille sont bien un peu minces pour le rang qu'il est obligé de garder. Il raconte naïvement ses impressions à sa mère : « Je ferai raccommoder le rabat à rotonde qu'il vous a plu m'envoyer, il est de beaucoup trop grand... Mon frère avait trouvé nécessaire que je me fisse encore faire un habit, n'en ayant que deux à porter, mon noir et le mien rouge en broderie que je porte fort et qui passe : on reconnaît bien toutefois que ce n'est pas un habit fait d'à cette heure. Tout le monde jusqu'aux moindres dépensent prodigieusement, et ils s'imaginent que cela est honteux de porter deux fois dans

[1] Turenne à sa mère, 7 avril 1632.

les grandes assemblées des habits qui leur coûtent deux ou trois mille francs. C'est une grande folie de se ruiner, au point qu'ils font, pour des choses qui mettent si peu en réputation un homme [1]. » Il est plus à son aise au camp. Là, au moins, pas d'étiquette. « On ne se pare point du tout ici. J'ai fait faire un pourpoint de futaine sur mes chausses d'écarlate [2]. »

La figure de Turenne n'était ni douce ni séduisante; il ne fait pas difficulté d'en convenir. Pendant l'hiver de 1633, qu'il passa en grande partie en Hollande, il joua un jour un rôle dans une mascarade : « Mme la princesse d'Orange m'envoya quérir pour aller à la campagne avec M. le prince et elle; il n'y avait que le comte Maurice, le ringraff et moi. On y a demeuré depuis le lundi jusqu'au samedi au soir. On y a fait une mascarade et on me déguisa, dans un village, en paysanne; ils disent tous qu'ils n'ont jamais rien vu de si effroyable [3]. »

Ce fut en 1633 qu'eut lieu le mariage du duc de Bouillon avec la modeste et pieuse Éléonore-Fébronie de Bergues, d'une famille ancienne et illustre, mais dont la fortune était médiocre. La vertu et la beauté de la jeune femme égalaient sa naissance. Cette union ne se fit pas sans de vives résistances de la part de la duchesse de Bouillon. Bonne huguenote, elle s'affligeait de voir son fils épouser une catholique; ambitieuse et désirant avant et par-dessus tout l'élévation de sa maison, elle regrettait que le duc de Bouillon renonçât au magnifique avenir que pouvait lui procurer une alliance avec la famille d'Orange. Cette alliance n'était pas un rêve; elle fut offerte au jeune duc par le prince Henri, qui, n'ayant pour héritier qu'un enfant au berceau, avait jeté les yeux sur le duc de Bouillon pour lui succéder, et voulait lui donner celle de ses filles qui épousa plus tard l'électeur de Brandebourg.

La pieuse duchesse amena son mari à s'occuper de controverse religieuse. Il étudia le calvinisme et reconnut bientôt, comme il le dit dans une lettre à sa sœur, « l'absurdité d'une secte dont les principes fondamentaux, en détruisant la liberté de l'homme, rendent Dieu, par des conséquences naturelles, auteur du mal. » Le duc de Bouil-

---

[1] Turenne à sa mère, 17 février 1631.
[2] *Id.*, 6 août 1631.
[3] *Id.*, 12 avril 1633.

lon abjura la religion protestante. Cet acte lui ayant fait perdre les grands établissements qu'il avait en Hollande, il quitta le service de ce pays vers la fin de 1634, et vint à la cour de France, où il fut très bien accueilli par le roi, et où il se lia d'une manière toute particulière avec le comte de Soissons, Louis de Bourbon, prince du sang, à peu près de son âge. Richelieu le vit plusieurs fois; mais ces deux caractères hautains et entiers ne se convenaient pas. Le duc de Bouillon, imbu des maximes républicaines qu'il avait sucées en Hollande, ne pouvait, sans une secrète répugnance, voir s'établir en France l'autorité absolue et sans contrôle que Richelieu avait projeté d'y imposer à tous. Il s'en retourna à Sedan « sans avoir, dit Ramsay, aucun sujet de se louer ni de se plaindre du ministre ».

Au moment où son frère aîné quittait la cour, Turenne entrait en campagne. Cette année-là, il se fit particulièrement remarquer au siège de la Motte, ville de Lorraine.

La forteresse de la Motte était bâtie sur un plateau isolé, situé au sommet d'une montagne fort élevée. Les approches de la place, bien approvisionnée et bien défendue, étaient difficiles, parce que les mineurs ne pouvaient faire de travaux qu'en attaquant la roche vive. On ne laissa pas néanmoins que de commencer les travaux d'usage. On établit sept batteries, et l'on battit en brèche le bastion Saint-Nicolas. La brèche ouverte, le maréchal de la Force envoya à l'assaut le régiment commandé par son fils, le marquis de Tonneins. Ce régiment, imprudemment lancé à découvert, fut si fort maltraité, qu'après un assaut vigoureux, mais énergiquement repoussé, il se vit contraint de se retirer. Les assiégés faisaient grand feu et laissaient tomber du haut des remparts d'énormes pierres qui se brisaient en arrivant sur les rochers, et dont les éclats tuaient ou blessaient les assiégeants. Un capucin nommé Eustache, frère du gouverneur, homme robuste et vigoureux, faisant scrupule de se servir de l'épée et du mousquet, en jeta à lui seul, d'un gabion où il était, plus de dix charretées, en moins de six heures, sur le régiment de Tonneins. Quelques-unes de ces pierres pesaient bien de cent à cent cinquante livres [1].

Le lendemain, le régiment de Turenne fut commandé

---

[1] *Mercure français*, 1634.

pour monter à l'assaut. Le jeune mestre de camp avait suivi les péripéties de l'attaque de la veille; il sut tirer profit de ses observations. Stimulant ses hommes par le désir de réussir dans une entreprise où l'un des meilleurs régiments de l'armée venait d'échouer, il les lança sur la brèche au moment favorable, les soutint à propos, donnant ses ordres avec un sang-froid, une lucidité d'esprit au milieu du danger étonnants chez un si jeune homme, et il parvint à s'emparer du bastion malgré la résistance désespérée que lui opposa l'ennemi, excité par l'avantage qu'il avait remporté le jour précédent.

La ville se rendit au maréchal de la Force après cinq mois de siège (du 5 mars au 26 juillet).

Le maréchal de la Force, dans les rapports qu'il adressa au cardinal de Richelieu, rendit au courage et aux talents de Turenne une justice pleine et entière. Cet acte était d'autant plus méritoire que la réputation de Turenne devait porter préjudice à l'avenir de son fils. Richelieu, qui se connaissait en hommes, n'hésita pas, en effet, à donner à Turenne la commission de maréchal de camp, bien qu'il n'eût encore que vingt-trois ans. Ce grade venait immédiatement après celui de maréchal de France, celui de lieutenant général n'existant pas encore. Le ministre avait reconnu un véritable homme de guerre dans ce jeune colonel froid, calme, réfléchi, qui s'était fait remarquer, moins par l'impétuosité d'une valeur inconsidérée que par l'exécution, dans des circonstances périlleuses et difficiles, d'un plan mûri à l'avance et bien conçu.

Turenne passa l'hiver en Allemagne. Il trace un lugubre tableau de ce malheureux Palatinat, si ravagé déjà, et qui allait encore avoir tant à souffrir dans ce siècle : « Pour tout le pays de M. l'électeur, tant deçà que delà le Rhin, qui s'était déjà bien remis, il est entièrement ruiné par les Impériaux, les Suédois et notre armée; de sorte qu'on passerait dans cent villages sans trouver un paysan [1]. »

La guerre, en effet, n'était pas près de finir. Le moment était arrivé où Richelieu, délivré de toute inquiétude à l'intérieur, jugea opportun de faire intervenir la France dans la guerre de Trente ans.

Le cardinal voulait attaquer à la fois l'Empereur et le roi

---

[1] Turenne à sa mère, 17 janvier 1635.

d'Espagne, ce qui allait l'obliger à porter simultanément les armes dans les Pays-Bas, en Allemagne, en Lorraine, dans les Grisons et en Italie ; aussi fit-il, avant de se lancer dans une telle guerre, de formidables préparatifs militaires. Le roi devait entretenir cent trente mille hommes d'infanterie et vingt-deux mille chevaux, chiffre énorme pour ce temps-là.

Bientôt tout fut prêt, il ne restait plus qu'à trouver un prétexte pour déclarer la guerre : on le trouva aisément.

En 1632, l'électeur de Trèves s'était détaché de la Ligue catholique ; il avait traité avec la France, obtenu de la Suède qu'elle serait neutre, et reçu garnison française à Trèves, Hermanstein et Philippsbourg. Les Espagnols et les Autrichiens lui déclarèrent la guerre au mois de janvier 1635. Un aventurier liégeois nommé Cerfontaine surprit Trèves, le 26 mars, avec quelques soldats déguisés en bateliers. L'électeur était alors dans son lit, souffrant de la goutte ; il fut fait prisonnier, envoyé à Namur, et enfin renfermé dans la citadelle d'Anvers. A cette nouvelle, Richelieu fit assembler un conseil extraordinaire auquel assistèrent, outre les ministres, les princes du sang et les grands officiers de la couronne. On résolut de demander la liberté de l'électeur de Trèves, et, en cas de refus, de l'obtenir par les armes.

A la demande de la France, l'Espagne répondit par un refus, et, le 19 mai, Louis XIII lui déclara la guerre.

Turenne faisait à ce moment partie de l'armée cantonnée en Alsace, auprès de Wissembourg et de Landau, sous les ordres du maréchal de la Force. Au commencement de juin, le bruit se répandit que le cardinal de la Valette allait être chargé du commandement d'une armée. Turenne, qui depuis plusieurs années avait eu soin, nous le savons, de « témoigner toute sorte d'affection » au cardinal de la Valette, accourut à Paris chez son ami, qui l'emmena à Rueil, où Richelieu lui annonça qu'il serait maréchal de camp dans l'armée que le cardinal de la Valette allait commander. De là Turenne se rendit à Fontainebleau, où il vit le roi, « qui lui fit extrêmement bonne chère, et lui confirma ce que son ministre lui avait dit [1]. »

Peu de temps après, le cardinal de la Valette prit le commandement de l'armée d'Allemagne, qui comptait en-

[1] Turenne à sa mère, juillet 1635.

viron dix-huit mille hommes; il avait pour maréchaux de camp « les sieurs colonel Hébron, comte de Guiche, et vicomte de Turenne ».

Le 19 juillet, le cardinal eut, auprès de Metz, avec le duc de Weimar, une conférence dans laquelle fut arrêté le plan de campagne.

Les deux généraux commencèrent par délivrer la ville de Deux-Ponts, assiégée par Galas et défendue par le colonel Rose.

Les armées confédérées marchèrent ensuite au secours de Mayence, que le comte de Mansfeld assiégeait, et dont la conservation était de la plus haute importance pour les Suédois, à cause du pont sur le Rhin que possédait cette ville. On commença par s'emparer d'une petite place nommée Bingen, située sur le Rhin, à trois lieues de Mayence. La ville, qui avait environ cinq cents hommes de garnison, fut investie le 9 août, et, le même jour, les faubourgs furent emportés. La garnison se retira dans le château et se rendit à discrétion le 13. Le 19, l'armée quitta Bingen, et le 21, elle alla se loger sous les murs de Mayence, qu'elle ravitailla.

A l'approche des armées confédérées, Galas repassa le Rhin à Worms, et Mansfeld se retira, poursuivi par les Français, qui passèrent le Rhin après lui et s'approchèrent de Francfort-sur-le-Mein, que le général Haxfelt et le baron de Lamboy avaient attaquée. Galas, qui était toujours à Worms et qui y avait rassemblé une nombreuse armée, ne voulut pas hasarder une bataille; mais, voyant les Français éloignés de leur base d'opérations dans un pays complètement ruiné, il résolut de les affamer. Les Français étaient obligés de faire venir leurs convois de très loin. Galas s'empara de Saarbrück, de Kaiserslautern, de quelques autres petites villes placées sur les routes qui conduisaient au camp, et enleva ces convois.

Jusqu'alors le duc de Weimar avait négocié secrètement avec le landgrave de Hesse, par le moyen du comte Jacob de Hanau, son beau-frère, pour le disposer à joindre son armée à celle du roi, ce qui aurait modifié les plans des généraux; mais le comte Jacob ne put rien obtenir de son beau-frère.

« Cette résolution du landgrave ôtant toute sorte de moyens pour porter les armes du roi plus avant, les troupes commençant à souffrir beaucoup des nécessités où elles étaient, les maladies contagieuses attaquant les soldats, il fallut songer à se retirer dans un lieu où elles pussent subsister et entreprendre quelque chose au cas que Galas ne les suivît pas avec toutes ses forces.

« On partit après avoir jeté le plus possible de munitions de bouche et de guerre dans Mayence, et y avoir laissé une garnison pour la défendre autant de temps qu'il se pourrait après que les armées en seraient éloignées [1]. »

Malheureusement on avait beaucoup tardé à prendre ce parti. Le ravitaillement de Mayence avait épuisé les dernières ressources des alliés, et la misère était telle autour de cette ville, que les villages y étaient déserts, et que l'on n'y trouvait que quelques choux ou des racines, que les habitants y avaient laissés en s'enfuyant. Des feuilles de vigne et d'arbre étaient la seule nourriture des chevaux. Les Français, moins endurcis à la fatigue, moins habitués aux privations que les Suédois, menaçaient en foule de quitter le service. En vain le comte de Guiche et Turenne s'efforçaient-ils de les apaiser. En vain Turenne, après avoir donné aux soldats tout l'argent qu'il avait, vendit-il sa vaisselle d'argent pour les soulager, les choses en vinrent à une telle extrémité, que l'armée tomba dans un très grand péril. Le duc de Weimar, en capitaine expérimenté, « prit immédiatement une résolution énergique. Il fit enterrer presque tout son canon, aussi secrètement qu'il put, et brûler tout le bagage qui n'était pas absolument nécessaire. Le cardinal de la Valette, pour donner l'exemple, mit le premier le feu à son carrosse. On chargea ce qui resta sur des mulets et chevaux de bât, et l'armée marcha par des chemins détournés, sans bruit, derrière les montagnes, jour et nuit et sans repos, pour éviter la rencontre des Impériaux. On n'avait pas le temps de dormir, si ce n'était, durant que l'arrière-garde s'avançait à la tête, l'avant-garde reposait, et ainsi l'autre à son tour [2]. »

La retraite commença le 15 septembre et dura treize jours, durant lesquels l'armée eut à endurer les souffrances de la faim et les plus grandes fatigues. On perdit un assez grand nombre d'hommes, et ce ne fut que « grâce à l'énergie et à l'habileté du duc de Weimar que l'armée

---

[1] *Mémoires de Louis de Nogaret, cardinal de la Valette.*
[2] *Mémoires de Monglat.*

échappa à un désastre complet. Galas disait de cette retraite que c'était la plus belle action qu'il eût vue de sa vie [1]. »

« Plus des deux tiers des officiers n'ont rapporté que ce qu'ils avaient sur eux, écrit Turenne à sa mère (10 octobre 1635). Ce voyage ici a presque ruiné tout le monde. S'il nous faut remarcher au premier jour, comme il y a apparence, je serai en un étrange équipage. »

Quelques jours après, en effet, il fallut « remarcher ». Le 28 octobre, « la noblesse de M. de la Force criant toujours et le pain leur manquant, il fut résolu que les armées passeraient la rivière de Seille pour loger plus commodément, et, afin d'ôter aux ennemis la commodité des villages des environs de leur camp, M. de Turenne fut ordonné pour commander un grand parti et pour brûler tous les villages d'où les ennemis tiraient leur fourrage [2]. » Galas était alors avec une armée de dix-huit mille chevaux et de dix-huit mille hommes de pied dans un grand camp retranché près de Mézières, couvert de deux côtés par l'étang de la Garde et derrière par une grande forêt. Turenne néanmoins réussit dans son expédition, et assura le ravitaillement de l'armée.

Dans le courant de cette année, Richelieu avait noué des négociations avec le duc de Weimar, pour attacher à la France ce prince et sa vaillante armée, qui comptait environ douze mille vieux soldats. « Le duc Bernard, depuis sa défaite de Nordlingen, était devenu odieux et même suspect à son parti. Les Suédois le regardaient comme la cause de leur malheur, parce qu'il avait engagé la bataille contre l'avis du maréchal Horn. Mécontent de la Suède, dont les ministres ne le traitaient pas avec assez de considération, et qui n'étaient pas, d'ailleurs, en état de fournir à l'entretien des troupes qui s'étaient attachées à lui, il écouta volontiers les offres de la France. Le traité fut conclu sur la fin de l'année. Le roi s'engagea à lui payer une pension d'un million cinq cent mille livres, et la somme de quatre millions par an pour l'entretien d'une armée de dix-huit mille hommes que le duc s'obligea de fournir et de commander sous l'autorité du roi. Le prince vint lui-même à la cour ratifier le traité [3]. »

[1] *Mémoires de Montglat.*
[2] *Mémoires de Louis de Nogaret, cardinal de la Valette.*
[3] *Histoire du traité de Westphalie*, par le P. Bougeant.

En 1636, Richelieu put douter un moment du succès de ses vastes projets; les débuts des armées françaises furent malheureux. En Italie, le duc de Rohan était paralysé par la mauvaise volonté du duc de Savoie. Au nord, la France était envahie par les Espagnols, conduits par Jean de Wert et Piccolomini. Le danger fut grand. La Capelle, Bohain, le Câtelet, Roye, Corbie, furent emportés en quelques jours. Des bandes farouches de Croates, de Hongrois, de Polonais et d'Allemands semèrent l'effroi et la désolation dans le pays entre la Somme et l'Oise; des partis vinrent jusqu'à Saint-Denis. La terreur était si grande à Paris, que Richelieu, démoralisé, fut tenté de se réfugier derrière la Loire. Louis XIII, dit-on, montra en cette circonstance plus de fermeté d'âme que son ministre. La cour resta à Paris, et l'on se décida à faire tête à l'invasion. Richelieu organisa la résistance, et trouva dans la population parisienne un admirable concours. En quelques jours il réunit cinquante mille hommes, peu aguerris et peu disciplinés, mais dont le nombre et le patriotisme firent réfléchir l'ennemi, qui commença son mouvement de retraite et rentra dans les Pays-Bas après avoir laissé reprendre Roye et Corbie.

Pendant ce temps Turenne, qui, après avoir passé l'hiver en Lorraine, avait repris ses fonctions de maréchal de camp auprès du cardinal de la Valette, se battait en Alsace. Avant de réunir leurs troupes à celles du duc de Weimar, les généraux français allèrent ravitailler Haguenau, dont les approvisionnements étaient à peu près épuisés; puis ils rejoignirent le duc de Weimar, qui avait mis le siège devant Saverne.

Le colonel Mulheim, qui commandait cette place, avait été au service de Weimar; il offrit à son ancien chef de la lui remettre sans combat si on lui accordait de bonnes conditions. Weimar, avec une fierté qu'il regretta plus tard, lui répondit qu'il voulait la prendre de force. Mulheim, qui avait tout à redouter de la colère du duc et qui commandait une place forte bien approvisionnée, pourvue d'une garnison de douze cents hommes des meilleures troupes de l'Empereur, résolut de se défendre jusqu'à la dernière extrémité. Ce fait explique la vigueur de la résistance, qui frappa les contemporains. « Le siège de Saverne, dit le maréchal de Gramont, est un des plus mémorables qui se soient faits, tant par sa durée que par son opiniâtre défense. Les ennemis défendirent pied à pied toutes les rues, et ne se rendirent avec capitulation qu'à la dernière. L'on a perdu l'usage depuis ce temps-là de défendre les places de cette façon. L'assaut fut terrible, de même que la défense des assiégés. Le colonel Hébron y fut tué et le vicomte de Turenne y eut la main cassée. »

Turenne, en effet, fut assez grièvement blessé d'un coup de mousquet à la main gauche, le 9 juillet. Selon plusieurs historiens, sa blessure aurait été jugée, par les chirurgiens, assez grave pour rendre nécessaire l'amputation du bras : opération à laquelle le blessé se serait énergiquement refusé. Rien dans la correspondance de Turenne ne paraît autoriser cette supposition. « Madame, écrit-il à sa mère, je me donne l'honneur de vous écrire ce mot, de peur que vous ne soyez en peine de moi. Je fus un peu blessé, avant-hier, devant Saverne; c'est au bras gauche. Je n'en serai point estropié, je remue bien tous les doigts. » (11 juillet). « Ma blessure me tient plus longtemps au lit que je ne pensais; toutes les grandes douleurs sont passées. Il n'y est point arrivé d'accident. » (29 juillet.) « Je vas en carrosse et quelquefois à cheval, et n'ai plus de douleur à la main. Le chirurgien espère que le mouvement reviendra bien libre, mais il faut du temps. » (17 août.)

Saverne soutint trois terribles assauts. Mulheim, à bout de forces, n'osait pas entrer en pourparlers, tant il redoutait la vengeance du duc de Weimar. Mais le duc lui fit dire qu'en raison du courage dont il avait fait preuve, il consentait à oublier le passé, et qu'il lui accorderait des conditions honorables. Mulheim offrit alors de se rendre, et la capitulation fut signée le 14 juillet.

L'invasion espagnole avait échoué dans le Nord; les Impériaux en tentèrent une à l'Est qui ne réussit pas mieux. Le 22 septembre, Galas et le duc de Lorraine pénétrèrent en Bourgogne avec trente mille hommes. Ils s'approchèrent de Dijon; mais, trouvant la place en état de défense, ils se rabattirent sur la petite ville de Saint-Jean-de-Losne, qui possédait un pont sur la Saône et que le mauvais état de ses fortifications ne mettait pas, à ce qu'ils croyaient, en état de tenir longtemps. Ils se trompaient. Quatre cents bourgeois et cent cinquante soldats firent une résistance désespérée, repoussèrent plusieurs assauts, et tinrent assez longtemps pour permettre au duc de Weimar et au cardinal de la Valette d'accourir à leur secours. Un autre auxiliaire contribua à les délivrer. La Saône déborda et vint gêner les travaux des assiégeants; les maladies pénétrèrent dans leur camp; et, lorsque Rantzau se fut jeté dans la place avec des approvisionnements, deux régiments et huit cents chevaux, Galas dut abandonner une partie de ses bagages et de son canon pour opérer précipitamment une retraite désastreuse. Des trente mille hommes qu'il avait amenés moins de douze mille repassèrent le Rhin. Galas voulait prendre ses quartiers d'hiver en Franche-Comté. Le cardinal de la Valette en ayant été averti, envoya Turenne avec un corps de troupes pour l'empêcher de réaliser son dessein. Turenne « marcha jour et nuit, et, étant arrivé au bourg de Jussey, où Galas commençait à se retrancher, il l'attaqua, le défit, le força à rebrousser chemin, le suivit dans sa retraite, chargea souvent son arrière-garde et fit plusieurs prisonniers. Galas, avant de repasser le Rhin, tenta de traverser le siège de Joinville ou Jonville, en Franche-Comté, que faisait le duc de Weimar; mais le vicomte se posta d'une manière si avantageuse entre les Impériaux et l'armée des assiégeants, qu'il rompit toutes les mesures que prit Galas pour jeter des secours dans cette ville; elle se rendit au duc de Weimar, et les Impériaux, contraints de se retirer en Allemagne par Brisach, y passèrent le Rhin ».

« Le 4 décembre, M. le cardinal de la Valette se rendit à Neufchâteau, qu'il avait choisi pour le quartier général de son armée pendant l'hiver. Il y demeura huit jours, attendant le sieur Fabert, qu'il avait envoyé à la cour. Le sieur Fabert étant arrivé avec le congé, M. le cardinal laissa M. de Turenne, maréchal de camp, à Neufchâteau pour commander aux troupes et s'en vint à Metz[1]. »

Au commencement de l'année 1637, nous retrouvons Turenne dans le Nord. Le duc de Weimar avait exprimé à la cour le désir de ne plus avoir pour collègue le cardinal de la Valette, auquel il était obligé de rendre des honneurs qu'il trouvait excessifs; il avait représenté que la division de commandement amenait souvent des troubles et des tiraillements dans le service. On tint compte de ces observations : le cardinal fut nommé commandant de l'armée de Picardie; et Turenne, sur la demande de son général, le suivit en qualité de maréchal de camp.

---

[1] *Mémoires de Louis de Nogaret, cardinal de la Valette.*

Les troupes du cardinal de la Valette, montant à environ dix-huit mille hommes, se réunirent, pour entrer en pays ennemi, le dimanche 14 juin. Dès le début de la campagne, le cardinal « envoya M. le vicomte de Turenne avec deux canons et des gens commandés, pour attaquer le château d'Hirson, appartenant à M. de Guise, que les ennemis tenaient dès le temps qu'ils prirent la Capelle. Ce château se fit battre quelques heures et ensuite se rendit. M. de Turenne vint joindre l'armée, qui marcha près de la Capelle, droit au chemin d'Avesnes et jusqu'à Être-la-Cauchie, où la cavalerie d'Avesnes s'étant montrée, la nôtre la poussa [1] ».

On alla ensuite, le 19 juin, investir Landrecies, dans le Hainaut. C'était une ville bien fortifiée, mais elle n'était défendue que par quatre à cinq cents hommes; elle capitula le 23 juillet.

Après la prise de Landrecies, le cardinal de la Valette suivit le cours de la Sambre, s'empara assez facilement de Maubeuge et de Beaumont, et fit prendre par Turenne le château de Solre, qui passait pour le plus fort de tout le Hainaut.

Après la prise du château de Solre, Turenne se rendit à Maubeuge avec une partie de l'armée. Le cardinal de la Valette avait résolu de faire de cette ville un centre d'approvisionnement pour son armée, et il y faisait exécuter d'importants travaux sous la direction de son frère, le duc de Candale, qui y commandait, en qualité de lieutenant général, avec Turenne sous ses ordres. Le cardinal alla en personne assiéger la Capelle, que les Espagnols défendirent avec beaucoup de vigueur. Ils ne capitulèrent qu'après vingt jours de siège, le 20 septembre.

Il était grand temps que la place se rendît, car la partie de l'armée que le cardinal avait laissée à Maubeuge était dans un extrême danger. Le cardinal infant, ayant renoncé à l'espoir de secourir Breda, assiégée par le prince d'Orange, et ayant été rejoint par Piccolomini et neuf mille hommes de troupes, avait résolu de profiter de la séparation de l'armée française pour attaquer Maubeuge et forcer ainsi le cardinal de la Valette à lever le siège de la Capelle.

« Le duc de Candale était bien empêché dans Maubeuge,

---

[1] *Mémoires de Louis de Nogaret, cardinal de la Valette.*

où il était assiégé par le cardinal infant avec une nombreuse armée. Ne s'étant jamais rencontré à une telle fête, la cervelle lui tourna; et il prit un parti extraordinaire pour un général, qui fut de quitter l'armée et de sortir avec quelque cavalerie, avant qu'il fût entièrement bloqué, pour aller trouver son frère et le hâter de venir à son secours [1]. » Il avait pris pour escorte le régiment de Gassion, et il croyait s'en retourner le même jour; mais il « tomba malade d'une fièvre », dit son frère dans ses Mémoires, ou il s'amusa, comme le prétend Puységur, à quelques distractions mondaines, et perdit l'occasion de rentrer dans Maubeuge. Gassion, qui s'en alla le même jour, tomba dans une embuscade et fut contraint, « lui et le sieur de l'Échelle, qui avait les ordres pour M. de Turenne [2], » de passer, pour rentrer à Maubeuge, la Sambre à la nage. Le duc de Candale avait, en partant, « laissé le commandement de l'armée au vicomte de Turenne, lequel fut ravi de cette commission, dans l'espérance d'y acquérir de l'honneur. En effet, il en eut belle occasion, car le cardinal infant fit d'abord mettre trente pièces de canon en batterie qui foudroyèrent la ville deux jours durant, et même il attaqua un retranchement dont il fut vertement repoussé. Il reçut le lendemain nouvelle de la prise de la Capelle et de la marche du cardinal de la Valette, qui venait au secours du vicomte de Turenne; c'est pourquoi il fit faire une attaque générale, afin d'emporter Maubeuge avant son arrivée; mais il fut si bien reçu par ce vicomte, qui ne s'était pas troublé dans le péril, qu'ayant été battu de tous côtés et repoussé avec une extrême vigueur, il résolut de lever le siège, sans attendre le cardinal de la Valette, qui était arrivé à Landrecies [3]. »

Les ennemis se retirèrent, mais ils prirent une forte position entre Maubeuge et l'armée du cardinal de la Valette. Ce général rassemble son conseil de guerre pour délibérer « de quelle sorte et par quel chemin se retirerait l'armée qui était à Maubeuge ».

« M. le cardinal proposa qu'il fallait faire marcher l'armée qu'il commandait droit aux sommets qui sont au delà de Vaux, vis-à-vis de Pont-sur-Sambre, où étaient campés

---

[1] *Mémoires de Monglat.*
[2] *Mémoires de Puységur.*
[3] *Mémoires de Monglat.*

les ennemis, précisément au milieu du chemin de Lonfaverie [1] à Maubeuge. » On avertit Turenne de combiner sa marche de manière à arriver à Pont-sur-Sambre en même temps que le cardinal y arriverait de l'autre côté, pour que la jonction des deux armées se fît à la vue des ennemis et qu'on pût les combattre à forces égales, au cas qu'ils entreprissent de l'empêcher. On avait envoyé à Turenne un chiffre dont le cardinal se servit pour lui écrire. « On hasarda divers messagers, pour l'instruire de tout ce qui se passait, qui arrivèrent tous fort heureusement par divers chemins ; et lorsque M. de Turenne avait reçu les billets qu'on lui envoyait, pour en avertir M. le cardinal, il faisait tirer trois coups de canon, précisément à minuit, qui étaient entendus à Lonfaverie par des gardes avancés et autres gens commandés d'être à cet effet dans la campagne à cette heure, hors du bruit du camp. »

Turenne se prépara au départ ; il fit jeter dans la rivière et répandre dans les rues le grain amassé dans Maubeuge, afin que les ennemis n'en profitassent pas. » Cela leur fit assez connaître qu'il se voulait retirer, et leur donna assez de moyen de se préparer à le combattre, s'ils en eussent eu envie. »

Le 8 octobre, sur les huit heures du soir, le comte de Guiche, ainsi qu'il avait été convenu, partit de Lonfaverie et arriva jusqu'auprès de Vaux, village de Hainaut, situé sur un ruisseau d'un accès difficile, et que Piccolomini essaya, mais en vain, de défendre. Toutes les troupes marchèrent alors droit vers Pont-sur-Sambre, au lieu qui avait été marqué à Turenne. « Mondit sieur de Turenne ayant fait sauter, avec deux mines, la porte de Maubeuge pour faire un plus beau passage à son armée, en était parti de grand matin, et, ayant pris les hauteurs qu'on lui avait marquées, s'en venait en fort bon ordre, droit à Pont-sur-Sambre, pour passer à Vaux ; et tous les ordres furent si bien observés de part et d'autre, que Piccolomini n'avait pas encore achevé entièrement sa retraite lorsque les deux armées du roi furent à la vue l'une de l'autre, dans une belle plaine près de Pont-sur-Sambre. Celle qui venait de Maubeuge se trouva la plus proche des ennemis ; et, pour montrer qu'elle n'était nullement fatiguée du chemin qu'elle venait de faire, une partie de la cavalerie se détacha en

---

[1] Ou Long-Favril, village voisin de Landrecies.

gros, et vint faire une furieuse charge sur celle de Piccolomini qui se retirait. Quelques officiers et plusieurs personnes de condition, qui étaient à la queue, soutinrent le choc; mais tout le reste s'enfuit avec une telle épouvante, que, le Pont-de-Sambre n'étant pas capable de tenir la foule, une grande partie se noyèrent. Le carnage eût été plus grand, si Piccolomini n'eût fait jeter toute son infanterie dans des jardins, laquelle, couverte de fossés et de haies et faisant une décharge continuelle de mousquetades, empêcha que notre cavalerie ne poussât plus avant [1]. »

Turenne passa l'hiver avec ses troupes. On lui fit attendre longtemps un ordre de service pour la campagne de 1638. Le 10 avril de cette année, il écrit à sa mère, de Maëstricht, qu'il « attend avec impatience de savoir ce qu'ils lui ordonneront de la cour, et qu'il espère savoir par les premières lettres ce qu'il deviendra. » Il devait, cette année-là, être appelé à seconder le duc de Weimar.

Ce général s'était mis de bonne heure en campagne. Dès le commencement de l'année, le 28 janvier, par des froids rigoureux, il sortit de ses quartiers, attaqua et prit plusieurs villes importantes en Souabe, Lauffenbourg, Waldshut, Seckingen, et assiégea Rhinfeld. Les Impériaux, après un combat sanglant, le battirent et le forcèrent à lever le siège de cette ville. Il recula; puis, deux ou trois jours après sa défaite, par un retour offensif audacieux et imprévu, il tailla en pièces l'armée victorieuse (3 mars), et fit prisonnier son chef, le célèbre Jean de Wert, qui fut amené en France. Ce général, fils d'un paysan de Westphalie, s'était élevé par son mérite seul et se fit estimer dans son malheur par sa politesse et sa dignité.

Le duc de Weimar, ayant pris Rhinfeld et étant devenu maître du Brisgau par une succession de sièges, de petits combats, et par la prise de Fribourg, qui ne se rendit qu'après un assaut furieux, forma le projet de s'emparer de l'importante ville de Brisach (Vieux-Brisach).

Cette forte place dépendait de l'Alsace; mais, située sur la rive droite du Rhin, sur lequel elle possédait un pont fortifié, elle commandait une partie de la Souabe et ouvrait l'Alsace aux Allemands. Les Impériaux et les Bavarois en avaient fait leur place d'armes pour toute la région du

---

[1] *Mémoires de Louis de Nogaret, cardinal de la Valette.*

haut Rhin; ils y avaient de grands approvisionnements et y entretenaient une forte garnison. Ils en sortaient incessamment pour pénétrer dans le centre de l'Alsace. Sentant toute l'importance de cette position, ils résolurent de la défendre à outrance.

Richelieu envoya au duc de Weimar, qui avait attaqué Brisach au commencement de juin, un renfort conduit par le comte de Guébriant et Turenne. Le 29 juillet, ils passèrent le Rhin à Neuenbourg, au-dessus de Brisach, « par les plus grandes chaleurs qu'il est possible [1] », et rejoignirent, le 2 août, le duc de Weimar à Fribourg. Turenne amenait quatre mille hommes, qu'il avait été chargé de lever dans le pays de Liège. Avec ce renfort, Weimar battit la campagne aux alentours de Brisach, et s'empara des petites villes, des châteaux forts et de tous les postes avantageux des environs, afin de mieux resserrer la ville.

Brisach se rendit le 17 décembre, après sept mois d'une défense héroïque. Le commandant Reinach ne capitula que quand la garnison eut mangé son dernier morceau de pain. « Dans les derniers temps du siège, la disette qui désolait la ville était telle, que Reinach fut obligé de faire mettre des gardes à l'entrée des cimetières, pour empêcher qu'on ne déterrât les morts [2]. » Turenne écrivait à sa mère, le 18 décembre : « On va porter à la cour la nouvelle de la prise de Brisach. On y est entré aujourd'hui. La moitié de ceux de dedans sont morts de faim. »

La prise de Brisach était un grand succès, et elle eut un immense retentissement. Elle compensait les désastres dont l'Espagne avait été le théâtre, cette année, pour les armées françaises. Richelieu en sentait si bien l'importance, qu'il essayait de ranimer le P. Joseph, l'agent secret le plus intelligent et le plus dévoué qu'il eût employé, le confident de sa politique, en lui criant pendant son agonie : « Père Joseph, Brisach est à nous. »

Pendant toute cette campagne, Turenne fut miné par des fièvres intermittentes. Après avoir été, pendant les mois de septembre et d'octobre, « retenu assez longtemps à Colmar par une fièvre fort changeante [3], » il était encore, à la fin de décembre, « incommodé de la fièvre quarte,

---

[1] Turenne à sa mère, 30 juillet.
[2] Puffendorf.
[3] Turenne à sa mère, 23 septembre et 17 octobre.

qui demeurait réglée. » Il n'en fit pas moins son service avec courage, et il s'acquit l'estime toute particulière du duc de Weimar, qui rendit de lui le témoignage le plus flatteur à Richelieu; aussi, lorsqu'il vint à la cour après la fin de la campagne, le cardinal le combla d'éloges, lui demanda son amitié, et, désireux d'attacher à ses intérêts un jeune homme d'une si grande valeur et de tant d'avenir, lui offrit, disent Raguenet et Ramsay, la main d'une de ses parentes. Selon ses biographes, Turenne refusa, en motivant ce refus sur sa religion. « Le vicomte de Turenne, dit Raguenet, appréhendant que la différence de religion ne mît quelque obstacle à l'étroite union qui devait être entre lui et une personne avec qui il contracterait un pareil engagement, le dit franchement au cardinal de Richelieu, et lui fit entendre avec tant de bonne foi ce qui lui faisait peine en cela, que le cardinal goûta ses raisons. Il trouva même un caractère d'honnête homme dans ce procédé; de sorte que, bien loin de s'offenser de son refus, il l'en estima davantage et continua à lui marquer sa confiance en l'employant aux affaires les plus difficiles. »

Je n'ai rien trouvé dans la correspondance de Turenne qui vienne à l'appui de cette allégation, sauf peut-être un passage bien vague d'une lettre de Turenne à sa mère, en date du 16 avril 1634, bien antérieur par conséquent à l'époque à laquelle nous sommes arrivés : « M. le cardinal, me parlant du mariage de mon frère, dit que le roi avait consenti et qu'il fallait le pardonner à l'amour. Ensuite de cela, il me dit qu'il voulait avoir soin de me marier. » Il n'y aurait d'ailleurs rien d'étonnant à ce que Richelieu, qui jusqu'à la fin de sa vie chercha à consolider sa fortune, ait pensé à s'assurer le concours de Turenne.

Au commencement de 1639, de tristes nouvelles ne cessaient d'arriver d'Italie, où commandait le cardinal de la Valette. L'Empereur venait de faire publier un décret par lequel il cassait le testament du duc Victor-Amédée, déclarait la duchesse de Savoie déchue de la régence et de la tutelle de ses enfants, et déliait ses sujets du serment de fidélité. La duchesse Christine, sœur de Louis XIII, que soutenait la France, n'était pas aimée de son peuple. Presque tout le Piémont se souleva contre elle, et quand le prince Thomas, son beau-frère, fut revenu de Flandre pour prendre le commandement des Espagnols, les revers se succédèrent rapidement, bien que Turenne eût été envoyé en Piémont à la fin d'avril pour seconder le cardinal. Les villes de Chiers, Moncalier, Yvrée, s'étaient déclarés pour le prince Thomas, qui s'empara presque sans coup férir de Verrue, de Verceil, de Coni et de plusieurs autres places importantes. La ville de Turin tomba même en son pouvoir; la citadelle heureusement résista, et la Valette put soutenir et renforcer à temps la garnison qu'elle renfermait. La situation devenait grave, lorsqu'une trêve fut signée le 14 août; elle devait durer jusqu'au 24 octobre. Le 17 septembre, le cardinal de la Valette vint à mourir; le comte d'Harcourt fut désigné pour lui succéder et vint se mettre à la tête de l'armée. C'était un homme d'un grand mérite, entreprenant, actif et résolu, qui possédait la confiance et l'estime du soldat; il était secondé par Plessis-Praslin, Turenne et Lamothe-Houdancourt, tous trois braves et habiles.

A l'expiration de la trêve, les troupes, pleines d'ardeur, demandaient à marcher à l'ennemi. On attaqua et l'on prit Chiers, poste très important pour maintenir les communications entre Chivas et la citadelle de Turin; mais les Espagnols, qui avaient deux fois plus de troupes que le comte d'Harcourt, se saisirent de tous les passages et lui coupèrent les vivres. « On consomma tous les vivres pendant le séjour qu'on fit à Chiers, » de sorte qu'il fallut se résoudre à quitter cette ville, « qu'on eût bien voulu garder pendant l'hiver; les ennemis, opiniâtrés à nous en faire sortir, nous y réduisirent par la faim [1]. » Le comte d'Harcourt, obligé de décamper, le fit avec toute la diligence et tout le secret possibles; mais l'ennemi, qui avait un espion dans chaque habitant, fut vite informé de son mouvement.

Arrivé à un petit village nommé la Route, où se trouvait un pont sur un petit cours d'eau, la Santena, passage très important, parce que seul il ouvrait la route de Carignan, où les Français voulaient se retirer en quartiers d'hiver, le comte d'Harcourt fut attaqué en tête et en queue, le 20 novembre. Il repoussa partout un ennemi double en nombre, le mit en pleine déroute, et passa sans encombre.

Les Espagnols furent si étonnés de leur défaite, que Leganez fit dire au comte d'Harcourt, par un trompette qui venait négocier l'échange de quelques prisonniers, que, s'il était roi de France, il lui ferait couper la tête pour

---

[1] *Mémoires du maréchal du Plessis.*

avoir hasardé une bataille contre une armée beaucoup plus forte que la sienne ; à quoi le comte d'Harcourt répondit avec esprit et raison que, s'il était roi d'Espagne, il ferait couper la tête au marquis de Leganez pour s'être laissé battre par une armée beaucoup plus faible que la sienne.

La campagne finie, le comte d'Harcourt se rendit à Pignerol pour y passer l'hiver, et laissa le commandement de l'armée à Turenne. Le jeune officier prit quelques petites places, Busca, Dronero (12 janvier), qui resserraient trop l'armée, et qui pouvaient à un moment donné gêner ses mouvements ou empêcher l'arrivée des convois, puis il donna tous ses soins au ravitaillement de la citadelle de Turin.

Au printemps de 1640, le comte d'Harcourt reprit la campagne et débuta par une action d'éclat. Le marquis de Leganez, avec vingt mille hommes, assiégeait Casal ; cette ville appartenait au jeune duc de Mantoue, notre allié, et il importait au plus haut point au succès de nos armes et à la considération de la France en Italie de le secourir sans délai. Le comte d'Harcourt, qui ne disposait que de dix mille hommes, accourut au secours de la place. Cet habile et audacieux général donna le commandement de la cavalerie à Turenne, divisa son infanterie en trois corps, et lança intrépidement ses troupes à l'attaque des retranchements des assiégeants. La lutte fut acharnée. Trois fois le corps du comte du Plessis-Praslin fut repoussé, trois fois aussi la cavalerie de Turenne dut céder devant la résistance obstinée de deux régiments espagnols qui se firent hacher ; enfin une dernière attaque décida de l'issue du combat. Turenne prit l'ennemi à revers, força les lignes, et alla donner la main aux marquis de Ville et Pianeze, qui commandaient l'une des trois colonnes d'attaque et qui y pénétrèrent également. Dès lors tout plia, et, malgré la supériorité numérique des Espagnols, une véritable déroute commença. Leurs chefs, Caracène, Serra et Carlo della Gatta firent d'héroïques efforts pour ramener leurs troupes ou tout au moins pour couvrir la retraite ; mais les Espagnols s'enfuirent en désordre, les uns à Stura, les autres à Frascinel. L'armée française, inférieure en nombre de près de moitié, prit douze canons, six mortiers, dix-huit cents hommes, vingt-quatre drapeaux, presque tout le bagage, et même les papiers de Leganez. Le 3 mai, Turenne annonce à sa mère qu'on vient de gagner une bataille sur le marquis de Leganez, et que ce général a perdu plus de cinq mille hommes, « tous Espagnols naturels. » Il n'oublie qu'une chose, c'est que c'était en grande partie à sa bravoure et à sa ténacité qu'on devait la victoire, et que c'était lui qui était entré le premier dans les lignes ennemies.

Après ce succès on tint, sur les opérations à entreprendre, un conseil de guerre dans lequel le siège de Turin fut décidé. Cette entreprise était d'une excessive témérité, et Leganez la voyait sans déplaisir; il la considérait comme si déraisonnable, qu'il croyait y trouver une occasion sûre de se venger de l'échec de Casal. Il fit prévenir le prince Thomas, renfermé à Turin, qu'il marchait à son secours, et lui écrivit que, cette fois, le comte d'Harcourt ne lui échapperait pas. Il engageait les dames de Turin à louer des fenêtres sur la grande rue pour voir Cadet la Perle[1] passer prisonnier. Il grossit son armée des garnisons de la plupart des villes du Milanais, et parvint ainsi à réunir dix-huit mille hommes. Il s'approcha de Turin par la rive du Pô opposée à celle qu'occupaient les Français, et vint essayer de passer ce fleuve à Turin. Les ponts étaient si bien gardés, qu'il renonça à son projet et disparut. Soupçonnant qu'il essayerait de passer à Moncalier au-dessus de Turin, le comte d'Harcourt y envoya Turenne avec un fort détachement; mais, malgré toute sa diligence, le jeune capitaine n'y arriva qu'après Leganez. Cinq mille Espagnols environ avaient déjà passé le pont, et se retranchaient dans les maisons du village et les fermes avoisinantes, pendant que le reste de l'armée effectuait son passage.

Turenne attaque sans attendre un moment. Ses soldats fatigués arrivent devant un ruisseau gonflé par les pluies et hésitent. Une minute peut tout perdre; Turenne se jette à l'eau le premier, ses hommes le suivent, attaquent et prennent une à une les maisons fortifiées. Les Espagnols qui en sont chassés refluent vers le pont, encombrent les routes; le passage est interrompu. A force d'efforts, Turenne arrive enfin à la tête du pont; il y met le feu, et, délivré de toute inquiétude, il accumule et précipite dans le fleuve les ennemis qui ne veulent pas se rendre.

---

[1] On désignait le comte d'Harcourt sous ce sobriquet, parce qu'il était fils cadet de Charles de Lorraine, duc d'Elbeuf, et qu'il portait ordinairement une grosse perle en pendant d'oreille.

Leganez, étonné de cet acte de vigueur, confia son armée à Carlo della Gatta, sous prétexte d'aller organiser de nouvelles troupes. Turenne, qui connaissait la haute capacité militaire de son nouvel adversaire, redoubla de vigilance et d'activité, et fit si bien surveiller les rives du fleuve, qu'il l'empêcha de jeter un pont ou de passer à gué; mais della Gatta réussit à s'emparer de quelques îles qui pouvaient lui faciliter les moyens de jeter un pont. Turenne voulut l'en déloger; il l'attaqua avec vigueur, mais dans le combat, le 2 juin, il reçut un coup de mousquet à l'épaule droite et fut obligé de se faire porter à Pignerol pour y être soigné. Il ne revint que le 12 juillet.

Leganez, arrivé à Moncalier avec des renforts, y passa le Pô avec ses troupes, et vint attaquer le comte d'Harcourt dans son camp.

Le siège présenta alors un spectacle extraordinaire : la citadelle, qu'occupaient les Français commandés par M. de Couvonges, était assiégée par le prince Thomas, maître de la ville; ce prince était lui-même assiégé par l'armée française, qu'assiégeait à son tour, dans ses lignes de circonvallation, l'armée espagnole commandée par le marquis de Leganez.

Pendant l'absence de Turenne, une vigoureuse sortie du prince Thomas, combinée avec une attaque de Leganez contre les lignes françaises, eut un résultat favorable aux Espagnols. Della Gatta put entrer dans Turin avec douze cents chevaux, mille hommes d'infanterie et un convoi de vivres. Leganez s'occupa à couper nos convois et y réussit si bien, que la disette pénétra dans le camp français. Turenne, remis de sa blessure, amena à l'armée qui assiégeait Turin un important renfort, et un grand convoi de vivres et de munitions, que Leganez essaya vainement d'arrêter. L'arrivée d'un convoi était un grand avantage pour nous; car, de son côté, le prince Thomas était réduit dans Turin à une aussi grande disette de vivres que les Français, et l'avantage devait rester à celui qui pourrait faire durer le plus longtemps ses approvisionnements. Le marquis de Leganez, après avoir à maintes reprises, à la tête des troupes espagnoles, essayé vainement de forcer les lignes françaises pour entrer dans la place, cherchait tous les moyens, même les plus incertains ou les plus dangereux, de procurer des vivres aux habitants. « Par ses ordres, on remplissait de farine des bombes que ses batteries lançaient ensuite dans la place par-dessus le camp des Français : les assiégés les visitaient avec soin. Un jour on en ouvre une ; elle était remplie de cailles grasses qu'un Espagnol de l'armée de Leganez envoyait, avec un billet, à une dame de ses amies qui se trouvait renfermée dans la ville. C'est probablement l'unique fois qu'on ait eu l'occasion d'envoyer un présent de gibier dans une bombe, et de nourrir de cailles grasses des gens qui n'avaient pas de pain [1]. »

Le moyen d'ailleurs était plus original que pratique. Une partie des bombes restait en chemin et profitait aux Français. Leganez renonça bientôt à cet expédient, qui lui avait été conseillé, dit-on, par un ingénieur nommé Francesco Zignoni, et qui était en somme aussi utile aux assiégeants qu'aux assiégés. Le prince Thomas, après avoir fait quelques nouvelles tentatives qui restèrent infructueuses pour percer les lignes françaises dans plusieurs sorties où il perdit beaucoup de monde, se vit réduit à la dernière extrémité ; il demanda à capituler, et se rendit le 17 septembre. Leganez repassa le Pô avec ses troupes, la duchesse de Savoie rentra à Turin le 18 novembre, et le comte d'Harcourt, couvert de gloire par cette belle campagne, retourna en France, laissant l'armée sous le commandement de Turenne.

Après avoir permis à ses troupes de se refaire pendant quelques mois, Turenne reprit la campagne vers la fin de février. En dix jours il s'empara de Montecalvo (5 mars) ; puis il passa le Pô, et vint, le 5 avril, attaquer Yvrée, où se trouvaient les magasins du prince Thomas. Prévoyant bien que ce général ne manquerait pas d'accourir au secours de la ville, il poussa avec une activité extraordinaire les travaux du siège, établit ses lignes et les couvrit de forts retranchements. Le prince Thomas vint en effet ; mais, après avoir examiné le camp de Turenne, il le trouva si bien défendu, qu'il renonça à l'attaquer. Pour faire diversion, il alla alors assiéger Chivas, à quatre lieues de Turin.

Sur ces entrefaites, le comte d'Harcourt revint, le 19 avril, reprendre possession de son commandement. A son arrivée, cédant aux sollicitations des habitants de Chivas,

---

[1] F. Barrière, *Essai sur les mœurs et les usages du XVIIe siècle, pour servir d'introduction aux mémoires de Brienne.*

qui le suppliaient de les délivrer, il fit donner à Yvrée un assaut prématuré qui ne réussit pas, leva le siège et se rendit à Chivas. Le prince Thomas, dont l'unique objectif avait été de dégager Yvrée, se retira aussitôt sans combattre au delà du Pô. Le comte d'Harcourt aurait pu revenir à Yvrée et en poursuivre le siège; mais cet habile capitaine préféra renoncer aux projets de Turenne, soit qu'il eût reçu d'autres ordres de la cour, soit qu'il eût préparé un autre plan de campagne, soit enfin, comme on l'a prétendu, que la réputation toujours croissante de son jeune lieutenant commençât à lui donner de l'ombrage. Il alla assiéger Ceva et Mondovi, qu'il emporta rapidement, et Coni, dont le siège fut long et meurtrier (30 juillet-12 septembre). Après la prise de cette ville et quelques combats sans grande importance, les deux armées prirent, d'un commun accord, leurs quartiers d'hiver avant l'époque ordinaire. Bien que blessé dans son amour-propre par les procédés du comte d'Harcourt, Turenne n'en avait pas moins continué à servir sous ses ordres avec dévouement et fidélité; mais Richelieu, voyant qu'il y avait dès lors rivalité entre ces deux hommes, jugea qu'il serait utile à l'État de les employer séparément à l'avenir et l'année suivante.

Turenne servit en Espagne, sous les ordres du maréchal de la Meilleraie, avec un nouveau titre, celui de lieutenant général, qui lui fut conféré au mois de mars 1642, et non en 1638 ou 1639, comme l'ont dit la plupart de ses biographes. Ce grade, nouvellement créé, prenait place entre celui de maréchal de camp et celui de maréchal de France. Il était au camp, devant Perpignan, quand il apprit l'arrestation de son frère. « Je n'ai jamais, en ma vie, eu nouvelle qui m'ait touché aussi sensiblement que celle-là, » écrit-il à sa sœur, le 3 juillet. Le duc de Bouillon « ne lui avait jamais témoigné qu'il eût aucune part avec M. le Grand »; mais Turenne, qui en avait été vaguement informé à la cour, avait « prié son frère cent fois qu'il prît garde à lui, et qu'il ne fit nulle chose qui pût donner soupçon ». Il resta absolument en dehors de cette affaire. La faveur et le crédit qu'il devait à ses talents militaires et à sa loyauté n'en reçurent aucune atteinte.

Perpignan se rendit après cinq mois de siège, le 9 septembre. L'arsenal était un des mieux fournis qu'il y eût alors en Europe. On y trouva de quoi armer vingt mille hommes, cent canons et de la poudre en quantité. Collioures et Salces ayant été prises, la conquête du Roussillon était achevée, et cette province définitivement rattachée à la France.

La campagne finie, Turenne revint à Paris. Il résulte d'une quittance datée du 10 octobre 1641 et portant sa signature, qui est conservée à la bibliothèque nationale, que son traitement s'élevait à six cents livres par mois. C'était là pour lui, cadet de famille, une ressource importante; mais les entreprises téméraires de son frère aîné, le chef de sa maison, ayant compromis leurs affaires, il se trouva dans une situation gênée. « Ma chère sœur, écrit-il le 7 février 1643 à Mlle de Bouillon, si vous pouviez faire quelques ventes de bois, cela m'accommoderait extrêmement, car je suis obligé d'emprunter de l'argent pour vivre et de le prendre à intérêt, qui est une chose que vous savez qui incommode fort. » Et le 28 mars : « Je n'ai pas besoin de grande rhétorique pour vous persuader que vous me ferez très grand plaisir si vous pouvez m'envoyer de l'argent de ce pays où vous êtes. »

Louis XIII « prenait occasion sur la religion à témoigner qu'il ne voulait rien faire » pour Turenne. (Même lettre.) Sa mort vint permettre à Turenne de prévoir quelque changement dans sa situation. Il était en fort bons termes avec Anne d'Autriche; aussi écrivait-il à sa sœur, en lui annonçant la mort du roi : « Je crois que le temps viendra auquel on pourra être en quelque considération[1]. » (16 mai 1643.)

Quelques jours après, en effet, le 30 mai, il fait savoir à sa sœur que la reine lui a commandé d'aller en Italie « et assuré qu'il serait maréchal de France à la fin de la campagne... », et il ajoute : « C'est sans lui en avoir parlé; au contraire, j'ai dit partout que je ne demanderais jamais

---

[1] Turenne, dans la conversation et dans ses écrits, employait souvent, en parlant de lui, le pronom indéfini *on*. Nous aurons souvent occasion de remarquer cette forme singulière. Elle a frappé tous ceux qui le connaissaient, et ceux qui ont lu sa correspondance et ses Mémoires. Bus-y-Rabutin en fait mention dans le remarquable portrait qu'il a laissé de Turenne. « Il s'était fait des manières de parler toutes particulières. Pour satisfaire à cette passion, quand il avait commencé un discours par : « Je ne sais si j'oserais vous dire, » il en disait des merveilles ; et, parce que cela lui paraissait choquer la modestie qu'il affectait si fort, il disait, par exemple, en parlant de lui : « Je vous assure que quand on était jeune on faisait fort bien cela. » Il se traitait à la troisième personne, ajoute le caustique et peu juste lieutenant de Turenne, « afin de pouvoir se louer comme il aurait fait quelque autre. »

rien si on ne donnait satisfaction à mon frère. » Le duc de Bouillon, qui « voyait la reine et Monsieur tout-puissants, et qui avait perdu Sedan pour l'amour d'eux, » voulait « trouver jour pour y rentrer. La reine avait toute sorte de bonne volonté », et elle aurait peut-être fini par céder, si Mazarin « ne lui avait fait la chose de si grand préjudice à l'État, qu'elle n'y osa rien faire[1] ».

Turenne se rendit en Italie, où la situation s'était modifiée. Les Espagnols, se voyant obligés de rappeler des troupes en Catalogne, mettaient, en dépit des traités, garnison dans toutes les villes conquises du Milanais et du Piémont. Le prince Thomas, irrité de ce manque de foi, se rapprocha de la France et rompit bientôt ouvertement avec l'Espagne. Il reçut de la régente des lettres patentes de général des armées du roi en Italie; mais la cour de France ne faisait pas encore grand fond sur un dévouement d'aussi fraîche date, et désirait avoir à côté du prince un homme sur qui l'on pût absolument compter. Turenne fut désigné. Il devait « commander son corps à part, tout en prenant les ordres du prince Thomas[2] ». Le prince le reçut avec satisfaction, et dès son arrivée les opérations commencèrent.

Les alliés mirent avec grand fracas le siège devant Alexandrie. Ce n'était qu'une feinte. Turenne négligea ses lignes, laissa de grands intervalles entre ses quartiers, et les Espagnols jetèrent facilement dans la ville assiégée de nombreux renforts tirés presque tous de Trino, forte ville de Piémont, que les alliés avaient dessein d'attaquer. Le stratagème ayant réussi, l'armée quitte Alexandrie, se porte rapidement sur Trino, l'investit et la prend au bout de six semaines (24 septembre).

Le 7 septembre, Turenne avait été rappelé à Paris par Mazarin. Le siège fini, il revint, et reçut l'avis qu'il était nommé maréchal de France.

Il fut reçu le 16 novembre suivant.

Bien qu'il n'eût encore que trente-deux ans, Turenne était mûr pour le commandement. Il avait déjà servi dix-neuf ans, et il avait emprunté aux différents généraux sous lesquels il avait servi leurs qualités dominantes. « Il disait qu'il tenait du prince Henri d'Orange, son oncle, les prin-

---

[1] Turenne à sa sœur, 30 mai 1643.
[2] Ibid.

cipes de bien choisir un camp, d'attaquer une place selon les règles, de former de loin un projet, et de n'en rien faire paraître qu'au moment de l'exécution. En parlant du duc de Weimar, il disait que de rien ce général faisait toutes choses et ne s'enorgueillissait point de ses succès ; que, lorsqu'il avait du malheur, il ne songeait pas tant à se plaindre qu'à s'en relever. Il avait remarqué, sous le cardinal de la Valette, que, pour être agréable aux militaires, il fallait, en allant à l'armée, renoncer aux fausses délicatesses de la cour, à la galanterie, aux amusements du bel esprit et vivre avec les officiers, à leur mode, sans façon et sans affectation. Il fut confirmé, en voyant la conduite du comte d'Harcourt, dans la grande maxime de César, que de toutes les vertus militaires la diligence et l'expédition sont les plus essentielles, et qu'elles entraînent ordinairement le succès quand elles sont accompagnées de circonspection et de prudence [1]. »

CHAPITRE II

Guerres d'Allemagne (1643-1648).

Au moment où Turenne fut nommé maréchal de France, un nouveau règne venait de commencer. Pour bien suivre les événements auxquels ce grand homme prit une part si active, il est nécessaire de se rendre un compte exact de la situation politique de la France et de la situation générale de l'Europe.

Richelieu était mort le 4 décembre 1642.

On avait cru, et l'illusion avait été générale, qu'après lui le système de gouvernement changerait ; on s'était trompé. Richelieu ne mourut pas tout entier, et Louis XIII continua son œuvre. Les ministres furent confirmés dans leurs emplois, et Mazarin appelé à la présidence du conseil. La cour se divisa immédiatement en deux partis : celui des ministres, soutenus par la maison de Condé ; celui des mé-

[1] Ramsay, *Histoire de Turenne*.

contents, à la tête desquels se plaçaient le duc de Vendôme et ses deux fils, les ducs de Mercœur et de Beaufort, le jeune et brillant Marsillac, duc de la Rochefoucauld, et l'évêque de Beauvais, Potier, que Retz traitait cavalièrement de « bête mitrée ». On donna aux membres de ce parti le nom d'Importants « à cause des airs d'importance qu'ils se donnaient », débitant des maximes d'État, blâmant indistinctement tous les actes du gouvernement, déclamant contre la tyrannie, et affectant une sorte de profondeur et de sublimité quintessenciée qui les séparait des autres hommes ; ils n'avaient en somme d'autre visée politique que de rentrer en possession des charges et des emplois dont Richelieu les avait dépouillés.

Cinq mois après son ministre, le 14 mai 1643, Louis XIII descendait aussi au tombeau, instituant la reine Anne d'Autriche régente du royaume pendant la minorité de Louis XIV, qui n'avait alors que quatre ans et demi, mais plaçant à côté d'elle par son testament, acte solennel qu'il avait entouré de toutes les formalités qui pouvaient lui donner de la force et de l'autorité, un conseil qui devait décider de toutes les affaires à la pluralité des voix. Louis XIII avait tout fait pour que sa politique lui survécût ; mais il aurait fallu pour cela « que les vivants consentissent à ne régler leurs affaires que d'après la volonté des morts », comme l'a dit plus tard Sobieski. C'était trop demander. La reine en appela au parlement, qui comptait parmi ses membres un certain nombre d'Importants. Cette assemblée, heureuse de prendre pied dans la vie politique, ce qu'elle désirait depuis longtemps, cassa sans se faire prier, le 18 mai, le testament du roi. Anne d'Autriche fut déclarée régente avec la plénitude des pouvoirs attachés à ce titre. Le duc d'Orléans, déclaré lieutenant général du royaume, ne recevait qu'une autorité subordonnée à la sienne. La régente avait « pouvoir de faire choix de telles personnes que bon lui semblerait pour délibérer sur les affaires qui leur seraient proposées ». La reine avait toujours été éloignée des affaires ; maintenant qu'elle tenait le pouvoir dans ses mains faibles et inexpérimentées, elle commençait à rendre justice à la mémoire de Richelieu. Le jour même, en sortant du parlement, elle chargea le prince de Condé d'un message pour Mazarin. Elle offrait au cardinal la présidence de son conseil. Mazarin accepta.

Jules Mazarin avait alors quarante ans. Il était né à

Rome, en 1602, d'une famille originaire de Sicile, noble selon les uns, fort modeste suivant les autres, mais qu'en tout cas il ne s'inquiéta jamais de relever par des généalogies chimériques. Il reçut une bonne éducation, et fit son cours de philosophie, de théologie et de droit canon à l'université de Salamanque. Il embrassa d'abord la profession des armes, et devint capitaine d'infanterie dans l'État de Milan. Pendant la guerre de la Valteline, il se lia avec des officiers français et espagnols, et se distingua à Casal, où nous l'avons vu se précipiter, au risque de sa vie, entre les troupes espagnoles et françaises, prêtes à en venir aux mains, pour annoncer que la paix était faite. Mazarin quitta, quelque temps après, l'épée pour l'habit ecclésiastique. Richelieu, qui l'avait distingué, le fit entrer au service de la France, l'employa en plusieurs affaires importantes, et, bien qu'il ne fût pas prêtre, lui fit obtenir le chapeau de cardinal en récompense de ses services. Louis XIII, sur le conseil de Richelieu, le choisit pour faire partie du conseil de régence que son testament imposait à la reine pendant la minorité de Louis XIV. Maintenu par Anne d'Autriche au ministère, il resta au pouvoir dix-huit années, pendant lesquelles il dut deux fois se retirer; mais, s'il cédait devant l'orage, une fois la tempête apaisée il revenait : aussi avait-il pris pour devise un rocher battu des vagues, avec ces mots : *Quam frustra et murmure quanto!* Mazarin parlait très bien, et il écrivait encore plus agréablement qu'il ne parlait, à cause de l'accent italien dont il ne sut jamais se défaire. Il était agréable de sa personne, souple, insinuant, enjoué, toujours maître de lui dans la bonne fortune, d'une sérénité inaltérable dans les circonstances les plus fâcheuses, plein de confiance en sa bonne étoile et répandant sa confiance autour de lui. Il était doué d'une grande pénétration et d'une adresse merveilleuse pour manier les hommes et les affaires. Il pardonnait aisément à ses ennemis, moins par grandeur d'âme que par timidité. Il promettait beaucoup; mais un manque de foi ne lui coûtait guère s'il croyait en retirer quelque avantage. Il n'était ni libéral ni reconnaissant; et, s'il n'épargnait pas l'argent pour se faire des créatures, il payait mal les services passés quand il n'en attendait pas de nouveaux. Il était profondément dissimulé. Avec un abord ouvert et qui respirait la franchise et l'abandon, il était impossible de connaître ses véritables intentions. Si le caractère de la politique de Richelieu peut s'indiquer d'un trait : la force, la politique de Mazarin peut aussi se résumer en un mot : la finesse. Grand ministre, en somme, et qui pouvait dire avec raison que si son langage n'était pas français, son cœur l'était.

La persistance de la fortune de Mazarin fut un sujet d'étonnement pour ses contemporains. Il paraît établi aujourd'hui qu'Anne d'Autriche s'unit à lui par un mariage demeuré secret, ce qui explique son maintien au pouvoir.

Anne d'Autriche, fille aînée de Philippe III, roi d'Espagne, avait épousé Louis XIII en 1615, à treize ans. Ce ne fut qu'après vingt-trois ans de mariage, en 1638, qu'elle devint mère de Louis XIV. Elle était grande, majestueuse, douée d'un regard sympathique, et sa beauté avait été remarquable. Au moment de la mort de Louis XIII, elle était adorée. On ne l'avait vue que persécutée, calomniée, poursuivie dans ses amitiés les plus innocentes, soumise à un espionnage avilissant; et l'intérêt qui s'attache au malheur noblement supporté ne lui avait pas fait défaut. Elle était vertueuse et bonne, d'une piété sincère; mais elle était hautaine et irascible. Dans les temps troublés où elle vécut, l'esprit de parti aveuglait ses ennemis, qui l'ont méconnue et outragée. Elle était, quoi qu'on en ait pu dire, dévouée aux intérêts français, et n'hésita jamais à sacrifier ses affections personnelles, les souvenirs et les liens de famille qui la rattachaient à l'Espagne, à la grandeur de son fils et de la France.

Le nouveau lieutenant général du royaume, Gaston, duc d'Orléans, oncle du jeune roi, était un pauvre homme, nous l'avons vu. Esprit cultivé, enjoué, orateur éloquent et agréable, le héros bouffon de Castelnaudary, qui « ne s'y jouait plus » quand il fallait se battre, avait, sauf le courage, les qualités d'un bon particulier ; mais son caractère inquiet, inconstant, ses irrésolutions perpétuelles, sa honteuse et excessive faiblesse, sa lâcheté, le rendirent le jouet de ses maîtresses et de ses favoris, et l'empêchèrent toujours de prendre à temps un parti, bon ou mauvais. Sa faiblesse « salit tout le cours de sa vie, dit Retz. Il entra dans toutes les affaires, parce qu'il n'avait pas la force de résister à ceux qui l'y entraînaient pour leur intérêt; il n'en sortit jamais qu'avec honte, parce qu'il n'avait pas le courage de les soutenir ». Il ne joua dans le gouvernement qu'un rôle effacé.

Le jeune chef des Importants se mit en tête de gouverner, « quoiqu'il en fût moins capable que son valet de chambre. » François de Vendôme, duc de Beaufort, portait fièrement le nom de petit-fils de Henri IV. Il avait montré, le jour de la mort de Louis XIII, une fidélité chevaleresque à la reine, qui, avant d'avoir apprécié Mazarin, penchait fort de son côté, et l'eût peut-être appelé à la direction des affaires s'il n'eût gâté sa cause par une incapacité réelle et absolue. « Il n'en était pas jusques à l'idée des grandes affaires, il n'en avait que l'intention, » par des prétentions excessives et une hauteur bien peu habile avec une reine espagnole, susceptible et fière, qu'il fallait flatter longtemps avant de la gouverner; il n'était fait que pour le rôle qu'il a joué depuis, celui d'un héros de théâtre. Beau, brave de sa personne « et plus qu'il n'appartenait à un fanfaron », il était adoré du peuple, dont il parlait le langage, qui l'appelait le roi des halles et l'aurait suivi partout où il aurait voulu [1]. Il parlait étourdiment avec des expressions vulgaires.

Beaufort rencontra une hostilité décidée dans la puissante maison de Condé, qui soutint la reine et Mazarin. Anne d'Autriche s'efforça de rétablir la paix et l'union entre ses ministres et ses anciens amis, auxquels l'attachait la reconnaissance. La division ne fit que s'augmenter; des querelles, des animosités, des rancunes de femmes s'en mêlèrent, et la lutte prit chaque jour un caractère d'aigreur plus accentué. Les Importants, qui multipliaient leurs exigences, perdaient rapidement du terrain. Un espoir leur restait. La duchesse de Chevreuse, l'ancienne amie de la reine, la confidente de ses plus intimes secrets, victime avec elle et pour elle de tant de persécutions, allait revenir d'exil. Marie de Rohan, qui avait épousé en secondes noces Claude de Lorraine, duc de Chevreuse, était une femme entreprenante, artificieuse, active, capable de diriger une intrigue ou de tramer un complot. L'ambition était sa passion dominante, et elle mettait en usage tous les moyens pour la satisfaire. Compromise dans la conspiration du comte de Chalais et devenue à bon droit suspecte au cardinal de Richelieu, elle avait été contrainte de se retirer à Bruxelles.

Elle revenait d'exil comme en triomphe, au milieu d'une garde d'honneur.

[1] Voir les *Mémoires du cardinal de Retz*. — Cousin, *la Jeunesse de Mme de Longueville*.

La reine la reçut avec amitié, au milieu de toute la cour, qui observait attentivement cette scène. Mais Anne d'Autriche était au pouvoir, ses idées s'étaient modifiées avec sa situation, et si elle aimait toujours ses amis, elle ne voulait plus de conspiration; la duchesse s'en aperçut bientôt. Mazarin, qui la redoutait, lui fit de grandes avances pour l'attacher à son parti. Le soir de son arrivée, il lui apporta cinquante mille écus pour ses frais de voyage, et, deux jours après, lui demanda nettement s'il devait la compter parmi ses amis ou ses ennemis. Confiante dans l'affection de la reine, la duchesse se montra si exigeante et mit son alliance à si haut prix, qu'elle s'aliéna la reine. Anne d'Autriche, d'ailleurs, irritée déjà par l'attitude insolente des Importants, se vit bientôt obligée de sévir contre eux. Mazarin les gênait. Ils organisèrent un complot pour s'en débarrasser par un assassinat en plein Louvre. Leur projet fut découvert et amena la ruine du parti. Le ministre, averti à temps, fit enfermer Beaufort à Vincennes (2 septembre). Les Importants se dispersèrent. La duchesse de Chevreuse essaya de résister; la reine l'exila à Tours, qu'elle quitta pour passer à l'étranger. Quelque temps après, en décembre, Mazarin était officiellement déclaré premier ministre.

Un calme apparent était rétabli pour quelque temps; mais les esprits étaient inquiets, agités. Quelques années encore, et nous verrons éclater les désordres de la Fronde.

Si la France s'agitait, si les germes de la guerre civile s'y développaient silencieusement, l'Europe gémissait et se débattait sous l'étreinte des armées qui, depuis près de vingt-cinq ans, se faisaient une guerre acharnée, sanglante et ruineuse. Certaines contrées étaient absolument dévastées; partout les populations souffraient. Il s'élevait de toutes parts un cri unanime des peuples pour demander la paix. Depuis longtemps on négociait à Hambourg les conditions qui devaient régler les préliminaires de la paix. Enfin, le 25 décembre de l'année 1641, après de longues discussions, les plénipotentiaires de la France, de la Suède et de l'Empire signèrent dans cette ville, sous la médiation du roi de Danemark, un traité stipulant que des négociations se feraient simultanément en Westphalie : à Munster, pour la France; à Osnabrück, pour la Suède. Chacune de ces deux puissances devait avoir un résident dans la ville où se tiendraient les plénipotentiaires de l'autre, pour se communiquer mutuellement leurs résolutions. Les deux alliés s'engageaient à ne faire la paix que conjointement, par un seul et même traité.

Les conventions de Hambourg demeurèrent d'abord inexécutées. Les conférences devaient s'ouvrir au mois de mars 1642; mais Richelieu estimait que le moment n'était pas encore venu où la France pouvait retirer de la paix des avantages assez considérables. Il donna sous main au comte d'Avaux des instructions contraires aux ordres publics qu'il lui adressait. D'Avaux devait paraître désirer ardemment la paix, et se voir contraint à en retarder la conclusion par les prétentions exagérées des autres nations. Après la mort du cardinal, on renoua les négociations à Munster. Mazarin adjoignit à d'Avaux l'habile Servien.

Servien ne s'entendit pas longtemps avec son collègue; et, un peu plus tard, pour éviter toute contestation entre ces deux hommes d'un si grand mérite et si utiles tous deux, mais fort jaloux l'un de l'autre, on envoya le duc de Longueville comme plénipotentiaire.

« M. de Longueville représenta magnifiquement la France à Munster. Toute son ambition était d'attacher son nom à la conclusion de la paix; mais, n'en mesurant pas bien toutes les difficultés ou voulant les surmonter trop vite, il les aggravait, et à ses premières vivacités succédait un prompt découragement. Ses impatients désirs et sa loyauté inexpérimentée ne consultaient pas toujours la prudence. Il outrepassait volontiers ses instructions et compromettait son gouvernement [1]. »

Quelque grands que fussent le désir et le besoin de la tranquillité en Europe, aucune des grandes puissances ne voulait la paix sérieusement et promptement. Pour traîner les choses en longueur, on avait commencé par gaspiller toute une année à discuter la validité des pleins pouvoirs et à chicaner sur de vaines questions de cérémonial et de préséance; aussi le congrès ne s'ouvrit-il réellement qu'au mois d'avril 1644. L'attention de toute l'Europe était fixée sur ces conférences, d'où pouvait sortir enfin la paix si désirée des peuples; en outre, depuis longtemps on n'avait pas vu de négociation où tant de nations eussent été intéressées et représentées par un si grand nombre d'hommes remarquables.

[1] Cousin, *la Jeunesse de Mme de Longueville.*

Les conférences de Munster durèrent longtemps; elles suivaient les vicissitudes des combats, et le plénipotentiaire le plus éloquent et le plus persuasif était encore le général qui remportait une victoire. « La France avait beaucoup gagné à la lutte; l'Autriche et l'Espagne avaient beaucoup perdu. La France, qui ne voulait rien rendre, croyait avoir besoin de victoires nouvelles pour consacrer irrévocablement ses conquêtes; l'Autriche et l'Espagne attendaient de la continuation des hostilités quelque retour de fortune pour ne rien céder à la France. On eut donc soin de ne pas poser les armes pour entrer en pourparlers. On se lança dans ce redoublement d'efforts qui couvrit de tant d'éclat les entreprises des Français, mais qui ne laissa pas l'ennemi sans quelque dédommagement sérieux. Et comme Rocroy était suivi de Tuttlingen, Fribourg de Marienthal, Dunkerque de Lerida, le soulèvement de Masaniello de la mutinerie des troupes de Turenne, chacun à son tour traînait en longueur et ajournait la conclusion, dans l'espoir d'en retenir les meilleurs bénéfices, jusqu'au jour où les coups décisifs de Zurmarshausen et de Lens imposèrent à la plus grande partie des vaincus la volonté des plus forts [1]. »

Il fallut donc continuer la guerre. Nous allons retrouver et suivre Turenne sur la rive droite du Rhin, où il fit avec éclat ses débuts comme commandant en chef.

Après le siège de Trino, Turenne était revenu à Paris. Le cardinal Mazarin « l'envoya querir et lui dit que le roi le destinait pour commander en Allemagne [2]. » La mission était ingrate et difficile. Pour s'en rendre compte, il faut reprendre les choses d'un peu plus haut.

Le duc de Weimar était mort au mois de juillet 1639, après une maladie de quelques jours, à l'âge de trentre-six ans, au moment où sa fortune et ses visées audacieuses commençaient à donner de l'ombrage à Richelieu. Entouré d'une armée nombreuse et aguerrie dont il était l'idole, plein de talents et d'ambition, il rêvait de se tailler dans

---

[1] Gaillardin, *Histoire de Louis XIV*.
[2] *Mémoires de Turenne.* — Nous avons fait de nombreux emprunts aux *Mémoires de Turenne*, qui commencent à cette époque (décembre 1643), pour se terminer en 1658. Pour ne pas fatiguer le lecteur par des renvois incessants et inutiles, nous le prévenons, une fois pour toutes, que les passages entre guillemets cités sans indication de la source où ils ont été puisés sont tirés de ces *Mémoires*.

le Brisgau et l'Alsace, entre la France et l'Allemagne, une principauté indépendante dont la forte ville de Brisach eût été la capitale et le rempart. A sa mort, ses troupes se mirent véritablement à l'encan. L'Empereur, Richelieu, les ducs de Bavière et de Lunebourg, l'électeur palatin Charles-Louis, s'efforcèrent de gagner les célèbres weimariens. Le prince palatin, ayant été agréé par eux, passa en Angleterre; et, après y avoir contracté un emprunt de vingt-cinq mille livres sterling, il voulut retourner en Alsace pour y conclure un pacte définitif avec les anciens soldats de Weimar. Malheureusement pour lui, la route de France était la plus courte; il la prit pour aller plus vite, croyant pouvoir passer incognito. Mais il avait compté sans Richelieu, qui veillait. Le ministre, averti à temps, le fit arrêter à Moulins et conduire au château de Vincennes, puis il poussa vivement les négociations qu'il avait entamées de son côté avec les weimariens. Il ne relâcha l'électeur palatin que lorsque la France se fut assuré le concours de ces vieilles troupes, qui remirent à la France toutes les places conquises en Alsace, et acceptèrent de servir pour la France sous le comte de Guébriant.

Le maréchal de Guébriant, brave et habile soldat, se joignit au célèbre Banier, général suédois, opéra de concert avec lui, et mourut, le 24 novembre 1643, des suites d'une blessure qu'il avait reçue au siège de Rottweil, ville impériale située à la source du Necker.

Le maréchal comte de Rantzau, qui lui succéda, avait beaucoup de cœur et d'esprit, écrivait et parlait avec une certaine éloquence naturelle qui persuadait et qui, dans les conseils de guerre, rangeait les autres à son avis; « mais sa conduite ne répondait pas toujours à ses discours, car le vin lui faisait faire de grandes fautes et le mettait souvent hors d'état de commander [1]. »

Le lendemain même de la mort de Guébriant, le 25 novembre, ce général avait été surpris, battu et fait prisonnier auprès de Tuttlingen, sur le Danube, en Souabe. Cinq à six mille cavaliers seulement avaient échappé au désastre et s'étaient sauvés sur la rive gauche du Rhin; mais ils étaient désorganisés, sans armes et sans chefs. Pour surcroît de malheur, l'armée suédoise, qui jusque-là avait

---

[1] *Relation de la campagne de Fribourg,* par le marquis de la Moussaye.

agi de concert avec la nôtre contre les Impériaux, se décida à rentrer dans le Holstein et nous quitta brusquement, sans même donner avis de son départ.

Telle était la situation quand Turenne fut désigné pour aller commander en Allemagne.

Jamais général ne commença sa carrière dans des circonstances plus critiques et plus désavantageuses. C'était avec des troupes démoralisées, frémissant encore sous l'impression d'une défaite, sans argent et sans armes, que Turenne devait, au printemps suivant, entrer en campagne. Il vit là, et non peut-être sans raison, une preuve de la mauvaise volonté de Mazarin. Pendant longtemps, en effet, la grande préoccupation du ministre fut d'empêcher les généraux de se rendre redoutables; et, pour éviter des troubles à l'intérieur, il exposa quelquefois les armées à manquer des moyens nécessaires pour battre l'ennemi.

Turenne ne laissa rien voir de ces pensées. Il prit congé de Mazarin, en reçut une longue instruction, datée du 8 décembre 1643, qui lui prescrivait la conduite à tenir dans son nouveau commandement, et se rendit à Colmar. Il établit ses cantonnements dans la Lorraine, derrière les Vosges, s'empara des petites places de Vesoul et de Luxeuil, et il employa son hiver à refaire ses troupes. Ne pouvant obtenir de la cour l'argent dont il avait besoin, il emprunta, sur son propre crédit, des sommes considérables; au moment même où l'avidité des grands épuisait le trésor public, il fit à ses frais armer et habiller près de huit mille hommes. Il remonta cinq mille cavaliers, acheta des équipages d'artillerie, et, à la fin de l'hiver, il se trouva prêt à reprendre la campagne avec une armée peu nombreuse, mais bien équipée et composée en grande partie de vétérans aguerris.

Après avoir passé à Remiremont les premiers mois de l'année, Turenne se rendit à Brisach, vers la fin de mai.

Pendant son séjour dans cette ville, ayant été informé qu'il y avait un corps de deux mille chevaux, sous le commandement de Gaspard de Merci, frère du général, au delà de la forêt Noire, dans deux bourgs à la source du Danube, dont l'un s'appelait Huffingen, il fit passer le Rhin à ses troupes et envoya en avant le général Rosen, avec quatre ou cinq régiments. Rosen surprit l'ennemi et le défit. « Je revins hier de delà le Rhin, écrit Turenne à sa sœur le 8 juin, où je croyais faire un plus grand effet; cela n'a pas laissé de réussir assez heureusement, Dieu merci, ayant pris sept cornettes, un colonel, un major, trois capitaines, beaucoup d'autres officiers et bien mille chevaux. On a délivré beaucoup de nos prisonniers, tué et pris beaucoup d'autres. Gaspard de Merci commandait ce quartier-là; son frère l'abbé l'était venu voir, qui a eu bien de la peine à se sauver. »

Peu après, Merci mettait le siège devant Fribourg, avec quinze mille hommes de troupes fraîches et bien reposées. Turenne passa le Rhin à Brisach avec cinq mille chevaux, quatre à cinq mille fantassins et vingt canons, pour venir au secours de cette place importante. L'entreprise commença bien. Merci ne croyait pas les Français en état de venir l'attaquer. Depuis huit jours qu'il avait investi Fribourg, il ne s'était encore entouré d'aucune ligne, et le service d'éclaireurs était fort négligé. Turenne arriva dans le voisinage de l'ennemi sans en avoir été aperçu, et, voyant une montagne, nommée la Montagne noire, qui dominait les positions de Merci, dégarnie de troupes, il envoya deux régiments pour s'en emparer, et fit avancer de l'infanterie pour les soutenir. Par malheur, quinze à vingt mousquetaires bavarois, qui étaient en grand'garde à mi-côte, aperçurent les Français, grimpèrent sur le sommet, y arrivèrent avant eux et firent une décharge sur eux. Les Français, surpris, crurent à un piège, abandonnèrent l'attaque en désordre, et Merci eut le temps de faire arriver des troupes pour soutenir ses mousquetaires. Cet accident et les habiles dispositions du général ennemi empêchèrent Turenne de secourir la ville. Selon Napoléon, « il pouvait faire plus qu'il n'a fait pour la défense de cette place; il devait, au moins, prendre une position pour intercepter les convois de l'ennemi. » Fribourg capitula, le 18 juillet, en présence du maréchal, qui était campé à une lieue et demi, et malgré les renforts qui arrivaient de France, conduits par le maréchal de Guiche et le duc d'Enghien, depuis le grand Condé.

Turenne avait averti la cour qu'il était trop faible pour rien tenter contre Merci, et Mazarin lui envoyait du renfort. Le duc d'Enghien reçut à Amblemont, près de Mouzon, l'ordre d'aller joindre l'armée d'Allemagne. Le 20 juillet, il leva son camp et se dirigea du côté de Metz, où ses troupes passèrent la Moselle et laissèrent leur gros bagage. En treize jours de marche, il fit soixante lieues, et il arriva à Brisach, avec six mille hommes de pied et quatre mille chevaux, au moment où Fribourg se rendait.

Avant l'arrivée du duc d'Enghien à l'armée d'Allemagne, les ennemis de Turenne avaient répandu le bruit de la contrariété qu'il aurait éprouvée en apprenant la venue du prince. Dès que Turenne en fut informé, il s'empressa de protester contre cette accusation.

Et cependant n'aurait-il pas eu quelque motif légitime de jalousie contre son brillant rival? « A vingt-deux ans, Condé avait déjà tout de la guerre, le brillant, le sérieux, l'élan et la réflexion; de plus, chose rare, très rare dans un jeune homme, une ténacité indomptable, une résolution fixe et forte qui l'enracinait au champ de bataille.

« Néanmoins la justice exige qu'on fasse une distinction, quand on le compare aux maîtres de la guerre de Trente ans, aux persévérants militaires, qui, toute leur vie restèrent sur le terrain et créèrent l'art de la guerre; je parle des Merci, des Turenne. Il fut un général d'été... On le lançait aux beaux moments, à l'instant favorable de la belle saison, avec de grands moyens qui, amenés par lui, subitement jetés sur le terrain, emportés dans sa fougue, relevaient tout, opéraient la victoire.

« La grosse armée, l'armée privilégiée, celle qu'on nourrissait (les autres jeûnaient), était, chaque année, celle du duc d'Enghien. En mai ou en juin, emmenant une troupe leste, un gros renfort, parfois de huit ou dix mille hommes, plus un tourbillon de noblesse, tous les jeunes volontaires de France, il partait de Paris, volait à l'ennemi. Une telle mise en scène exigeait un succès immédiat. Donc, sans tourner ni rien attendre, souvent par le point difficile, on attaquait sur l'heure et on l'emportait à force de sang[1]. »

Ce fut l'histoire de Fribourg.

Les deux armées étaient à peu près égales en nombre, mais Merci occupait une position merveilleuse. Fribourg est situé au pied des montagnes de la forêt Noire, qui s'élargissent, en cet endroit, en forme d'un croissant compris entre la montagne du Diable et celle de Zeringen. Au milieu de cet espace, on découvre auprès de Fribourg une petite plaine, bornée, sur la droite, par des montagnes fort hautes, et entourée, sur la gauche, par un bois marécageux. En venant de Brisach, on ne peut entrer dans

---

[1] Michelet, *Histoire de France*.

cette plaine que par des défilés situés au pied d'une montagne presque inaccessible, qui la commande de tous côtés. Par les autres chemins, l'accès en est encore plus difficile.

Merci s'était adossé à Fribourg, faisant face au seul point par lequel on pût venir à lui, et, comme c'était un des plus grands et des plus prudents capitaines de son temps, il n'avait rien oublié pour augmenter encore, par des travaux de défense, les avantages de sa situation. Il fit faire un fort palissadé, où il mit six cents hommes avec de l'artillerie; puis il construisit une ligne défendue par des redoutes, de deux en deux cents pas, et, pour donner encore plus de peine à ceux qui voudraient forcer ces retranchements, il fit abattre et coucher, tout le long de ses lignes, quantité de sapins dont les branches étaient coupées à quelque distance du tronc, et qui faisaient l'effet de chevaux de frise; ce qui a fait donner, par quelques historiens, à la bataille de Fribourg le nom de « Journée des abatis. »

« Sur la droite, il y avait un enfoncement, par lequel on pouvait entrer dans le camp des Bavarois; mais, pour y arriver, il fallait faire un grand détour et passer par des lieux qui n'avaient pas été reconnus. Cet endroit étant naturellement fortifié par une ravine large et profonde, Merci s'était contenté d'y faire un abatis de bois. Jamais camp n'a été dans une assiette plus forte, ni mieux retranché que celui-là [1]. »

Le 3 août, Turenne partit à la pointe du jour, avec ses troupes, pour opérer le mouvement « ordonné » par le prince. On devait attaquer trois heures avant la nuit, c'est-à-dire vers cinq heures du soir. A l'heure dite, Condé lance ses troupes contre les palissades de Merci. Le comte d'Espenan, maréchal de camp, qui commandait l'infanterie de Condé, conduisit la première attaque. Pour aller à l'ennemi, il fallait escalader une côte fort escarpée, plantée en vignes et sur laquelle se trouvaient, de distance en distance, des murs en pierre sèche, de trois à quatre pieds de haut, qui soutenaient les terres. L'attaque ne réussit pas. Les Bavarois, bien à couvert, tuèrent énormément de monde aux assaillants. Condé prend alors les deux régiments de Conti et de Mazarin, qui étaient très bons et très

[1] La Moussaye, *Relation de la campagne de Fribourg.*

forts, met pied à terre et s'élance, à leur tête, aux retranchements, qu'il finit par emporter avec l'aide des volontaires. A la nuit, il était maître des hauteurs et il y établit ses bivouacs. L'ennemi perdit là plus de trois mille hommes, l'élite de l'infanterie de l'Empereur, qui se firent tuer sur place; mais Condé « y perdit aussi beaucoup de gens ». L'acharnement était tel qu'on ne faisait point de quartier. Turenne avait rencontré tant d'obstacles imprévus dans sa marche, qu'il n'avait pu arriver à temps pour combiner son attaque avec celle de Condé; il fut en retard d'une heure. Enfin il entra en ligne, pénétra dans le défilé que gardaient les Bavarois, « les chassa d'abord d'un bois et puis d'une haie, et les repoussa de poste en poste jusqu'à l'entrée de la plaine. » Turenne avait forcé le passage et aurait pu se former dans la plaine; mais il n'avait pas de cavalerie pour soutenir son infanterie, et il se contenta de garder les positions conquises. La nuit ne fit point cesser le combat; les troupes, de part et d'autre demeurèrent à la distance de quarante pas, jusqu'au jour, pendant plus de sept heures, et échangèrent un feu continuel. Turenne évalue ses pertes à quinze cents hommes, et celles de l'ennemi qui lui faisait face à deux mille cinq cents.

Au point du jour, on s'aperçut que Merci s'était dérobé avec une habileté et un ordre admirables. Ce général avait fait continuer, la nuit, par une ligne de tirailleurs seulement, un feu très vif contre les Français, et, pendant ce temps, il avait battu en retraite et pris une nouvelle position : la droite, appuyée à Fribourg, formée de cavalerie en plaine; la gauche sur la montagne Noire. Le jour venu, Turenne et Condé débouchèrent chacun de leur côté dans la plaine. « M. le prince ne jugea pas à propos que l'on marchât ce jour-là à la montagne, où les Bavarois s'étaient campés. » Ce fut une faute, car « il est certain que si on eût marché à eux, on les eût trouvés en grande confusion ». L'ennemi employa cette journée du 4 août à se remettre, à se retrancher et à garnir son front de nouveaux abatis de bois; mais les soldats français étaient trempés jusqu'aux os, il avait plu toute la nuit; harassés de fatigue, ils réclamaient impérieusement du repos.

Le 5, au matin, on se prépara à attaquer. Vers huit heures, on vint avertir les généraux qu'on voyait une grande confusion parmi les Bavarois, et que leur bagage marchait. Turenne et Condé s'avancèrent pour reconnaître la vérité de cette assertion et examiner la situation de l'ennemi, après avoir expressément défendu de rien faire en leur absence.

« Comme l'on était à regarder la contenance de l'armée des ennemis, qui paraissaient en grande confusion, » d'Espenan voulut prendre sans ordres un petit travail avancé, où l'ennemi n'avait que quelques mousquetaires. Il n'avait pu calculer les conséquences de cette infraction à la discipline, qui faillit causer la perte de l'armée. Le fortin fut soutenu; d'Espenan, à son tour, fit avancer des troupes. La bataille, engagée, et mal engagée, en l'absence des chefs, devint bientôt générale, et une terreur panique se répandit dans les troupes françaises. Au bruit du combat, les deux généraux reviennent au galop. Condé rallie un corps qui avait été repoussé, et le ramène à la charge. Turenne recule, raffermit ses troupes et attend l'occasion favorable ou un ordre de Condé. L'aspect du champ de bataille était tel, qu'il se préparait à couvrir la retraite; un moment, il crut la partie perdue. « Il est certain que si l'ennemi eût pu juger bien sainement de la confusion des troupes du roi, toute l'armée était perdue, au moins toute l'infanterie. » L'infanterie, en effet, était « dans un désordre effroyable; elle ne faisait plus que parer le ventre aux mousquetades, dont elle tâchait de se mettre à l'abri en se collant le plus qu'elle pouvait contre l'abatis d'arbres que les ennemis avaient fait [1] ». Condé modifie alors son plan d'attaque. Il ne laisse que peu de troupes à l'endroit où il a échoué; il prend quelques régiments à Turenne et se porte dans la plaine pour aborder la droite de l'ennemi. La cavalerie bavaroise, qui composait cette aile, mit pied à terre et combattit comme la plus vaillante infanterie. Sept fois de suite Condé mène ses troupes à la charge; sept fois le feu de l'ennemi, sa ténacité, son courage, l'infranchissable barrière que forment les abatis, et la facilité qu'ont les régiments rompus d'aller se reformer sous les murs de Fribourg, forcent les Français à reculer. Une fois « Condé revient tout seul, à petits pas, couvert de sang, tous ses amis tués. A l'un d'eux qui vivait encore : « Ce n'est rien, « dit-il, nous allons recommencer et nous nous y pren- « drons mieux [2]. » Mais l'ennemi ne put être forcé. Trois

---

[1] *Mémoires de Gramont.*
[2] Michelet, *Histoire de France.*

mille Français restèrent sur le terrain. Les Bavarois n'avaient perdu que douze à quinze cents hommes.

Après cette seconde partie de la bataille de Fribourg, « on resta, dit le maréchal de Gramont, trois jours dans le camp, qui furent employés à faire rapporter à Brisach, par une partie des charrettes de l'armée, tous les officiers et les soldats qui avaient été blessés à ces deux grandes actions. Ce séjour fut terrible, car l'on demeura au milieu de tous les corps morts, ce qui causa une telle infection, que beaucoup de gens en moururent ; mais, ajoute-t-il philosophiquement, il n'y avait pas moyen de faire autrement. »

Les armées restèrent en présence, dans l'inaction, jusqu'au 9. Enfin le prince de Condé se décida à manœuvrer. Il se porta sur Langenzeling et le val de Closterthal, route des convois de l'armée bavaroise. Merci craignit pour ses vivres et prit le parti de se retirer. Il leva son camp et battit en retraite ; mais il le fit en bon ordre, choisissant si habilement son terrain, suivant son habitude, qu'il fallait souvent, pour le suivre, « que les cavaliers missent pied à terre pour passer à la file. » On voulut néanmoins l'attaquer. Quelques escadrons, environ six cents hommes, sous le commandement du colonel Rosen, s'y risquèrent dans un vallon fermé par un étroit défilé. Merci se retourna et fit tête. Peu s'en fallut qu'il n'écrasât le petit corps du colonel Rosen. Il le chargea, « lui prit plusieurs étendards, fit nombre de prisonniers, le battit dos et ventre[1] ; » mais, voyant arriver la cavalerie de Condé, il ne voulut pas engager d'action générale, il se retira sans être inquiété davantage. La perte des deux armées fut énorme. Les Bavarois perdirent huit mille hommes ; les Français et les weimariens neuf mille, un homme sur deux.

L'opinion publique eut peine à considérer comme un événement heureux ces succès sans résultats décisifs et si chèrement achetés par des combats meurtriers, et Mazarin pleura en recevant les détails de cette victoire.

Il faut d'ailleurs reconnaître qu'on sut bien profiter de l'avantage que donnait aux Français la retraite de Merci.

L'armée bavaroise était, pour le moment, hors d'état de rien entreprendre ; on ne la poursuivit pas et on s'attacha à la réalisation d'un plan communiqué à Mazarin par Tu-

---

[1] *Mémoires de Gramont.*

renne, dès le commencement de l'année [1], et que la retraite des ennemis permettait d'exécuter.

« Le point décisif, dans la guerre avec l'Empereur, c'était de tenir le cours du Rhin, soit comme base d'opérations offensives, si l'on voulait porter les principales forces de la France en Allemagne, soit comme ligne de défense, si l'on dirigeait les principaux efforts contre les possessions espagnoles. On avait naguère pris et perdu le bas Rhin, alors qu'on ne tenait pas le haut du fleuve; maintenant qu'on occupait le haut Rhin, le bas était facile à conquérir et facile à garder; les maîtres de l'Alsace pouvaient sans peine prendre à revers tout ce qui est renfermé entre la Moselle et le grand coude mayençais du Rhin [2]. » Turenne avait donc proposé d'assiéger Philippsbourg. Le duc d'Enghien, avec sa haute intelligence militaire, vit immédiatement tous les avantages de ce projet, l'approuva et en dirigea l'exécution; mais il n'en fut pas l'auteur, comme l'affirment à tort son historien Désormeaux, le maréchal de Gramont et plusieurs autres écrivains.

On se procura des bateaux, sur lesquels on chargea, à Brisach, le matériel nécessaire, et que les bourgeois de Strasbourg consentirent à laisser passer sous leur pont. Ils amenèrent heureusement, sous la garde de deux à trois cents mousquetaires, le convoi à Philippsbourg. Cette ville était distante de trois cents toises environ du Rhin. Située au milieu d'une plaine, elle était entourée et naturellement défendue par des marais et des bois; ses remparts n'étaient que de terre; mais ses larges fossés, que remplissait l'eau du Rhin, le nombre et la force de ses bastions, et surtout l'impossibilité d'en approcher, en rendaient la conquête très difficile. Elle dominait le Rhin au moyen d'un grand fort, avec lequel elle communiquait par une chaussée de six pas de largeur sur huit cents de longueur, élevée au milieu des marais.

Le 23 août, on campa sous Philippsbourg. On s'empara d'abord du fort détaché sur le Rhin, qui, contre toute attente, fut occupé sans résistance. Bamberg, ne jugeant pas sa garnison suffisante pour le défendre, l'avait évacué. Les lignes de circonvallation furent faites en quatre jours. La tranchée fut ouverte par deux côtés, l'un dirigé par

---

[1] Lettre de Turenne à Mazarin, du 29 février 1644.
[2] Henri Martin, *Histoire de France*.

Turenne, l'autre par le maréchal de Gramont. Le second jour, la garnison fit une sortie qui « étonna » les assiégeants. « L'infanterie française était tellement rebutée de tous les combats donnés à Fribourg, qu'assurément on n'aurait pas réussi à prendre une place qui aurait fait une grande résistance. » Heureusement la garnison se découragea, aucun secours ne vint du dehors, et la place capitula le 9 septembre. « C'était un second Brisach, qui ouvrait le bas Palatinat transrhénan et la Franconie, comme Brisach ouvrait la Souabe [1]. »

Turenne fut très heureux de ce succès. « Je crois, écrit-il à sa sœur le 10 septembre, qu'on ne désapprouvera point à la cour le conseil d'être descendu au bas du Rhin, au lieu d'être demeuré pour assiéger Fribourg. Je crois que, si le dessein de Philippsbourg eût manqué, on eût dit bien des choses... Il est vrai qu'il n'y pouvait rien arriver de mieux que la prise de Philippsbourg. »

« Durant le siège, dès qu'on eut fait un pont sur le Rhin, avec les bateaux qui étaient venus de Brisach, on fit passer douze à quinze cents hommes au delà du Rhin, qui prirent Gemersheim, où il y avait une petite garnison. On s'approcha ensuite de Spire, qui en est à deux à trois lieues; la ville, qui est fort grande, se trouvant sans garnison, se rendit, n'y ayant de ce côté du Rhin aucun corps des ennemis. »

Le lendemain de la prise de Philippsbourg, Turenne passa le Rhin avec la cavalerie allemande et cinq cents mousquetaires commandés. Ayant appris que les Espagnols, qui tenaient Frankenthal, place de l'électeur palatin, à trois heures de Spire, attendaient un parti de cinq cents chevaux commandés par le colonel Savari, il envoya à sa rencontre, avec trois régiments, M. de Flexstein, qui le joignit au moment où il voulait entrer dans la ville, défit une partie de ses gens et le fit prisonnier. Turenne continua sa marche vers Worms, qui n'avait pas de garnison; ses habitants lui ouvrirent leurs portes sans résistance. De Worms, Turenne se dirigea, sans perdre un moment, sur Mayence. Il craignait « que l'ennemi ne fît entrer quelqu'un dans Mayence, qui est le poste de dessus le Rhin le plus considérable, à cause du voisinage de Francfort et de la communication que cette place donne avec les Hessiens ».

[1] Henri Martin, *Histoire de France*.

Cette ville, forte, riche, bien située, possédait une garnison entretenue par la ville elle-même, et une population nombreuse, indépendante et fière. Merci, craignant qu'elle ne fût attaquée, avait détaché le colonel Wolfs avec quinze cents hommes pour s'y jeter et la défendre. Au moment où Turenne, « après avoir marché jour et nuit, sans bagages, » arrivait sous les murs de Mayence et envoyait « un trompette avec un gentilhomme pour parler à Messieurs du chapitre », revêtus du pouvoir suprême en l'absence de l'électeur, Wolfs arrivait de l'autre côté du Rhin, et demandait « à Messieurs de Mayence des bateaux pour y entrer. » Le chapitre se trouvait bien embarrassé entre les exigences de Wolfs et les menaces de Turenne, qui parlait « d'attaquer la place de tous les côtés s'ils ne mandaient promptement à ces troupes de Bavière de se retirer, et s'il voyait le moindre bateau passer en deçà de l'eau ». Le chapitre se décida à convoquer tous les corps de la ville, et, après plusieurs délibérations tumultueuses, il fut conclu qu'on recevrait les Français. Wolfs se retira aussitôt, et Turenne prévint de cet heureux succès le prince de Condé, qui, sur la demande du chapitre, vint signer lui-même une capitulation « aussi avantageuse pour le chapitre et les bourgeois qu'ils le pouvaient souhaiter ».

Après la mort du lieutenant général d'Aumont, que Condé avait envoyé faire le siège de Landau, et qui reçut dans la tranchée une blessure dont il mourut le lendemain, Turenne se rendit sous les murs de cette ville et la prit rapidement.

Vers la fin d'octobre, le duc d'Enghien se retira en France avec son armée, laissant le commandement à Turenne, et lui donnant, pour le renforcer, quelques régiments nouveaux d'infanterie, dont les officiers eurent grand'peine à retenir leurs soldats. Lorsque l'armée du duc d'Enghien se mit à défiler sur le pont de Philippsbourg, Turenne dut placer des gardes à l'entrée de ce pont, afin « qu'il ne passât plus personne dès que M. le prince eut fait passer ceux qu'il voulait amener avec lui ».

Turenne demeura donc en Allemagne avec le soin obscur et laborieux de conserver les villes conquises, et d'entretenir pendant l'hiver, en pays ennemi, une armée mécontente, composée en grande partie de mercenaires de nationalités diverses, étrangers à toute idée de patrie, et souvent indisciplinés. Les déserteurs étaient nombreux, car on ne payait pas régulièrement les soldats.

Merci, « qui avait raccommodé son armée dans le pays de Wurtemberg, » se rapprocha du Rhin, et se décida à agir quand il vit Condé parti et l'armée française diminuée. Il menaça plusieurs villes à la fois; puis il fondit sur Manheim, qui n'avait que quelques dragons pour toute garnison, et dont il s'empara facilement. Ce fut là son premier et son seul succès. Turenne se multiplia. Il laissa deux mille hommes de pied dans un camp, sous Philippsbourg, repassa le Rhin, et sut faire entrer à propos des renforts dans les villes menacées. Une surprise tentée sur Spire par Merci échoua; son lieutenant Gleen, et le duc de Lorraine, durent lever le siège de Bacharach. Kreutznach fut pris par Turenne, après un siège de quinze ou seize jours. Après avoir ainsi heureusement manœuvré entre les armées ennemies et réussi à s'opposer à leur jonction, le maréchal se décida à entrer en quartiers d'hiver, et les armées ennemies, découragées, l'imitèrent. Il s'installa à Spire. « Ce fut environ vers le milieu du mois de décembre que les quartiers furent donnés en Lorraine, en Alsace et le long du Rhin, où le pays était si ruiné, qu'en vingt lieues on ne pouvait pas trouver à nourrir un cheval, hors des grandes villes, qui étaient fort misérables. »

Pendant l'hiver, Turenne fit des démarches pour obtenir le payement de ses soldats. On voit, dans ses Mémoires et sa correspondance, la peine qu'il avait à obtenir de Mazarin l'argent nécessaire « aux montres[1] » et à l'achat des objets indispensables à l'équipement, à l'armement et l'entretien de son armée. Il obtint cependant trois mois de paye. « De cette manière, la cavalerie qui montait à cinq mille chevaux, et l'infanterie à cinq à six mille hommes de pied, avec douze à quinze pièces de canon, furent prêtes, vers la fin du mois de mars, à repasser le Rhin sur un pont de bateaux, que l'on fit faire à Spire. »

Le maréchal était pressé de se remettre en campagne. Torstenson venait de gagner la bataille de Tabor, où il défit « et prit prisonnier le général Hatzfeld, après avoir, dans le commencement de la même année, ruiné l'armée de l'Empereur dans divers combats, par une suite de con-

---

[1] On appelait *montre*, dans l'origine, une revue mensuelle, ou trimestrielle, où les troupes recevaient leur solde. Par extension on désigna plus tard sous le nom de *montre* un mois ou un quartier de solde. C'est toujours dans ce dernier sens que ce mot est pris dans les *Mémoires de Turenne*.

duite fondée sur une grande expérience, et accompagnée d'un grand courage et d'un grand jugement », ce qui est fort supérieur au gain d'une bataille. Après avoir passé le Rhin, Turenne se dirigea sur Pforzheim, petite ville du Wurtemberg, à trois à quatre heures du Necker, au delà duquel se trouvait Merci avec une armée de six à sept mille hommes seulement. Ce général ne se crut pas assez fort pour lui résister; il se retira vers la Souabe. Le maréchal le suivit, sans que l'armée bavaroise tînt nulle part devant lui. Il passa le Necker sans nulle difficulté, à deux heures du camp ennemi, se porta sur la Tauber, et s'empara de la ville de Suabeschall (Schwabisch-Hall). Ses dragons arrivèrent aux portes de cette ville en même temps qu'un parti de cavalerie ennemie; mais les bourgeois se livrèrent à lui, « comme ils le font toujours au plus fort et à celui qui arrive le premier ». Il prit ensuite Rothembourg et Marienthal, qu'on appelle aussi Mergenthal ou Mergentheim. Il s'établit dans cette dernière ville et envoya Rosen à Rothembourg, qui est à plus de quatre heures de Marienthal, sur la Tauber. Il se trouva alors maître de toute la Franconie, et ses coureurs allèrent lever des contributions jusque sous les murs de Würtzbourg et de Nuremberg. Il était maître de la campagne; le succès paraissait assuré, quand une faute vint tout compromettre.

On était à la fin d'avril; les provisions de fourrages étaient épuisées et « il n'y avait point encore d'herbes ». Les troupes, fatiguées des marches qu'on leur faisait faire incessamment, et dont elles ne comprenaient ni le but ni l'importance, demandaient à entrer en quartiers de rafraîchissement. Turenne s'y refusa d'abord très énergiquement. Les ennemis n'étaient qu'à dix heures de marche de lui. S'il disséminait son armée, il courait risque de la faire écraser par fractions avant d'avoir pu la rassembler pour livrer une bataille générale; mais les officiers, et surtout le major général Rosen, appuyèrent la demande des soldats et revinrent à la charge avec importunité. Turenne voyait tout le danger de cette mesure; et, avant de consentir, il envoya Rosen avec un fort détachement de cavalerie reconnaître la situation de l'ennemi. Rosen lui rapporta que l'armée de Merci était elle-même disséminée et se fortifiait dans les diverses places où elle avait été répartie, sans songer à reprendre la campagne. Le maréchal avait confiance dans cet officier, ancien lieutenant de Gustave-Adolphe ; il céda. Ces renseignements erronés et les obsessions des chefs « firent résoudre M. de Turenne, mal à propos, à envoyer ses troupes dans de petits lieux fermés »; néanmoins il ne le fit qu'à contre-cœur. Il sentait qu'on lui faisait faire une faute; et il s'entoura de précautions. Il retint auprès de lui le canon et l'infanterie, plaça son quartier général à Marienthal, et défendit à la cavalerie de s'écarter de plus de trois lieues. Il savait à quel actif et habile adversaire il avait affaire, et il était « presque dans la certitude que l'ennemi ferait la marche que l'on apprit qu'il fit ».

Le 4 mai, Turenne se leva de grand matin. Il alla, avec un détachement de cavalerie, jusqu'à trois lieues dans la direction que Merci devait prendre pour venir l'attaquer, et ne vit rien de suspect. Il donna ordre à quelques cavaliers de pousser la reconnaissance plus loin encore, et revint en examinant les positions et en donnant des instructions. Il rentra fort tard et se coucha. A deux heures du matin, les éclaireurs détachés par lui la veille vinrent l'avertir que Merci arrivait. Il monte immédiatement à cheval, et expédie à toutes les troupes l'ordre de se porter sur Erbsthausen, petit village où était la grand'garde, à une lieue et demie en avant de Marienthal. Ce fut là, d'après Napoléon, la véritable cause de sa défaite. « Turenne ayant resserré ses cantonnements à trois lieues autour de son quartier général, sa situation était sans danger ; ce n'est donc pas à cela qu'il faut attribuer la perte et la défaite de Marienthal. Il n'était pas nécessaire, sans doute, d'entrer en quartiers de rafraîchissement dans un pays aussi riche, et où il était si facile de réunir de grands magasins; mais sa véritable faute fut le point de ralliement qu'il donna à son armée. Ce n'était pas Erbsthausen qu'il devait désigner, puisque ce village était placé aux avant-postes par où l'ennemi venait, mais Mergentheim, derrière la Tauber. Là, l'armée eût été réunie quatre heures plus tôt. Merci y eût trouvé l'armée française couverte par la rivière, et en position. C'est un des principes les plus importants de la guerre, que rarement l'on viole impunément : rassembler ses cantonnements sur le point le plus éloigné et le plus à l'abri de l'ennemi. »

Sur l'ordre de Turenne, Rosen se porta sur Erbsthausen pour recevoir les troupes et leur faire prendre position. Il examina les lieux, et, ayant vu en avant du village un petit bois de cinq à six cents pas de longueur, au delà duquel se trouvait une vaste plaine, il le fit traverser aux troupes à mesure qu'elles arrivaient, et les rangea en bataille, en plaine, en avant du bois. Turenne, « qui n'avait pas demeuré plus d'un quart d'heure dans le quartier pour donner ses ordres à toutes les troupes, » arriva au galop rejoindre Rosen, et reconnut, au premier coup d'œil, la faute qu'avait faite son lieutenant de ranger en rase campagne sa petite armée, qui ne comptait guère en ligne que sept ou huit régiments, au risque de montrer à l'ennemi sa faiblesse et de se faire envelopper et écraser. Il aurait voulu donner l'ordre de repasser le bois, de l'occuper et de le défendre pied à pied pendant que le reste de l'armée arriverait. Il était trop tard. « L'ennemi était trop proche pour changer de posture; » un seul chemin, étroit et encaissé, traversait le bois; l'ennemi débouchait à un quart de lieue, et déjà ses boulets tombaient dans les rangs français. Turenne changea immédiatement son plan, et « ne songea plus qu'à se servir de l'avantage du lieu ». Il laissa sa cavalerie en position et fit occuper un autre petit bois, situé sur sa droite, par trois mille hommes d'infanterie. Ses troupes arrivaient peu à peu. Merci comprit que chaque instant de retard était un avantage pour son adversaire; il fit cesser le combat d'artillerie, qui n'avait pas d'ailleurs grand résultat, et attaquer le bois occupé par l'infanterie française, et qui pouvait devenir une excellente position défensive. Le désordre était tel dans cette infanterie, que la colonne d'attaque ennemie était déjà à quelques pas du bois, et que pas un coup de feu n'avait encore été tiré. Turenne, voyant le danger, masse toute sa cavalerie et charge vigoureusement les assaillants en flanc; il les enfonce, les disperse, leur prend tous leurs canons et douze étendards; mais son infanterie, démoralisée, effrayée de son petit nombre, étonnée des précautions mêmes que l'on prenait pour la soutenir, et craignant d'être tournée, ne fit qu'une décharge et lâcha pied presque sans combat. La cavalerie, prise à son tour en flanc par Jean de Wert s'éparpilla, et une affreuse déroute commença.

Turenne était vaincu; mais « il considérait plus les actions par leurs suites que par elles-mêmes. Il estimait plus un général qui conservait un pays après avoir perdu une bataille, que celui qui l'avait gagnée et n'avait su en profiter[1] ». Au milieu de sa défaite, son sang-froid et la prévision de l'avenir ne l'abandonnèrent pas. Il fit donner ordre à l'infanterie qui pourrait échapper à l'ennemi de descendre le Rhin jusqu'à Philippsbourg pour s'y rallier et s'y refaire; la cavalerie devait se diriger vers la Hesse, bien qu'il y eût pour quinze à seize heures de marche à travers la Franconie, pays entièrement à la dévotion du vainqueur. Le choix de cet asile était un trait d'audace et de génie de la part de Turenne. « Par là, tout vaincu qu'il fût, il maintenait la guerre au cœur de l'Allemagne, et empêchait l'ennemi d'attaquer les conquêtes françaises du Rhin [2]. »

Ces ordres donnés, Turenne revint avec deux ou trois personnes sur le champ de bataille. Il trouva, au delà du bois, les trois régiments de cavalerie de Duras, Beauveau et Tracy, auxquels se joignirent environ quinze cents chevaux des régiments qui avaient été rompus. Il couvrit pendant quelque temps la retraite avec leur aide, et ne songea à se retirer que quand il vit le gros de sa cavalerie assez éloigné; mais, dans l'intervalle, il avait été enveloppé. Il se fit jour; une charge vigoureuse lui permit de passer, et il se trouva avec quinze à vingt cavaliers seulement en dehors du cercle des ennemis. Il rallia peu de temps après une troupe de cent cinquante chevaux, et le lendemain au soir, il entrait en Hesse. Il avait perdu tout son bagage, dix pièces de canon, les cinq sixièmes de son infanterie, et quinze cents hommes de cavalerie.

Le 10 mai, Turenne rendit compte à Mazarin de la bataille. Sa dépêche ne contient pas une plainte, pas un mot sur la véritable cause de sa défaite, les exigences de ses lieutenants. Le 16, il envoya un officier au ministre pour lui exposer la situation de l'armée et prendre ses ordres. Le billet dont cet officier était porteur contenait ces mots : « J'espère que Dieu me fera la grâce de rendre quelque bon service après le malheur que j'ai eu; qui est la seule chose au monde que je souhaite. »

Et vraiment, Turenne était déjà en état « de rendre quelque bon service ». Huit jours après sa défaite, son armée était en partie reconstituée; celle de la landgrave de Hesse et les Suédois de Kœnigsmarck l'avaient rejoint. Si

[1] Saint-Évremont, *Éloge de Turenne*.
[2] Henri Martin, *Histoire de France*.

les troupes de la landgrave de Hesse avaient marché et étaient venues se mettre sous son commandement, si Kœnigsmarck était sorti de ses quartiers, c'était à Turenne qu'on le devait; à sa présence d'esprit qui, sur le champ de bataille de Marienthal, lui avait fait désigner la Hesse comme point de ralliement; à sa ténacité dans l'appel fait à ses alliés. La landgrave de Hesse l'avait fait engager à se retirer vers le Rhin; elle craignait d'attirer la guerre dans son pays, et ne voulait pas mettre si tôt son armée en campagne. Kœnigsmarck aussi voulait attendre. Turenne leur fit savoir « que, si l'ennemi marchait à lui, il se retirerait tout au travers de la Hesse, et qu'à quelque prix que ce fût il n'irait point vers le Rhin. » La landgrave, pour couvrir ses États, Kœnigsmarck, pour ne pas affronter seul une armée victorieuse, se décidèrent à le joindre. Turenne se trouva ainsi à la tête d'une nouvelle armée de quinze mille hommes; il était en état de rejeter Merci en Franconie.

Informé que ce général avait attaqué une petite ville des frontières de la Hesse, que Puffendorf appelle Kircheim, Turenne marcha contre lui. Merci ne crut pas prudent de risquer la bataille, leva le siège et se retira vers la Franconie. Les trois armées alliées, suédoise, hessoise et française, demeurèrent quelques jours dans le pays de Darmstadt. Les soldats de Turenne, qui savaient que l'échec de Marienthal était dû, en grande partie, à l'intérêt que leur général avait pris à leur bien-être, brûlaient d'envie de combattre et de relever l'honneur de leurs armes. Turenne pouvait, à bon droit, compter sur un succès, quand il reçut de la cour l'ordre de ne rien entreprendre. Le duc d'Enghien et le maréchal de Gramont étaient en marche avec deux mille hommes. Le secours arrivait, « mais conduit par celui qu'on chargeait tous les ans de gagner les batailles [1]. »

Turenne repassa le Mein avec les alliés, et joignit le duc d'Enghien à Spire, le 9 juillet. Les armées réunies se dirigèrent sur Heilbronn pour passer le Necker; Merci, renforcé d'une division autrichienne, commandée par le général Klein, y était déjà établi. Sa position était si forte, qu'on ne jugea pas prudent de l'y attaquer. On passa le Necker à Wimpffen, à deux lieues au-dessous d'Heilbronn. Merci, se voyant tourné, laissa une bonne garnison dans

---

[1] Michelet, *Histoire de France*.

cette ville, se retira et alla camper à Feuchtwang, où il fit quelques retranchements.

Après le passage du Necker, Kœnigsmarck et le général hessois Geis manifestèrent l'intention de se séparer du prince de Condé, « sans aucun motif légitime, » dit Turenne, qui cherche toujours à couvrir les fautes des autres; ayant justement à se plaindre, selon d'autres, de la hauteur avec laquelle le prince les traitait. Le bouillant Condé, qui n'aimait pas les demi-mesures, voulait faire immédiatement charger leurs troupes pour les obliger à la fidélité. Le moyen fut trouvé un peu vif et dangereux. Turenne négocia avec les généraux; il parvint à retenir Geis; mais Kœnigsmarck, « homme nourri dans la guerre, accoutumé aux grands commandements..., qui voulait que toutes choses dépendissent de lui, » fit monter un fantassin en croupe derrière chacun de ses cavaliers, et se retira, sans être molesté, à Brême.

Cette défection, qui affaiblissait Condé, ne l'arrêta pas. Il marcha avec les Hessois vers la Tauber, et prit en passant les villes qui se trouvaient sur la route, entre autres Rothembourg, qui se rendit au bout de vingt-quatre heures, et où il trouva d'immenses subsistances. Merci reculait; mais l'habile général cherchait un champ de bataille à sa convenance. Cette fois encore, « il sut nous faire combattre quand et où il lui plut[1]. »

De Rothembourg on marcha pour attaquer Dinkelspuhl. Le soir, on fit avancer des mousquetaires dans des maisons en ruine pour faire l'ouverture de la tranchée; mais, avant minuit, on apprit que les ennemis, croyant que l'on s'attacherait à ce siège, marchaient à une lieue de là, « ce qui fit bientôt rengainer la résolution du siège en celle de marcher droit à eux, ce qu'on exécuta la nuit même[2]. » On partit à une heure du matin, et, tandis que le duc d'Enghien, les maréchaux de Gramont et de Turenne étaient à la tête des troupes, qui marchaient par un bois de sapins dont le chemin était assez large pour tenir deux escadrons de front, Gleen, Merci et Jean de Wert marchaient aussi de leur côté, dans le même bois, sans avoir aucune nouvelle des Français. Au point du jour, les partis avancés des deux armées se rencontrèrent en entrant en rase campagne,

[1] Michelet, *Histoire de France*.
[2] *Mémoires du maréchal de Gramont.*

et Merci, ayant appris que toute l'armée de Condé était là et qu'elle marchait à lui, se retira promptement pour prendre position.

« L'armée du roi se mit aussitôt en bataille au sortir du bois, » quand elle découvrit l'ennemi, qui n'avait aucun retranchement devant lui, mais qui était entièrement couvert par de grands étangs, coupés de petites chaussées, où il ne pouvait passer que deux cavaliers de front. « La journée se passa tout entière à se canonner, de part et d'autre, avec assez de perte. » L'artillerie ennemie, bien placée et bien servie, faisait un feu continuel et terrible sur tout ce qui approchait des chaussées. « Enfin, dit le maréchal de Gramont, après avoir été plus de six heures en présence, sans qu'il fût possible d'aller aux ennemis, ni eux à nous, on se lassa de faire tuer des hommes et des chevaux inutilement, on choisit un autre poste. » On renonça au siège de Dinkelspuhl, et on résolut de marcher sur Nordlingen. Le lendemain, quand on fut arrivé auprès de cette place, le prince de Condé, en faisant une reconnaissance, tomba sur un parti d'Allemands, auquel il fit deux ou trois prisonniers, qui lui apprirent que l'armée ennemie marchait aussi pour prendre position en arrière de Nordlingen, de manière à mettre la ville à l'abri d'un coup de main. On envoya à l'armée pour ordonner que personne ne s'écartât, et « M. le prince et M. de Turenne s'avancèrent encore avec peu de gens pour reconnaître et apprendre plus certainement ce que faisait l'ennemi, et s'il continuait sa marche. La plaine est si rare et s'étend si loin, que l'on ne craignait pas de s'avancer avec peu de gens ».

Les généraux s'étant arrêtés pour se reposer et manger, on vit arriver à toute bride un reître suédois, qui venait donner avis que les ennemis n'étaient qu'à demi-lieue, ce qui parut si peu possible et tellement hors de vraisemblance, que la compagnie se mit à rire.

« Mais le reître parla si positivement et avec tant d'assurance, que l'on commença à craindre qu'il n'accusât juste. Le duc d'Enghien, les deux maréchaux de France et les officiers généraux montèrent à cheval, avec quelques escadrons, pour reconnaître eux-mêmes de quoi il était question et la vérité d'une nouvelle si circonstanciée, et, en s'avançant, ils trouvèrent que les ennemis se mettaient en bataille, lesquels, ayant la hauteur sur nous, voyaient tous les mouvements de notre armée. C'est là où Merci et

Gleen firent une lourde faute; car s'ils eussent détaché un gros corps de cavalerie avec des débandés à la tête, pour gagner huit ou dix pruniers, où le duc d'Enghien et tous les généraux s'étaient mis pour observer de plus près le mouvement des ennemis, ils se trouvaient engagés si avant, et tellement éloignés du reste de leurs troupes, qu'ils eussent été infailliblement pris ou tués. » Il eût été assez original de « cueillir » tout l'état-major français sur des pruniers. La bonne étoile de Condé le sauva de ce ridicule accident. « Comme il n'est pas dans l'homme de penser à tout, cela ne passa ni par la tête de Merci, ni par celle de Gleen, et ils ne songèrent, voyant qu'ils allaient donner une bataille, qu'à prendre un poste tout à fait avantageux, à quoi ils réussirent en perfection; car il n'en fut jamais un pareil que celui qu'ils choisirent[1]. »

Merci avait profité de tous les avantages de la position pour se couvrir et se fortifier. Sa droite, composée d'Autrichiens et commandée par le général Gleen, occupait la montagne du Weinberg et s'appuyait à la Warnitz, affluent du Danube, qui traverse le vallon d'Allerheim; sa gauche, commandée par Jean de Wert, occupait la montagne et le château d'Allerheim, et s'appuyait à l'Eger, ruisseau encaissé et d'une traversée difficile; son centre, qu'il commandait en personne, était un peu en arrière du village. Il était composé surtout d'infanterie; les deux ailes, au contraire, n'avaient que de la cavalerie, sauf quelques bataillons de soutien. Merci avait occupé Allerheim, fait créneler l'église, le clocher, le cimetière, entouré de bonnes murailles, et quelques maisons. En avant du village se trouvaient quelques retranchements faits à la hâte, mais qui pouvaient entraver et retarder un peu la marche de l'armée française. Sur les deux montagnes était placé presque tout le canon de l'ennemi, qui dominait la plaine; quelques batteries, réparties dans l'intervalle qui les séparait, complétaient la défense.

Condé tint un conseil de guerre. Turenne, prudent et ménager du sang de ses soldats, comme toujours, fut d'avis de ne pas engager le combat contre une armée presque égale en nombre, et occupant une position aussi formidable. L'impétueux duc d'Enghien et le duc de Gramont furent d'avis contraire, et la bataille fut résolue. Le duc

---

[1] *Mémoires du maréchal de Gramont.*

d'Enghien rangea son armée en bataille, et vers trois heures de l'après-midi on commença à canonner Allerheim; mais l'artillerie bavaroise, placée à demeure sur des points élevés, et protégée par quelques épaulements, avait une trop grande supériorité sur celle de l'armée française, qui était à découvert, et qu'il fallait atteler de temps en temps pour changer de place ou pour avancer. Condé, malgré la forte position qu'occupait l'ennemi, vit qu'il était nécessaire de brusquer l'attaque, et il ordonna au comte de Marsin de se porter avec son infanterie sur Allerheim.

L'attaque de ce village était une grande affaire. Les premiers retranchements furent enlevés avec vigueur; mais l'ennemi, à couvert, faisait un si grand feu, que les Français plièrent; Marsin était dangereusement blessé. Le marquis de la Moussaye rallia ses troupes et revint à la charge avec des régiments frais, mais il échoua et fut lui-même emporté blessé de la mêlée. L'opiniâtre Condé massa alors tout ce qui lui restait d'infanterie en une seule colonne, se mit à sa tête, et s'élança à la charge l'épée à la main. On raconte que Merci, en voyant ce mouvement, ne put contenir la joie qu'il éprouvait, et s'écria : « Dieu a tourné la tête aux Français; ils vont être battus. » Ce général s'avança alors avec sa seconde ligne, qui était en arrière du village, pour soutenir les hommes qui y étaient embusqués; mais, à ce moment, il fut tué d'un coup de mousquet. Sa mort, loin de décourager ses soldats, les rendit furieux. L'infanterie française ne put se maintenir dans Allerheim, où elle pénétra plusieurs fois; elle fut tout entière tuée, blessée ou dispersée. Le duc d'Enghien, malgré son incroyable valeur, fut obligé de céder; il restait presque seul sur le champ de bataille, au milieu des débris de ses bataillons.

Tout espoir semblait perdu. L'aile droite n'existait plus. La cavalerie française s'était mal battue. Dès le début de l'action, l'aile gauche des Bavarois était venue charger notre droite, en passant en bataille dans un endroit qu'on avait fait reconnaître, mais « qu'on avait rapporté être un défilé presque impraticable, ce qui causa tant de surprise et d'épouvante à toute notre cavalerie française, qu'elle s'enfuit à deux lieues de là sans attendre les ennemis à portée de pistolet, chose qui n'aura peut-être jamais d'exemple [1] ».

[1] *Mémoires du maréchal de Gramont.*

Le maréchal de Gramont était prisonnier et tout son corps en pleine déroute. La réserve était dispersée; elle n'avait pas tenu devant Jean de Wert. Les ennemis avaient poussé jusqu'aux bagages, qu'ils avaient mis en désordre, et qu'ils auraient pillés sans l'ordre exprès de leur général.

Condé, désespéré, n'ayant plus ni centre ni droite, se porta à sa gauche, qui n'avait pas gagné beaucoup de terrain, mais qui du moins luttait avec vigueur. On se battait avec acharnement, corps à corps. Turenne, voyant arriver Condé, se concerte avec lui quelques instants, puis il s'engage à fond avec sa première ligne, les weimariens; Condé se met à la tête des Hessois, qui forment la seconde, et charge les Impériaux, qu'il enfonce. Il fait prisonnier le général Gleen, dont les troupes cèdent et abandonnent leur canon avec l'importante position du Weinberg, emportée par Turenne après un assaut meurtrier. Condé fait pointer les canons bavarois contre leurs propres régiments du centre, qu'il prend en flanc. Turenne opère un changement de front et marche sur le village. Les régiments qui le défendaient, sans direction depuis la mort de Merci, et se voyant tournés, se rendent à discrétion à l'entrée de la nuit, « sans savoir que leurs troupes n'étaient qu'à cinq cents pas de là. » A ce moment, en effet, Jean de Wert, victorieux, instruit du succès de Condé, accourait sur le champ de bataille; mais il était trop tard, une faute de tactique fit échapper de ses mains la victoire qu'il tenait déjà; il donna quelques instants de repos à ses troupes, et, à une heure après minuit, son armée commença à se retirer, « n'en ayant pas plus de raison que celle du roi, si ce n'est qu'ils avaient perdu leur général. » Au point du jour, il n'y avait plus un seul homme en vue. Jean de Wert avait profité de la nuit pour gagner Donawert et passer le Danube, abandonnant tout son canon, sauf quatre petites pièces. Turenne le suivit et le surveilla pendant son passage, mais il n'osa l'attaquer. L'armée française avait été trop affaiblie; sa perte avait été plus grande que celle des Impériaux. « On fut quelques jours sans pouvoir mettre ensemble plus de douze à quinze cents hommes de toute l'infanterie française. Trois ou quatre mille étaient tombés sur le champ de bataille; le reste avait fui avant de connaître l'issue du combat, et errait dans les environs, à l'aventure et sans chefs. » Il fallut huit ou dix jours pour rassembler les fuyards de l'armée victorieuse; on en trouva à douze lieues de Nordlingen.

Condé rendit publiquement à Turenne la justice qu'il méritait. Nous pouvons, du reste, voir dans une lettre écrite par le maréchal à sa sœur, deux jours après la bataille, quels étaient, à ce moment, les rapports des deux généraux : « ... On donna, avant-hier, près de Nordlingue, la plus grande bataille qui se soit vue depuis la guerre... M. le duc s'en vint du côté où j'étais... Il témoigna être assez satisfait de ce que j'ai fait en cette occasion... Il m'a fait là-dessus plus de compliments, devant toute l'armée, que je ne saurais vous dire, ni aussi exprimer ce qu'il a fait, en cette occasion, de sa personne, et de cœur et de conduite... Il n'est pas croyable comme il me fait l'honneur de bien vivre avec moi. »

L'armée française, qui avait été si cruellement éprouvée, ne reçut aucun renfort, tandis que l'armée ennemie alla se refaire à l'abri du Danube; Condé ne se sentit pas assez fort pour le passer. Nordlingen et Dinkespuhl ouvrirent leurs portes. On trouva, dans la première de ces villes, des armes, des chevaux, « des harnais et beaucoup de médicaments pour les blessés. » Le maréchal de Gramont fut échangé contre le général Gleen. Il raconte dans ses mémoires que, le soir de la bataille, il vit le corps de Merci, cet homme qui commandait les armées impériales avec tant d'autorité et qui était si redouté dans toute l'Allemagne, il n'y avait que cinq ou six heures, « exposé tout nu, le ventre à la lune, dans un misérable chariot de vivandier. » C'était un grand général; car, ajoute-t-il, « dans le cours des deux longues campagnes que le duc d'Enghien, le maréchal de Gramont et le maréchal de Turenne ont faites contre le général Merci, ils n'ont jamais projeté quelque chose, dans leur conseil de guerre, qui pût être avantageux aux armes du roi et, par conséquent, nuisible à celles de l'Empereur, que Merci ne l'ait deviné et prévenu, de même que s'il eût été en quart avec eux et qu'ils lui eussent fait confidence de leur dessein. »

Condé tomba malade auprès de Dinkespuhl et fut emmené à Philippsbourg et de là en France, « laissant le maréchal de Gramont pour commander son armée, laquelle demeura jointe avec celle d'Allemagne, que commandait M. de Turenne. Ils se campèrent près de Heilbronn, » mais sans en faire le siège.

Le duc de Bavière, dont les États se trouvaient exposés

par suite de la victoire de Nordlingen, et qui craignait que l'armée française ne prît chez lui ses quartiers d'hiver, envoya demander des secours à l'Empereur, le menaçant, en cas de refus, de s'arranger avec la France. L'archiduc partit aussitôt avec six à sept mille chevaux et quelques dragons, rallia l'armée bavaroise, et, avec la plus grande diligence et le plus profond secret, marcha droit à Suabeschall, où se trouvaient les Français. Si les Bavarois ne prirent pas, dans cette occasion, leur revanche de la défaite de Nordlingen, ce fut un effet de l'habileté de Turenne, dont la vigilance et la célérité lui permirent d'opérer à temps sa retraite. Averti au dernier moment de l'arrivée de l'archiduc, il se refusa à abandonner son canon et à brûler son bagage, comme le demandaient les officiers allemands. Il passa le Necker avec toute l'armée, « la cavalerie portant l'infanterie en croupe; on perdit quelque bagage, mais peu de soldats, et on se trouva près de Wimpfen, » où Turenne jeta une forte garnison et laissa les plus grosses pièces d'artillerie qui pouvaient ralentir sa marche; puis, craignant d'être coupé, « il marcha jour et nuit, » pendant cinq jours, au bout desquels il arriva à Philippsbourg sans avoir fait aucune perte. « Il n'aurait peut-être pas fait une si heureuse retraite si les Bavarois avaient suivi les conseils du général Jean de Wert. Car l'armée française se trouvant engagée dans des défilés d'où elle ne pouvait sortir qu'à la file et à la vue même des ennemis, ce général conseilla de s'emparer sur-le-champ de la tête des défilés, ce qui aurait mis les Français dans un péril extrême; mais les autres généraux furent d'un avis contraire, afin de laisser reposer leurs troupes, qui étaient fatiguées; ils remirent au lendemain une victoire qu'ils croyaient assurée, et, par la diligence du vicomte de Turenne, ils ne trouvèrent plus d'ennemis à combattre[1]. »

Une fois en sûreté à Philippsbourg, Turenne, après avoir fait reposer ses troupes quelques jours, voulut essayer de prendre une petite ville, Graben, distante d'une lieue ou deux de Philippsbourg. Ce poste était important, parce qu'il permettait d'assurer le ravitaillement de l'armée en ouvrant les communications avec le marquisat de Dourlach. Le duc de Gramont se joignit à lui, et ils marchèrent à Graben. L'armée courut là le plus sérieux danger.

[1] *Histoire des traités de Westphalie*, par le P. Bougeant.

On croyait que l'ennemi, sachant les Français rentrés à Philippsbourg, ne continuerait pas sa marche en avant, et l'on vivait dans la plus grande sécurité lorsque, sur le soir, « le maréchal de Turenne amena au maréchal de Gramont un soldat du régiment de Nettancourt, qui avait été fait prisonnier à Mariendal et qui ne faisait que de se sauver des prisons, lequel les assura que toute l'armée ennemie n'était qu'à une lieue d'eux et qu'elle marchait avec tant de précaution qu'il n'y avait pas un seul cavalier qui se débandât, ni un parti détaché, crainte de donner connaissance de leur marche et du dessein qu'ils avaient de nous attaquer et de se poster même cette nuit entre notre camp et Philippsbourg, pour nous ôter tout moyen de nous retirer. »

« ... Les deux généraux firent aussitôt charger le bagage, atteler le canon, et, sans toucher boute-selle ni battre la générale, marchèrent à Philippsbourg en toute diligence. Dieu les assista bien de ne pas perdre de temps à raisonner sur ce qu'il y avait à faire; car, comme leurs dernières troupes arrivaient près de Philippsbourg, vers la petite pointe du jour, l'avant-garde de l'archiduc parut dans la plaine, à la portée du canon. Elle voulut s'avancer pour nous charger; mais notre poste étant déjà pris entre la ville et le fort du Rhin, il leur parut inattaquable, et comme tout le canon de Philippsbourg tirait incessamment sur leur armée et qu'il leur tuait beaucoup de gens, l'archiduc, voyant qu'il avait manqué son coup à une heure près, et qu'il ne pouvait plus rien tenter sans témérité, prit enfin le parti de se retirer, à son grand regret [1]. »

Le maréchal de Gramont repassa le Rhin avec son armée; Turenne demeura à Philippsbourg. Les Austro-Bavarois, en se retirant, s'emparèrent de Wimpfen. Le refus de service de la cavalerie allemande cantonnée à Landau ne permit pas de la secourir à temps. Dinkespuhl et Nordlingen retombèrent également au pouvoir des Impériaux. Le maréchal « ne crut pas à propos de châtier les régiments allemands, tous les corps étant coupables; et aussi il est certain que quand il leur envoya l'ordre de revenir sur le Rhin, il ne les croyait pas si éloignés qu'était le lieu où ses ordres les trouvèrent ». Cette première tentative de rébellion n'en était pas moins profondément regrettable.

[1] *Mémoires du maréchal de Gramont.*

Turenne termina glorieusement la campagne par le rétablissement de l'électeur de Trèves. Il y avait plus de dix ans que ce prince avait été dépouillé de ses États, et les hostilités dirigées contre lui par le roi d'Espagne et l'Empereur à cause de son alliance avec la France avaient été, on se le rappelle, le motif ou le prétexte de l'intervention de Richelieu dans la guerre de Trente ans. Le duc de Longueville avait déclaré, à l'ouverture du congrès de Munster, qu'on n'écouterait aucune proposition de paix avant que ce prince eût été rendu à la liberté. Devant l'attitude résolue de la France on l'avait laissé sortir de prison; mais on avait gardé ses États. Au mois de novembre, par un froid des plus rigoureux, Turenne vint assiéger Trèves, avec deux mille hommes seulement, et la prit en peu de jours. L'électeur, qui était à Coblentz, accourut et rentra triomphalement dans sa ville, entouré des troupes de Turenne et bravant ses ennemis. « On l'avait arrêté en haine de la France, il fit de son rétablissement une insulte à l'Autriche et à l'Espagne et un signe de la supériorité française[1]. »

Turenne distribua ses troupes en quartier d'hiver et vint à la cour au commencement de février. Il y resta six semaines et se concerta souvent avec Mazarin, « avec qui il était fort bien » à ce moment. Il fit adopter au ministre, « qui approuvait presque tous ses projets de campagne, » celui d'agir de concert avec les Suédois pour opérer au delà du Rhin.

Le maréchal retourna sur les bords du Rhin au commencement d'avril. Il avait réuni ses troupes à Saverne et il se disposait à passer le Rhin à Bacharach ou à Mayence pour aller rejoindre en Hesse les Suédois, commandés par Wrangel, successeur de Torstenson, lorsqu'il reçut de Mazarin l'ordre de rester sur la rive gauche du fleuve. Le duc de Bavière avait promis au cardinal qu'il ne joindrait point son armée à celle de l'Empereur si les troupes françaises ne passaient pas le Rhin, et Mazarin, plein de confiance dans cette promesse, ordonnait à Turenne d'aller assiéger Luxembourg. Le maréchal n'hésita pas à contrevenir à ce dernier ordre. Il demeura immobile sur la rive gauche du Rhin, pour ne rien compromettre dans le cas où le duc de Bavière eût été sincère, mais pour être à por-

---

[1] Gaillardin, *Histoire de Louis XIV*.

tée de passer le Rhin sans retard si, comme il avait tout lieu de le croire, les circonstances venaient à l'exiger. Mazarin, malgré sa finesse, avait été joué par le duc de Bavière. Il avait espéré que ce prince garderait la neutralité qu'il avait juré de tenir. Le cardinal savait que les Suédois souhaitaient la ruine de ce prince, parce qu'il avait été le principal obstacle à leurs progrès, et il voulait se servir de lui comme d'un contrepoids à l'influence des Suédois et des protestants. Turenne se défiait du duc de Bavière et il avait raison. Ce prince, tout en négociant, achevait ses armements et faisait marcher ses troupes. Elles se réunirent aux Impériaux en Franconie. Après leur jonction, les Austro-Bavarois traversèrent la Souabe, descendirent vers la Hesse-Darmstadt et le comté de Nassau, et se placèrent entre les Suédois et les Français, dont ils empêchaient ainsi la réunion projetée.

Turenne prit alors avec promptitude et décision un parti énergique, dont il informa Mazarin et qu'il exécuta sans attendre sa réponse. Il laissa une partie de son infanterie à Mayence, partit avec toute sa cavalerie et ses meilleures troupes de pied, passa la Moselle à gué, six lieues au-dessus de Coblentz, traversa l'électorat de Cologne et le comté de Meurs, et, ne pouvant trouver de pont sur le Rhin que dans les villes de Hollande, fit demander au gouvernement hollandais l'autorisation de passer à Wesel, où il arriva après quatorze jours de marche, le 14 juillet. Le 15, il passe le Rhin, entre dans le comté de Marck, remonte la Lippe jusqu'à Lippstadt, d'où il envoie un courrier à Wrangel pour l'avertir du moment et du lieu où il pourra le joindre, traverse toute la Westphalie et rejoint l'armée suédoise entre Wetzlar et Giessen, sur la Lahn, près des frontières de la Hesse. Wrangel, qui n'avait guère qu'un homme contre trois, manœuvrait depuis un mois avec tant d'habileté, se retranchait et se couvrait d'une manière si avantageuse, que l'archiduc, qui le harcelait sans cesse, n'avait pas osé risquer une attaque sérieuse. « La marche de Turenne le long de la rive gauche du Rhin, pendant quatre-vingts lieues, pour remonter par la rive droite, sans ordre de la cour et de son propre mouvement, est digne de lui, » dit Napoléon.

Après la réunion des alliés, l'archiduc, malgré sa supériorité numérique, recula de cinq à six lieues et alla prendre une position défensive près de la ville de Friedberg. Il avait sous ses ordres quatorze mille cavaliers, dix mille fantassins et cinquante canons; les alliés comptaient dix mille cavaliers, six à sept mille fantassins et soixante canons. Turenne et Wrangel marchèrent à l'ennemi; mais ils le trouvèrent si avantageusement posté qu'ils ne jugèrent pas à propos de l'attaquer. De son côté, l'ennemi ne cherchait pas le combat et ne s'occupait que de fortifier sa position en faisant faire de nombreux et importants travaux autour de son camp. Turenne, qui désirait avant tout s'avancer en Allemagne, tourna l'ennemi pour lui couper le chemin du Mein. Il y réussit, arriva entre Francfort et Hanau, à dix lieues environ de Mayence, « en un lieu qui ôtait le moyen à l'ennemi de pouvoir se retirer vers le Mein sans combattre... Ainsi, les ennemis, avec toutes les forces de l'Empire, se virent en un jour hors d'état de ne pouvoir plus aller ni en Franconie, ni en Souabe, ni en Bavière, ayant toute l'armée confédérée entre eux et ces pays-là... Les choses avaient ainsi entièrement changé de face dans une seule journée. »

Turenne fit aussitôt venir de Mayence toute l'infanterie qu'il y avait laissée, en partant, sous les ordres de du Passage. Toute l'armée étant ainsi réunie et placée entre l'armée ennemie et les cercles de l'Allemagne méridionale, Wrangel et Turenne occupèrent les villes de Seligenstadt et d'Aschaffenbourg, dans l'électorat de Mayence, et se disposèrent à envahir l'Allemagne du Sud.

Avant d'avoir livré un combat, par suite des habiles manœuvres des généraux, les alliés avaient, dès le début de la campagne, une supériorité marquée. « Quoique nous n'ayons point donné de bataille, nous avons eu de grands avantages sur l'ennemi, et toutes les apparences sont que nous ferons des choses fort considérables cette campagne[1]. » Les troupes impériales étaient honteuses et démoralisées. Les populations, qui se croyaient entièrement à couvert derrière les puissantes armées de l'archiduc Léopold et du duc de Bavière, furent cruellement surprises et exaspérées lorsqu'elles virent les armées alliées entrer résolument en Allemagne. L'effroi se répandit dans le pays tout entier. Les gens des campagnes se réfugiaient dans les villes, et les magistrats des villes apportaient leurs clefs aux généraux alliés. Pour ne pas réduire encore leur

---

[1] Turenne à sa sœur, 22 août 1646.

petite armée, ceux-ci ne laissaient de garnison nulle part ; ils se contentaient de démanteler les places fortifiées, de lever des contributions et d'emmener en otages les principaux habitants. Ces otages, en arrivant au milieu des vainqueurs, ne pouvaient comprendre que des troupes si peu nombreuses fussent maîtresses d'une aussi grande étendue de pays. Ce qui faisait l'étonnement de ces bourgeois fait l'admiration de la postérité. La campagne de 1646, bien qu'elle n'ait été marquée par aucune action d'éclat, fut pourtant, si l'on en croit Napoléon, une des plus remarquables de Turenne et s'impose à l'étude de l'homme de guerre.

Au commencement de septembre, les Suédois et les Français se séparèrent pour opérer isolément : « Nous nous sommes séparés, pour quelques jours, d'avec les Suédois ; durant lequel temps j'ai pris Schorndorf, qui s'est rendu aujourd'hui ; c'est une des meilleures places d'Allemagne. Il y avait trois cents hommes dedans qui se sont rendus en six jours de siège. Je marche demain pour me rapprocher des Suédois, avec lesquels je vis dans une grande intelligence [1]. » — « Dieu merci, les choses vont d'une grande hauteur, et il n'est pas croyable dans quelle union sont ces deux armées [2]. »

Les alliés malheureusement firent une faute en se réunissant pour prendre Rain, forteresse qui commande le confluent du Lech et du Danube, au lieu d'assiéger tout d'abord Augsbourg, qui n'avait pas de garnison. Les bourgeois de cette ville négociaient pour remettre leur clefs à un parti de cinq cents Français envoyés par Turenne, quand quinze cents Bavarois se jetèrent dans la place. Il fallut, après la prise de Rain, aller faire un siège en règle, et ces délais permirent à l'archiduc d'arriver avec son armée. Les alliés, pris entre la ville et les Impériaux, ne crurent pas devoir continuer le siège ; ils se replièrent sur Lawingen, qu'ils mirent en état de défense et où ils laissèrent huit cents hommes de garnison.

Au commencement de novembre, les Austro-Bavarois, approvisionnés et remontés par le duc de Bavière, s'avancèrent du Lech sur l'Iller, vers Memmingen, avec l'intention de s'approcher d'Ulm, de s'établir dans la Souabe et le Wurtemberg, où ils tenaient presque toutes les places

---

[1] Turenne à sa sœur, 9 septembre.
[2] *Id.*, 25 septembre.

fortes, et de contraindre les alliés, par le manque de vivres, à abandonner toutes leurs conquêtes et à se retirer en Franconie, « leur laissant tous les quartiers de la Souabe, Lawingen, Rain, Schorndorf et Nordlingen tellement abandonnés, que dans l'hiver ils s'en seraient rendus maîtres sans faire de siège : de cette manière, toute la campagne aurait été rendue inutile, au commencement de l'hiver, qui est le temps qui décide en Allemagne, parce qu'il rend maître d'un pays, à la faveur duquel l'on peut raccommoder et refaire une armée. »

Turenne et Wrangel, devinant la combinaison de l'archiduc, résolurent de combattre si c'était nécessaire, et vinrent lui présenter la bataille devant Memmingen. Léopold, protégé par des défilés et des marais, ne bougea de son camp. Les Franco-Suédois feignirent alors de vouloir l'y attaquer ; et, tandis que deux mille chevaux, manœuvrant devant le front des ennemis, leur faisaient croire qu'on allait essayer de forcer leur camp, l'armée confédérée tout entière courait à Landsberg, sur le Lech, « où l'on trouva le pont des ennemis qui n'était pas rompu. » Elle passa la rivière, prit Landsberg, où les Impériaux avaient tous leurs vivres, et Turenne envoya trois mille chevaux aux portes de Munich, « où était M. de Bavière, qui n'avait plus aucune communication avec son armée. »

Le coup fut décisif. Les Austro-Bavarois furent réduits à évacuer eux-mêmes la Souabe. L'électeur, irrité, effrayé de voir les alliés au sein de ses États, qui réclamaient la paix avec instance, rompit avec l'archiduc, qui se retira à Ratisbonne avec l'armée de l'Empereur, laissant, en passant, les troupes bavaroises dans leur pays.

Pendant l'hiver que les alliés passèrent sur les confins de la Souabe et de la Bavière, des négociations s'engagèrent à Ulm entre la France et le duc de Bavière. L'Empereur prit part aux conférences, mais le traité se fit sans lui et contre lui. Le 14 mars 1647, une convention fut signée à Ulm, par laquelle l'électeur de Bavière et l'électeur de Cologne, son frère, s'engageaient à rester neutres dans la lutte entre l'Empire et la France et à laisser entre les mains des Français les places fortes d'Ulm, Lawingen, Gundefingen, Hochstett et Donawert. Sauf ces quelques villes, qui parurent nécessaires pour avoir une garantie contre la versatilité trop connue de la cour de Munich, l'électeur rentrait en possession de tous ses États, cercle de Bavière, haut et bas Palatinat, sur la rive droite du Rhin. Ce traité devait être exécuté jusqu'à ce que la paix générale fût conclue.

Le 15 avril, le roi envoya un « porteur exprès » à Turenne, pour lui faire savoir que « son intention était qu'il s'acheminât le plus tôt possible avec son armée dans le Luxembourg », après avoir mis dans quelques villes d'Allemagne « des commandants fidèles et capables, avec les garnisons nécessaires pour la garde d'icelles ».

Turenne essaya vainement de résister à la volonté de Mazarin. Il objecta que la cavalerie allemande ferait peut-être quelque difficulté de le suivre, « à cause des cinq ou six montres qui lui étaient dues. » Il remontra « que la perte de la maison d'Autriche était presque sûre par la réunion des armées de France et de Suède et par la séparation de celle de Bavière, qui avait laissé l'armée de l'Empereur presque réduite à rien ; qu'on remédierait bien à la crainte que la France avait de rendre les Suédois trop puissants, par le partage qu'on ferait des conquêtes ; que la France, tenant une partie de l'Allemagne et conservant l'amitié de M. de Bavière, se rendrait arbitre des affaires en Allemagne; que, si on sortait avec l'armée, on laisserait M. de Bavière maître des affaires et en état de se tourner contre les Suédois quand il voudrait. » Malgré toutes ces raisons, M. de Turenne eut ordre de marcher en Flandre.

Le maréchal laissa reposer sa cavalerie avant de partir, et alla, avec l'infanterie, s'emparer, dans l'électorat de Mayence et la Hesse-Darmstadt, de quelques petites villes, Aschaffenbourg, Dibourg, Hoext, et enlever les troupes des princes, dont il fortifiait ses régiments.

L'Autriche, affaiblie, était isolée en Allemagne ; Turenne demanda de nouveau à se joindre aux Suédois pour l'écraser ; mais, le 20 mai, Anne d'Autriche réitéra ses ordres d'une manière formelle ; il fallut obéir.

« L'armée eut rendez-vous à Philippsbourg, où elle passa le Rhin sans faire aucune difficulté, » et arriva, le 6 juin, à Saverne ; c'était la dernière étape de l'Allemagne. Le lendemain, Turenne donna l'ordre à tous les régiments de passer la montagne de Saverne. Il passa avec l'infanterie ; mais de toute la cavalerie le régiment de Turenne seul l'accompagna. Les principaux officiers de l'armée, qui avaient fait « force raisonnements contre le voyage de France, vinrent trouver M. de Turenne et demandèrent toutes les montres dues ». Si les weimariens possédaient des privilèges, s'ils avaient une solde plus forte que les troupes ordinaires, ils n'étaient pas pour cela payés plus régulièrement que les autres ; à ce moment il leur était dû six mois. Mais ce n'était là qu'un prétexte ; ils regrettaient de quitter un pays qu'ils connaissaient et où ils avaient toujours vécu dans l'abondance. Peut-être aussi craignaient-ils que, réunis à l'armée française et confondus avec les autres régiments de l'armée, on n'abolît leurs privilèges et qu'on ne les incorporât dans d'autres troupes. « Ils commencèrent à trouver mauvais qu'on eût nommé quelques officiers français à la place des Allemands qui étaient morts. Toutes les raisons sont bonnes pour des gens que l'esprit de cabale et de sédition a une fois saisis [1]. »

Sourds à toutes les remontrances, les rebelles se dirigèrent vers la Franconie. Turenne, qui s'était mis à leur poursuite avec six cents hommes d'infanterie, quelques escadrons et quatre pièces de canon, voyant qu'il avait décidément perdu toute influence sur eux, et craignant que ces belles troupes ne se donnassent aux Impériaux ou au duc de Bavière, chargea, dans la vallée du Tauber, leur arrière-garde engagée dans un défilé très étroit, entre Kœnigshofen et Arnstein, et les mit en pleine déroute. Il leur tua trois cents hommes et en prit autant ; le reste, un millier environ, alla rejoindre l'armée suédoise.

Le maréchal, après avoir « raccommodé » de son mieux ses régiments, se mit, en toute hâte, en route pour la Flandre ; mais il était trop tard pour qu'il prît à la campagne une part active ; il reçut l'ordre de s'arrêter dans le Luxembourg, où il était arrivé au commencement de septembre, et se borna « à y faire une diversion, en prenant quelques méchants châteaux » et quelques petites places, Virton, Mauguin, Falkenstein, Ripolskirche, etc.

Voyant que la saison était trop avancée pour que l'on pût rien entreprendre, Mazarin autorisa Turenne à se rendre à la cour. Mais les choses étaient bien changées en Allemagne.

Le ministère français, en retirant Turenne d'Allemagne, avait fait une faute. Quand le vieux duc de Bavière vit les Français éloignés de ses États, quand il apprit la révolte et la dispersion de l'armée weimarienne, il céda aux sol-

---

[1] Le P. Bougeant, *Histoire du traité de Westphalie.*

licitations du parti impérial et de son entourage, et prit le parti de venir au secours de l'Empereur, poussé en Bohême par les Suédois. C'était moins le désir de la paix qui avait porté ce prince à signer le traité d'Ulm que le dessein de faire sortir de son pays l'armée franco-suédoise, et le désir de gagner du temps pour refaire ses troupes, qui étaient ruinées alors, afin de pouvoir recommencer la guerre. Cette trêve, qui devait se prolonger jusqu'à la pacification générale, pour se changer en paix définitive, ne dura que six mois, de mai à septembre 1647. D'accord avec son frère, l'électeur de Cologne, le duc reprit les armes dans le courant d'octobre. Cependant il feignit de croire qu'en rompant seulement avec la Suède il pourrait se maintenir en paix avec la France. Tandis qu'une partie de ses troupes courait en Bohême au secours de l'Empereur, le reste attaquait les places occupées en Souabe par les Suédois. Wrangel, qui avait pris Egra en Bohême, et qui contenait les forces impériales, se vit, après la jonction des Bavarois avec les Impériaux, dans la nécessité de reculer jusque dans le Brunswick. Il se déroba aux coups des alliés par une belle retraite, se réunit en Westphalie aux Hessois et au corps suédois de Kœnisgsmark, et appela Turenne à son secours.

Le maréchal n'accepta point la distinction que le duc de Bavière prétendait faire entre la Suède et la France; distinction qu'il n'eût été ni loyal ni politique d'admettre. De son autorité privée, car « il n'avait point d'ordre exprès de déclarer la guerre à M. de Bavière », Turenne écrivit à ce prince, dès qu'il sut qu'il s'était déclaré contre les Suédois, que le roi avait résolu de rompre le traité fait avec lui, « et l'on approuva cette démarche à la cour. » Sur l'ordre de Mazarin, le maréchal déclara officiellement la guerre au duc de Bavière vers la fin de décembre.

Turenne « demeura dans le pays de Darmstadt, bien avant le mois de janvier, en attendant que les Suédois fussent en état de marcher »; mais leur armée était si fatiguée, qu'elle dut prendre du repos, et Turenne se retira du côté de Strasbourg. Il avait distribué des quartiers à son armée en Lorraine; et, croyant la campagne terminée, il se disposait à partir pour la France, lorsqu'on le prévint que les Suédois étaient en état de marcher et prêts à le faire, pourvu que l'armée française les rejoignît. Malgré la mauvaise saison, la fatigue de son armée et la ruine du pays à traverser, « M. de Turenne crut l'affaire si importante, qu'il se contenta d'envoyer M. de Vautorte à la cour pour lui apprendre qu'il allait repasser le Rhin, et la prier de l'assister. » On fortifia un peu son armée. « M. de Champfleury, lisons-nous dans une lettre à sa sœur, du 4 février, envoyé de la part de M. le cardinal, a obligé M. d'Erlach à me donner cinq cent cinquante hommes de pied et son régiment de cavalerie; il y a eu beaucoup de peine et s'y est très bien conduit. Je suis tout à fait brouillé avec M. d'Erlach; il ne répond point aux lettres que je lui écris, et a renvoyé, à ce qu'on m'assure, la commission de lieutenant général; cela m'obligera à traiter mieux ses gens et à ne lui donner nul sujet d'exciter sa colère [1]. »

L'armée quitta ses quartiers le 4 février et passa le Rhin, sur des pontons, à Mayence, le 11 du même mois. Elle se composait de quatre mille cavaliers, quatre mille fantassins et vingt canons. La jonction de cette armée avec celle de Suède se fit à Gelnhausen, entre la Hesse et la Franconie, dans la plaine de Nordlingen, le 23 mars. Melander, le général de l'Empereur, après avoir repoussé les Suédois jusque dans le nord de l'Allemagne, avait laissé dépérir son armée, qu'il avait occupée à faire, au cœur de l'hiver, le siège des places hessoises, tandis que Wrangel avait profité de la saison pour rétablir la sienne. Les Austro-Bavarois s'effrayèrent à l'approche des armées alliées et se retirèrent. Ils passèrent d'abord l'Altemuld, rivière sur laquelle ils demeurèrent retranchés quelques jours; puis le Danube, à Ingolstadt, quand les Franco-Suédois furent arrivés à Markpissing, près de Donawert. Là les alliés se séparèrent.

Wrangel entra en Bohême. Turenne s'en alla entre la Franconie et l'évêché de Bamberg, où il prit Hornbourg, Hornek et Mospach.

Les Impériaux, voyant les armées séparées, crurent qu'il y avait mésintelligence entre les Français et les Suédois. Ils repassèrent le Danube près de Ratisbonne. Les Suédois, qui ne s'étaient pas beaucoup éloignés, se replièrent, le 1er avril, sur le Wurtemberg, où ils rejoignirent Turenne et où les deux armées restèrent réunies jusqu'au 12 mai.

[1] Nous signalerons en passant, mais sans y insister, car la vie de Turenne est pleine de traits de ce genre, la manière dont il se propose de traiter un homme avec qui il est brouillé et qui ne répond point aux lettres qu'il lui écrit.

Le 16, **Turenne** et **Wrangel** arrivèrent à Lawingen, avec Kœnigsmarck et six régiments de cavalerie, pour se rendre compte de la situation de l'ennemi. Ayant appris que les troupes de l'Empereur étaient tout près, ils firent promptement passer le Danube à leur armée.

Le dimanche 17 mai, à huit heures du matin, les troupes alliées arrivèrent à Zusmarshausen, où était l'aile gauche de l'Empereur, commandée par Montecuculli, avec huit cents fantassins et six pièces de canon : le reste de l'armée, après avoir incendié le camp, battait en retraite à la faveur des bois et des ravins, dont le pays était coupé. La situation occupée par l'ennemi était très bonne. Il était protégé d'un côté par un bois, de l'autre par une rivière; l'infanterie gardait le passage, qui était fort étroit; l'artillerie était placée en arrière, sur une éminence.

On attaqua vigoureusement l'infanterie; une première attaque fut repoussée, la seconde réussit; un passage fut forcé et les Impériaux se retirèrent. Comme on les chargeait sans cesse en queue, deux mille mousquetaires, commandés par Melander, se détachèrent du gros de l'armée pour protéger la retraite. Ils arrêtèrent à un second défilé l'élan des armées alliées; mais la cavalerie française à droite, et la suédoise à gauche, firent une charge furieuse devant laquelle tout céda. Melander fut tué. Les escadrons impériaux, réunis sur une montagne pour protéger le bagage, ne purent résister au choc et plièrent en désordre. Huit pièces de canon, beaucoup d'officiers et d'étendards furent pris. On s'empara aussi d'un grand nombre de chariots; mais, grâce à l'énergique résistance des mousquetaires qui avaient défendu le défilé, l'ennemi avait eu le temps de les dételer et d'emmener les chevaux.

Après une poursuite d'une heure et demie, on rencontra de nouveau l'armée ennemie postée derrière une petite rivière très encaissée, dont elle avait rompu le pont, et dont deux brigades d'infanterie défendaient l'unique gué. On avait élevé quelques retranchements et mis l'artillerie en position.

Dès que le canon des alliés fut arrivé, on plaça en batterie vingt pièces qui battirent l'armée bavaroise rangée près du gué. Le courage des Bavarois fut admirable. Ils essuyèrent deux cents volées de canon à deux cents pas, et laissèrent sur le terrain plus de la moitié de leur effectif, « L'on voyait un escadron de cent vingt ou cent cinquante

chevaux réduit à cinquante ou soixante sans s'ébranler. »
Le régiment de Turenne voulut forcer le passage. Il y
perdit cent cinquante hommes, et fut obligé de se retirer
sans l'emporter. Enfin les Impériaux firent donner l'ordre
au prince Ulric de Wurtemberg, qui commandait les Bavarois, et qui, par sa bravoure, « certainement sauva le
reste de l'armée de l'Empereur et de la Bavière, » de se
replier sur le gros de l'armée; et, à la faveur de la nuit,
les ennemis se retirèrent sous les murailles d'Augsbourg.
Quinze cents hommes, six pièces de canon, beaucoup de
bagages, telles furent les principales pertes des Impériaux.

Après cette victoire, les armées confédérées s'approchèrent d'Augsbourg. Les ennemis voulurent défendre le
passage du Lech; mais Turenne s'empara du pont du
Rhin et passa le 20 mai.

Les alliés entrèrent ensuite en Bavière et marchèrent sur
l'Iser. On prit les villes de Pfaffenhausen et de Freysingen. Turenne et Wrangel firent faire, dans cette dernière
ville, deux ponts sur lesquels on passa l'Iser, le 12 juin.
Les Austro-Bavarois, découragés, avaient mollement défendu le passage du Lech et celui de l'Iser; ils se retirèrent
derrière l'Inn, après avoir jeté de fortes garnisons d'infanterie dans Munich, Weissembourg et Ingolstadt.

Le 15, les deux armées campèrent sur les bords de l'Inn,
qui est la dernière rivière de Bavière, et dont le cours
large et profond les arrêta. « M. de Bavière, en ce temps-
là, quitta Munich, où il était, se retira derrière la rivière
d'Inn, et s'en alla avec fort peu de suite, dans un âge fort
avancé (il avait soixante-dix-huit ans), dans l'archevêché
de Salzbourg, où il fut à peine reçu qu'il songea à passer
dans le Tyrol. »

La Bavière fut livrée à l'invasion. Les confédérés trouvèrent beaucoup de bétail et de grain dans ce riche pays,
qui avait jusque-là échappé aux incursions ennemies; ils
levaient partout de grosses contributions. « Les Suédois,
plus avides ou plus impatients de vengeance, ruinaient ou
réduisaient en cendres tout ce qui leur tombait en partage.
Ce nouveau désastre de la Bavière fut le dernier grand fait
d'armes de la guerre en Allemagne, un avertissement décisif à l'Empereur de ne plus s'opiniâtrer dans la lutte [1]. »

---

[1] Gaillardin, *Histoire de Louis XIV.*

« Les armées de France et de Suède n'avaient jamais pénétré si avant, et il était d'une extrême conséquence de passer la rivière d'Inn, à cause du pays d'Obernperg, qui en est fort proche, et qui est des terres héréditaires de l'Empereur, que l'on eût certainement fait soulever. » C'était en Autriche même que les alliés pensaient à pénétrer. Le 19, ils entrèrent à Muhldorf, où ils trouvèrent de nombreux magasins, et où ils restèrent jusqu'au 6 juillet. Mais Turenne ne put traverser l'Inn ; il n'avait pas de bateaux, et ne put arriver à construire un pont sur pilotis ; il perdit trois semaines en efforts infructueux ; puis, les fourrages étant épuisés, l'armée passa à Neumarck et à Eggenfeld, où des pluies continuelles la retinrent jusqu'au 22 juillet. Le 15, les Français reçurent un renfort de mille fantassins.

Pendant ce temps, l'Empereur s'était préparé à tenter un effort suprême pour écarter la guerre de ses États héréditaires. Il pacifia la Hongrie par des concessions faites aux protestants, rassembla une armée de dix mille fantassins et de quinze mille cavaliers, auxquels le duc de Bavière fournit beaucoup de chevaux, et la confia à Piccolomini, rappelé exprès des Pays-Bas. Les Impériaux « passèrent le Danube à Passau, et les armées opposées se trouvèrent à cinq ou six heures les unes des autres. On ne jugea pas à propos d'attendre l'ennemi sur l'Inn, mais plutôt sur l'Iser, où on avait la commodité des moulins ». Les alliés se retranchèrent et firent trois ponts sur l'Iser. Les deux armées s'observèrent pendant quatre semaines sans qu'il se fît rien d'important. « Les gardes étaient à la vue les uns des autres, et il se passa fort souvent des actions dans les convois de fourrages et dans les partis. » Turenne et Wrangel harcelaient sans relâche les Impériaux, leur coupaient les vivres et leur prenaient des partis de cavalerie, mais ils n'osaient en venir à une affaire décisive, parce que les ennemis se retranchaient chaque jour dans de fortes positions. Cette situation dura jusqu'au 17 août, où les ennemis remportèrent un petit avantage de peu de conséquence ; ils se retirèrent le 28 août.

Les généraux alliés profitèrent de la retraite des Impériaux pour reculer eux-mêmes. Les négociations avançaient à Munster ; la paix paraissait prochaine ; elle fut signée le 24 octobre : la guerre de Trente ans était finie. « Le comble de l'honneur qu'un grand capitaine puisse désirer, c'est de finir la guerre par une paix honorable, » écrivait le marquis d'Anspach à Turenne; et de nombreuses félicitations lui étaient directement adressées, notamment par l'électeur de Mayence et le duc de Wurtemberg. Ce n'était pas sans raison qu'on attribuait aux hommes de guerre une large part dans l'œuvre des diplomates. C'était aux succès de Condé et de Turenne, autant qu'à l'habileté de Servien et de d'Avaux, qu'était due la paix si ardemment désirée.

CHAPITRE III

La Fronde (1648-1652).

« L'année 1648 se peut dire, avec raison, une des plus heureuses et des plus funestes, tout ensemble, que la France ait eues depuis trois siècles; car si l'on considère les progrès que les armes du roi y ont faits, l'on ne trouvera rien de plus signalé ni de plus remarquable; et, si l'on en examine la fin, on y verra des commencements de troubles et d'affaires si épineuses, qu'il s'en est peu fallu qu'elles n'aient culbuté l'État de fond en comble[1]. »

Vers le milieu du XVIIe siècle, un esprit d'indépendance et de révolte soufflait en Europe. Partout les peuples s'agitaient : Alexis en Sicile, Masaniello à Naples, Balbi à Gênes, les janissaires à Constantinople, Cromwell en Angleterre, les Frondeurs en France. Partout aussi les peuples souffraient. La guerre de Trente ans avait été l'origine d'incalculables malheurs, et d'un malaise qui s'était étendu jusqu'aux nations restées en dehors de la lutte. Les armées, composées, en général, de mercenaires étrangers à toute idée de patrie et d'humanité, mal payées la plupart du temps, avaient pris l'habitude de remplacer par le pillage la solde qui faisait défaut, les soldats commettaient, en pays ami, d'indignes rapines, et, en pays ennemi, des violences et des cruautés sans nom. Ce furent surtout les malheureuses contrées où se portait habituellement l'effort

[1] *Mémoires du maréchal de Gramont.*

de la guerre qui eurent à souffrir : le Palatinat, nous l'avons vu, était devenu une immense solitude ; les pays frontières, Lorraine, Champagne, Picardie, Bourgogne, ravagés par de fréquentes incursions, en proie au pillage et à l'incendie, à des violences de toute espèce, à la disette, à la peste, offraient le désolant spectacle d'une ruine universelle et complète. En Lorraine, disent les mémoires du temps, les glands et les racines devinrent la nourriture ordinaire... Il y en avait qui allaient à la chasse aux hommes comme on va à la chasse aux lièvres ; les charognes et les bêtes mortes sont recueillies des pauvres gens comme de bonnes viandes [1], etc. etc.

Et qu'on ne croie pas que les provinces épargnées par le fléau de la guerre fussent plus heureuses. Les impôts, le passage des gens de guerre, les famines, les maladies épidémiques, y amenaient aussi la désolation et la ruine.

De toutes parts s'élève un cri de douleur et de désespoir.

Les impôts, la mauvaise administration des finances, voilà, avec les maux de la guerre et les dissensions des grands, la cause véritable de tous ces malheurs. Les charges publiques étaient inégalement et injustement réparties ; l'impôt direct, la taille, écrasait le peuple, les roturiers seuls ; les privilégiés en étaient exempts, et les malversations des agents du fisc empêchaient la plus grande partie de ces contributions si lourdes pour la partie la plus nombreuse, mais la moins riche, de la population, de rentrer au trésor. Le contribuable écrasé, le trésor vide, tel était le résultat du système déplorable de perception des deniers de l'État en usage à cette époque. Le revenu public était affermé à ceux qui se chargeaient de l'avancer et d'en opérer eux-mêmes le recouvrement. Il va sans dire qu'en échange de ce service ils prélevaient pour eux une large part de l'impôt.

L'administration des gabelles était une véritable inquisition. La contrebande du sel amenait chaque année, en moyenne, « l'arrestation sur les grands chemins de deux mille trois cents hommes, dix-huit cents femmes, six mille six cents enfants, onze cents chevaux, cinquante voitures. La gabelle fournissait environ le tiers du nombre total des

---

[1] *Mémoires* du temps, cités par Feillet. — *La Misère au temps de la Fronde.*

forçats du royaume, trois cents environ; et les prisons, pour le même délit, n'avaient guère moins de dix-sept à dix-huit cents habitants [1]. »

Ajoutez à cela une réglementation excessive, maladroite et tracassière qui, sous prétexte de tout surveiller, entravait et paralysait tout : le commerce, l'industrie, l'agriculture. Le commerce des grains, la meunerie, la boulangerie n'étaient pas libres; les routes étaient mauvaises, les péages excessifs. Les mœurs étaient encore âpres et dures. « Tout était rude, même un peu grossier, les esprits comme les cœurs [2]. » Le peuple souffrait, il était ignorant, mécontent, prêt à la révolte; les grands seigneurs, domptés un moment par la main de fer de Richelieu, relevaient la tête sous l'administration moins ferme de Mazarin. Les empoisonnements, les assassinats, les duels, restaient le plus souvent impunis. Peu ou pas de police. « Paris, malgré les éloges qu'on ne cessait de donner à sa magnificence, offrait un étrange aspect... Des mendiants s'y promenaient le jour, offrant le spectacle hideux de leurs infirmités factices. Aux premières ombres de la nuit, ils faisaient place, en hiver, à des hommes hardis, qui, « se disant filous, » suivant les propres expressions d'un arrêt du parlement (7 août 1623), enlevaient les manteaux, coupaient les bourses et quelquefois assassinaient le bourgeois retenu loin de chez lui passé huit heures du soir [3]. »

Paris, disposé de tout temps à prendre parti contre le pouvoir, avait été mécontenté par différentes mesures d'Émery, notamment l'édit du toisé, qui atteignit plus particulièrement la bourgeoisie. En 1548, un édit avait défendu « de bâtir des maisons nouvelles dans les faubourgs, à peine de démolition desdites maisons, confiscation des matériaux et amendes arbitraires ». Cette ordonnance, qui datait de près d'un siècle, était tombée en désuétude, des rues, des quartiers entiers s'étaient élevés avec l'approbation, tacite ou formelle, de l'administration. Aussi l'irritation des propriétaires fut-elle très vive quand, en 1644, parut une ordonnance qui les condamnait à démolir leurs maisons, « si mieux n'aimaient payer une taxe calculée pour chaque toise de construction. » Le parlement ayant résisté, Mazarin céda. Il se contenta d'exiger un

---

[1] Feillet.
[2] Cousin, *La Jeunesse de Mme de Longueville.*
[3] Barrière.

dixième de la somme primitivement demandée, pour ne pas paraître reculer entièrement. En 1647, de nouveaux édits fiscaux amenèrent un commencement d'émeute. Paris était très agité; « chaque marchand dans sa boutique raisonnait des affaires d'État, » dit Mme de Motteville avec étonnement. « Le peuple entrait dans le sanctuaire [1]. » Enfin le parlement, directement menacé par de nouveaux édits fiscaux, irrité par l'emprisonnement de trois de ses membres, dont deux moururent en prison, encouragé par la popularité que lui valait sa résistance à Mazarin, se décida à entrer dans la vie politique. Il rendit, le 14 mai 1648, un arrêt célèbre qui prononça l'union des quatre compagnies souveraines, le parlement, la chambre des comptes, la cour des aides, le grand conseil. Des députés de ces compagnies, au nombre de soixante, se réunirent dans la chambre de Saint-Louis au palais de justice, « pour servir le public et le particulier, et réformer les abus de l'État. » Ils arrêtèrent, du 30 juin au 12 juillet, vingt-sept articles, qui furent soumis à la reine. La régente dut céder aux circonstances et consentit à ce qu'on exigeait d'elle; mais, tout en « jetant des roses à la tête des factieux », elle regrettait les concessions que lui arrachaient les membres du parlement, et ne se cachait pas pour dire qu'elle se proposait bien « de les en faire repentir. ». Elle fit venir des troupes à Paris, et, lorsque la nouvelle de la victoire de Lens que le grand Condé venait de remporter arriva à la cour, elle se résolut à des mesures de rigueur. Le 26 août, en plein jour, tandis qu'on chantait le *Te Deum* à Notre-Dame pour la victoire, la reine fit arrêter trois conseillers au parlement, Novion-Blancmesnil, Charton et Broussel. Ils n'étaient pas chefs de parti, dit Voltaire, mais les instruments des chefs. Charton, homme très borné, connu par le sobriquet du président *Je dis ça*, parce qu'il ouvrait et concluait toujours des avis par ces mots, réussit à s'échapper; Blancmesnil fut arrêté sans difficulté; mais Broussel faillit être délivré par la populace, ameutée pour l'arracher aux soldats qui l'emmenaient. Broussel, conseiller de la grand'chambre, était un homme sans valeur réelle, et dont ses confrères faisaient peu de cas. Il ne se distinguait que par sa haine contre le ministère et sa recherche de la popularité.

[1] *Mémoires du cardinal de Retz.*

Ce « bonhomme », imbu des maximes que Longueil, autre conseiller de la grand'chambre, lui inspirait, ouvrait toujours les avis les plus violents. Son grand âge, sa pauvreté, son intégrité, donnaient un grand poids à ses opinions, et on n'osait le soupçonner d'agir par un autre motif que par un vrai zèle pour le bien public. La populace, dont il était l'idole, parce qu'il résistait avec obstination à toute proposition d'impôts, l'appelait son défenseur, son père, et le considérait comme le restaurateur de l'État.

La nouvelle de l'arrestation de Broussel se répandit rapidement dans Paris. Immédiatement la population tout entière se soulève; les boutiques se ferment; les chaînes qui défendaient les principales rues se tendent; des barricades s'élèvent et arrivent jusque auprès du Palais-Royal. A la nouvelle des désordres qui se produisent dans la rue, le coadjuteur, jeune ambitieux dévoré du désir de jouer un rôle dans les affaires publiques, sortit de l'archevêché en rochet et en camail pour se rendre auprès de la reine. L'émeute parut se calmer un instant quand on le vit se diriger, dans la pompe pontificale, vers le Palais-Royal.

Jean-François-Paul de Gondi, nommé en 1643, à vingt-neuf ans, coadjuteur de son oncle l'archevêque de Paris, et plus tard cardinal de Rais ou de Retz, était d'une ancienne famille florentine établie en France depuis Catherine de Médicis. Éloquent, courageux, avide de pouvoir, semant l'or avec une prodigalité inouïe pour acquérir la popularité qui devait l'y conduire, il aspirait au rôle de Richelieu. Ce jeune ambitieux, dont l'esprit exalté et remuant « frisait sans cesse le chimérique », crut le moment venu d'entrer avec éclat dans la vie publique, et conçut le dessein de s'interposer entre la reine et le peuple.

La reine se défiait de ce « dangereux esprit », comme l'avait qualifié Richelieu. Elle se défiait de cet homme qui se vantait d'avoir passé une partie de sa vie à étudier l'art des conspirations. Elle le reçut fort mal. Comme il insistait sur la nécessité des *mesures de conciliation,* elle l'interrompit avec colère. « Vous voudriez, lui dit-elle, que je rendisse Broussel; mais je l'étranglerais plutôt avec ces deux mains. » Et, en même temps, elle saisissait violemment le prélat par le cou.

Éconduit et malmené par la reine, insulté par les courtisans, Retz revint à l'archevêché le cœur ulcéré et aspirant à la vengeance. Le soir, la reine eut un moment d'espoir, la révolte parut calmée ; mais le lendemain elle se dressa plus menaçante que la veille. Les barricades s'achèvent avec une promptitude et une habileté étonnantes; « jamais désordre ne fut mieux ordonné, » dit Mme de Motteville. Le parlement, qui s'était réuni à cinq heures du matin, se rendit en corps au Palais-Royal. Il ne put rien obtenir, et se décida à revenir au palais pour délibérer, Matthieu Molé, son président, en tête. Ce vénérable vieillard, « dont l'esprit n'était pas si grand que le cœur, » mais qui possédait une noblesse de caractère, une intrépidité, un courage civil, devant lesquels Retz est obligé de s'incliner [1], est insulté et menacé par le peuple. Il se voit barrer la route du palais et revient auprès de la reine. L'altière et courageuse Anne d'Autriche se refusait encore à toute concession. L'épouse de Charles Ier, la malheureuse Henriette-Marie, se trouvait dans son cabinet et lui conseilla de céder. Le parlement délibéra au Palais-Royal. La révolte avait des attaches jusque dans le palais de la reine ; « chose étrange que, dans la maison du roi, les officiers nous disaient : Tenez bon, l'on vous rendra vos conseillers ; et, dans les gardes-françaises, les soldats disaient tout haut qu'ils ne combattraient pas contre les bourgeois et qu'ils mettraient les armes bas, tant était grand le mépris du gouvernement [2]. »

La reine expédia l'ordre de rendre la liberté à Blancmesnil et à Broussel. Ce dernier revint à Paris le lendemain, au milieu de l'enthousiasme universel, « porté sur la tête du peuple, avec des acclamations incomparables [3]. »

Devant ces démonstrations menaçantes, Anne d'Autriche quitta Paris, et se retira à Rueil, où elle signa, le 24 octobre, le jour même de la conclusion de la paix à Munster, une déclaration qui consacrait le pouvoir politique du parlement, en associant la magistrature à la puissance législative et souveraine. La cour rentra à Paris. Le séjour qu'elle y fit jusqu'au 6 janvier 1649 ne fut qu'une trêve pendant laquelle chaque parti rassembla et organisa ses forces, et chercha des alliés pour soutenir la lutte.

---

[1] « Si ce n'était pas une espèce de blasphème de dire qu'il y a quelqu'un, dans notre siècle, plus intrépide que le grand Gustave et M. le prince, je dirais que ç'a été Molé, premier président. » (Retz, *Mémoires*.)

[2] Omer Talon, *Mémoires*, p. 266.

[3] *Mémoires du cardinal de Retz*.

La reine, désirant en finir avec les factieux qui battaient en brèche l'autorité royale, s'assura du concours de Condé, et fit avancer des troupes aux environs de Paris. Le parlement, ne se sentant pas en mesure de faire seul la guerre au roi, demanda ou accepta le concours de grands seigneurs turbulents et ambitieux. Les importants reparurent, et des alliances se nouèrent entre tous les mécontents. Le coadjuteur, la duchesse de Longueville, le duc de Bouillon, le prince de Marsillac, plus tard duc de la Rochefoucauld, étaient l'âme de toutes les négociations. Condé demeura inébranlable dans sa fidélité à la reine. « Je m'appelle Louis de Bourbon, répondit-il aux avances de Retz, et je ne veux point ébranler les couronnes. » Belles paroles auxquelles il eût dû rester toujours fidèle.

Le jour des Rois, dans la nuit du 5 au 6 janvier 1649, la cour partit de Paris, à l'improviste, pour Saint-Germain. C'était une déclaration de guerre, et le parlement se prépara à la résistance. Par un arrêt du 8 janvier, il destitue et proscrit Mazarin dans des termes d'une violence extrême. Il lève des impôts. Il se taxe lui-même à un million, dont une partie considérable fut fournie par quinze conseillers, institués sous le ministère de Richelieu, contre le gré de la compagnie. Ils donnèrent chacun vingt mille livres, ce qui leur valut d'être appelés les Quinze-Vingts. Un arrêt du parlement ordonna à tous les percepteurs et détenteurs des deniers royaux de verser dans les caisses de l'hôtel de ville les sommes qu'ils possédaient. A ces nouvelles belliqueuses, les grands seigneurs accourent en foule à Paris; les ducs d'Elbeuf, de Brissac, de Longueville, le prince de Conti, Beaufort, viennent offrir leur appui au parlement; les duchesses de Chevreuse, de Montbazon, de Longueville, deviennent les héroïnes de la Fronde. La population parisienne s'associe à un mouvement qu'elle croit fait dans son intérêt. Les haines du parlement, les passions du peuple, les convoitises des seigneurs s'unissent pour favoriser la révolte. L'université elle-même cède au torrent, et le recteur vient offrir au parlement dix mille livres « pour le service public », en suppliant la cour de la conserver dans ses privilèges.

L'enthousiasme était général, et de Paris gagnait les provinces. On put croire un instant que la nation tout entière allait se soulever.

Pendant que ces préparatifs menaçants se faisaient à

Paris, pendant « que les brouilleries de France s'échauffaient », Turenne, cantonné avec son armée en Allemagne, était l'objet des sollicitations des deux partis.

Vers la fin de février, Turenne manifesta ouvertement son intention de soutenir le parlement contre l'autorité royale.

Son armée était composée de douze à treize mille hommes, presque tous étrangers. « Il y était dans une vénération extraordinaire, qu'il ne devait pas seulement à son grand mérite, mais encore à son désintéressement et à sa manière de vivre avec les troupes. D'ailleurs, la plupart des officiers lui étaient redevables de leur avancement, et n'avaient presque aucun commerce à la cour que par son entremise. Enfin, dans un grand festin qu'il fit à Tubingue, au pays de Virtemberg, les principaux officiers, déjà ménagés en particulier, firent part aux autres de l'état des choses, et les engagèrent de telle façon qu'avant de se séparer on fit serment de le suivre partout et de ne reconnaître que lui seul. »

Lorsque Turenne eut sondé les intentions de ses officiers et se fut décidé à prendre parti pour la Fronde, il adressa à son armée un manifeste pour engager ses troupes à le suivre dans sa révolte contre l'autorité royale.

Quand cette nouvelle parvint à la cour, Mazarin écrivit à Turenne (9 février) une lettre dont la noblesse et la dignité durent faire impression sur le maréchal.

« Il ne me fût jamais tombé dans l'esprit, lui dit-il, que l'amitié que vous m'aviez tant de fois promise pût être sujette à aucun changement, et notamment après vous avoir servi, dès le premier jour que j'eus le bien de vous connaître, dans les petites choses et dans les grandes, avec le soin et l'affection que j'ai fait...

« Je souhaiterais au moins, pour l'amour de vous, que vous eussiez quelque prétexte apparent pour justifier la conduite que vous tenez en mon endroit, lorsqu'on vous a fait croire que mes affaires sont en mauvais état [1]. »

Mais, si la résolution de Turenne causa à Mazarin une grande inquiétude, si elle le fit un instant douter de sa fortune, elle ne le surprit pas et ne le prit pas au dépourvu. Le cardinal, trop profond politique pour ne pas prévoir toutes les éventualités, surveillait depuis longtemps l'atti-

---

[1] Mazarin à Turenne, 9 février 1649.

tude et les agissements de Turenne, et s'attendait à cette détermination. Il fait prendre immédiatement les mesures nécessaires. La régente, en conseil des ministres, rend un arrêt qui déclare Turenne coupable de lèse-majesté. Elle envoie huit cent mille francs par d'Hervart au comte d'Erlach, lieutenant général de l'armée et ennemi personnel du maréchal, avec un ordre exprès à l'armée royale de ne pas passer le Rhin. Cette somme, habilement distribuée aux chefs les plus influents, rattacha au parti de la cour la plus grande partie de l'armée.

L'ordre du roi fut lu à la tête de chaque régiment.

« Lorsque la lettre du roi fut lue, qui portait un ordre exprès de ne pas passer le Rhin, un colonel, nommé Longpré, le voulant faire passer à son régiment, un vieux sergent lui dit : « Monsieur, le régiment est au roi ; nous « prêtons serment de le servir et d'obéir à ses ordres, et « vous voulez que nous fassions le contraire. Si l'on me « croit, personne ne vous suivra, et nous demeurerons en « deçà du Rhin. » Il commença de dire aux soldats : « Mes « camarades, on veut nous faire desservir le roi et passer « le Rhin contre sa volonté, il ne le faut pas faire, » et cria aux soldats : « Obéissons aux ordres du roi et retour-« nons au quartier qui nous est ordonné. » Il marcha ensuite, et les deux tiers du régiment le suivirent avec la plus grande partie des officiers, et le reste passa avec le lieutenant-colonel[1]. »

A peine Turenne avait-il passé le Rhin avec les troupes qui avaient consenti à le suivre, que de nouvelles défections se produisirent : six régiments se retirèrent à Brisach, trois autres à Philippsbourg.

Turenne demeura presque seul avec quelques amis restés fidèles. Se voyant abandonné, il se retira à Heilbronn, chez sa parente la landgrave de Hesse, et de là en Hollande, auprès de son oncle le prince de Nassau. « Ce fut, dit la Rochefoucauld, le salut de la cour. »

Cependant le parlement, ignorant ces événements, rendait le 8 mars un arrêt « donné toutes les chambres assemblées, le huitième jour de mars 1649, en faveur du maréchal de Turenne et pour autoriser l'entrée de son armée en France. »

Au même moment M. le prince envoyait à Mazarin « une

---

[1] *Mémoires de Puységur.*

lettre qu'il avait reçue du vicomte de Turenne, qui, malheureux et humilié, demandait pardon de sa faute. Il le suppliait par cette lettre de lui continuer sa protection, et d'obtenir du ministre sa grâce et l'absolution de son péché ».

« Cette nouvelle abattit pour quelques jours les forces des parlementaires et des généraux; car ils avaient une grande espérance en cette armée[1]. »

Des conférences en vue de la paix avaient commencé, à Rueil, dès les premiers jours de mars; toutefois les hostilités n'en avaient pas moins continué; les deux partis hésitaient à se faire des concessions; mais, d'un autre côté, la nécessité d'une réconciliation s'imposait à tous les esprits. La tête de Charles Ier, roi d'Angleterre, venait de tomber sous la hache du bourreau, et sa femme, réfugiée à Paris, affirmait à la régente que, dans ses débuts, la révolution d'Angleterre lui avait paru moins menaçante que la Fronde ne l'était en France. Le parlement, profondément attaché à l'autorité royale, plein de patriotisme et d'honneur, ne voulait pas pousser les choses à l'extrême. Les Espagnols avaient saisi avec empressement l'occasion que leur offraient nos discordes civiles. Un agent de l'archiduc Léopold demanda à être introduit en séance du parlement, pour y exposer les propositions de l'Espagne. Cette demande fut repoussée avec indignation. Elle ouvrit les yeux aux moins clairvoyants, et hâta la conclusion de la paix, qui fut signée à Rueil le 11 mars.

Turenne revint aussitôt de Hollande par Dieppe. Il fut assez bien reçu à la cour, et passa l'été à Paris ou à Compiègne, où était le roi. Quoique la paix fût faite, la guerre civile n'était que suspendue. Les partis étaient demeurés dans une grande défiance l'un de l'autre, et Mazarin ne donna pas de commandement au maréchal, qui « recevait beaucoup de civilités de M. le cardinal et s'était souvent éclairci avec lui sur tout le passé, mais sans entrer dans aucun engagement d'amitié avec lui ».

Dans le courant de l'été, l'armée d'Allemagne refusa d'obéir à d'Erlach, qui en avait pris le commandement après la défection de Turenne, et la supplique suivante, sans date précise, à l'effet d'obtenir qu'on renvoyât le maréchal pour la commander, fut apportée au roi par quelques officiers délégués par leurs collègues.

[1] Mme de Motteville, *Mémoires*.

« Les officiers des troupes allemandes, se souvenant des services signalés rendus au roi en Allemagne, sous la conduite de M. le maréchal de Turenne, voyant présentement combien est préjudiciable son absence, ont fait une réflexion sur la déclaration du roi sur la paix donnée à son peuple, en vertu de laquelle un chacun doit rentrer dans ses charges et dignités, et ont cru qu'il était de leur devoir de remontrer à Sa Majesté ceci, et le zèle qu'ils ont de conserver et d'agrandir sous la conduite de M. de Turenne, ensuite des ordres de Sa Majesté, la gloire qu'ils ont acquise au prix de leur sang, pour la supplier très humblement d'avoir pour agréable de remettre M. de Turenne à la tête de cette armée. »

Les officiers avaient chargé leurs députés de réclamer en même temps ce qui leur était dû sur leur solde. Les deux demandes n'obtinrent pas plus de succès l'une que l'autre.

La cour rentra à Paris le 18 août; Mazarin fut reçu avec enthousiasme par le peuple inconstant de la capitale. Cependant les troubles étaient loin d'être apaisés. Le parti des petits-maîtres, dont Condé était le chef, entretenait à Paris un mécontentement sourd, persistant, et s'efforçait de rallier les frondeurs pour lutter contre la cour; c'est une nouvelle période de la Fronde : la Fronde des princes ou jeune Fronde.

« Rien n'était plus inquiétant que l'état de la France au milieu de l'été de 1649. Le gouvernement absolu était désorganisé sans qu'on vît nulle part poindre un ordre nouveau. A la tyrannie fiscale avaient succédé la licence et l'anarchie : à vingt lieues autour de Paris, on ne payait plus ni tailles, ni aides, ni gabelles; les sergents, naguère la terreur des campagnes, n'osaient plus se montrer dans les villages; tout le long de la Loire le sel se vendait publiquement à main armée; presque aucun impôt ne rentrait. La cour, réduite à la dernière détresse, ne pouvait plus ni payer l'armée, ni entretenir la maison du roi, et l'on était réduit à renvoyer les pages chez leurs parents, faute de pouvoir les nourrir. Dans les provinces plus éloignées de Paris, l'agitation prenait le caractère d'une réaction politique contre l'autorité centrale : le Languedoc et le Dauphiné prétendaient qu'on rendît à leurs états provinciaux le libre vote de l'impôt dans sa plénitude; le parlement de Grenoble avait enjoint à toutes gens de guerre de sortir du Dauphiné. Les vieilles libertés du moyen âge, dans leurs soubresauts galvaniques, faisaient partout craquer l'édifice de la monarchie.

« Il en était deux, la Provence et la Guyenne, où les troubles avaient grandi jusqu'à la guerre civile [1]. »

A Paris, les esprits s'aigrissaient. Condé, après avoir pendant longtemps poursuivi Mazarin de ses dédains et de ses sarcasmes, l'insulta publiquement de la manière la plus grossière. Il fatigua la reine de ses insolences. Il l'outragea dans sa dignité de femme en favorisant les prétentions d'un marquis de Jarzay, homme à bonnes fortunes, qui osait porter ses vues jusqu'à elle. Les hauteurs de Condé et de son parti le rendirent odieux à tout le monde. « M. le prince, dit Mme de Nemours, aimait mieux gagner « des batailles que des cœurs. » Le parti des *petits-maîtres*, non content de s'aliéner la cour, mécontenta les anciens frondeurs et le parlement. Quand Mazarin vit l'animadversion générale inspirée par Condé arrivée au plus haut degré, il n'hésita plus et le fit arrêter en plein Louvre avec son jeune frère le prince de Conti et son beau-frère le duc de Longueville (18 janvier 1550).

Le peuple, qui haïssait Condé et l'accusait de vouloir se faire roi au détriment de Louis XIV, fit des feux de joie lorsqu'on le mena au donjon de Vincennes.

Au moment où Condé fut arrêté, Mazarin envoya le marquis de Ruvigny à Turenne « pour l'assurer qu'il y avait sûreté entière pour lui et lui promettre beaucoup de bons traitements en tout ce qui le concernerait ». Le cardinal avait remarqué qu'il y avait du refroidissement entre Turenne et Condé, et il espérait mettre le maréchal dans ses intérêts en lui promettant, pour la prochaine campagne, le commandement de l'armée de Flandre. Mais, la nuit même de l'arrestation du prince, Turenne emprunta six cents pistoles, et partit avec quatre gentilshommes pour Stenay. Mazarin négocia vainement pour le ramener; « il ne voulut rien écouter, et résolut de prendre toutes les mesures pour obliger la cour à relâcher M. le prince. »

Turenne avait donc une seconde fois pris parti contre la cour. A ce moment il n'était plus à la tête d'une armée; il suivait les conseils et l'impulsion du chef de sa maison, et l'on peut alléguer en sa faveur quelques circonstances atténuantes. Rien toutefois ne saurait faire excuser cette

---

[1] H. Martin, *Histoire de France*.

faute, et l'histoire ne saurait trop la flétrir. « Ce grand crime, dit Napoléon, est réprouvé par les principes de la religion, de la morale et de l'honneur. Rien ne peut excuser un général de profiter des lumières acquises au service de la patrie pour la combattre et en livrer les boulevards aux nations étrangères. »

Les troupes que Turenne réunit de différents côtés pouvaient s'élever à six à sept mille hommes; elles étaient composées d'anciens soldats aguerris; mais, leur nombre ne leur permettant pas d'entrer en lutte avec l'armée royale, « on fut obligé d'avoir recours aux Espagnols. » Turenne entama des négociations avec l'archiduc par l'intermédiaire du comte de Fuensaldagne et de don Gabriel de Tolède. Les conférences eurent lieu à Stenay. La possession de cette place fut la plus grande difficulté des pourparlers. L'archiduc exigeait qu'on lui livrât la ville et la citadelle. Turenne refusa absolument de s'en dessaisir. Il voulait conserver une place où il pût se retirer avec ses troupes en cas d'insuccès, et il désirait garder sa liberté d'action vis-à-vis des Espagnols, qui l'auraient tenu à leur discrétion s'il l'avait livrée. L'archiduc finit par céder, et, après six semaines de discussions, le traité fut signé le 20 avril.

Quelques modifications furent demandées dans la rédaction des articles, et un traité additionnel fut signé le 24 mai 1650 par les mêmes personnes. Il n'introduisait que des modifications de détail au premier traité.

Mazarin se vit obligé de nouveau de recourir à des mesures de rigueur contre Turenne.

Il fit rendre « une déclaration du roi contre la duchesse de Longueville, le duc de Bouillon, le maréchal de Turenne, le prince de Marsillac et leurs adhérents, qui fut donnée à Paris, le 9 mai de l'an de grâce 1650, et vérifiée en parlement le 16 de mai »

Cette déclaration fut envoyée à tous les parlements de France.

Un arrêt du conseil du roi, daté de Libourne, 25 août 1650, défendit toute levée de deniers dans la vicomté de Turenne pour le compte du duc de Bouillon, qui faisait lever des impôts pour faire la guerre au roi et secourir son frère.

Ordre est donné à tous de courir sus, aux sons du tocsin, aux troupes levées par le duc de Bouillon[1].

[1] Archives nationales, E. 1696 105.

L'année 1650 apparaissait pleine de menaces et de calamités. L'hiver avait été rigoureux, le printemps froid et humide. Une épidémie terrible appelée *ergot, feu sacré, feu Saint-Antoine,* sévit partout et exerça surtout ses cruels ravages dans les campagnes, dont les habitants, mal vêtus, mal nourris, succombaient aux premières atteintes du fléau. De plus, la guerre allait avoir lieu en France; les provinces du Nord étaient menacées d'une nouvelle invasion, et, dans les rangs de l'armée espagnole, des corps entiers de Français se préparaient à combattre contre leur patrie, triste résultat des dissensions intestines qui déchiraient alors la France. La présence des belligérants désolait les campagnes. Le soldat, mal pourvu des choses nécessaires à la vie, abandonné sur les chemins s'il était malade ou blessé, n'hésitait pas à piller l'habitant et à le priver de toutes ses ressources pour compenser la solde et les vivres que ses chefs ne pouvaient lui donner. L'immense charité de saint Vincent de Paul, qui rassemblait et distribuait d'abondantes aumônes, atténuait ces maux; mais, si compatissant que fût son cœur, si ardent que fût son amour des pauvres, si grand qu'ait été l'entraînement prodigieux que sa sainte parole excitait dans tous les cœurs chrétiens, les misères dépassaient toujours infiniment les ressources de la charité.

Les Espagnols, en entrant sur le sol de la France, avaient arrêté un plan de campagne qui, s'il eût réussi, les eût largement dédommagés de leurs anciennes pertes. Ils prétendaient envahir la France par la Picardie et s'emparer peu à peu des places frontières, pendant que Turenne, renforcé d'un corps espagnol de cinq mille hommes, tiendrait en échec, dans la Champagne, le gros des forces françaises.

Les vues de l'archiduc n'échappaient pas à Turenne, qui se refusa à l'exécution du plan projeté. Ces Français, qui combattaient contre leur patrie, prétendaient bien se servir des Espagnols pour arriver à réaliser des vues politiques qu'ils jugeaient les meilleures, mais ils ne voulaient pas ruiner la France au profit de l'étranger. Il y eut de vives contestations entre les généraux. Les Espagnols durent, en fin de compte, céder devant la fermeté de Turenne.

Les alliés, au nombre de dix-huit mille hommes, pénétrèrent en France vers le milieu de juin, emportèrent le

Catelet en trois jours, échouèrent devant Guise, où ils eurent à souffrir de la faim par suite des pluies torrentielles qui défoncèrent les chemins et rendirent les communications extrêmement difficiles. Ils s'emparèrent de la Capelle en dix jours.

Après la prise de la Capelle, ils passèrent l'Oise au commencement d'août, et Turenne, avec un détachement de trois mille chevaux, s'avança jusqu'à Vervins pour observer l'armée française, cantonnée à Marle. Le maréchal du Plessis-Praslin, qui la commandait, se retira devant cette démonstration et se mit à l'abri derrière les marais de Notre-Dame-de-Liesse. Les Espagnols se portèrent alors sur Château-Porcien et Rethel, dont ils s'emparèrent sans grande difficulté, et dont Degli Ponti, « sergent-major général de bataille et homme d'une grande réputation en Flandre, » fut nommé commandant avec une garnison de douze cents hommes et deux cents chevaux.

Ce fut après la prise de cette ville que Turenne soumit aux Espagnols un projet audacieux qui ne fut pas mis à exécution. Il voulait prendre un fort détachement de cavalerie et d'infanterie d'élite, pousser, à marches forcées, sur Paris, et forcer le château de Vincennes pour en tirer Condé. Le maréchal du Plessis attribue, par une erreur singulière, ce projet aux Espagnols, et le refus de l'exécuter à Turenne ; mais il reconnaît la gravité de la mesure proposée. « L'on peut dire que Dieu seul empêcha le maréchal de Turenne de consentir à cette proposition. Le bonheur du maréchal du Plessis, que le Ciel a toujours visiblement favorisé en tout ce qui lui a été de plus difficile et de plus avantageux, le sauva de ce déplaisir, que rien ne lui pouvait empêcher d'avoir, si l'on eût tenté la chose. La disposition des affaires le fera bien juger ainsi ; car, si le maréchal de Turenne eût pris ce parti, qui s'y pouvait opposer ? Le dessein n'eût-il pas été exécuté avant que le maréchal du Plessis eût pu être à moitié chemin pour y remédier [1] ? »

L'instant était, en effet, favorable. Mazarin venait de diriger l'élite de ses troupes sur les bords de la Garonne, à deux cents lieues de la capitale, pour y réprimer l'émeute toujours grandissante ; mais l'archiduc se refusait à toute mesure décisive ; son intérêt était de nourrir l'incendie, et

---

[1] *Mémoires du maréchal du Plessis.*

non de l'éteindre. L'élargissement de Condé n'était pour lui qu'un prétexte pour retenir les rebelles dans ses rangs, et il désirait peu voir le vainqueur de Rocroy saisir le pouvoir en France.

Turenne fit avancer Boutteville avec un détachement de cavalerie jusqu'à la Ferté-Milon ; des coureurs arrivèrent même jusqu'à dix à douze lieues de Paris. Il espérait avoir décidé l'archiduc à se porter sur la capitale, quand on apprit qu'il était trop tard ; M. le prince avait été conduit à Marcoussis, à huit lieues de Paris, sur le chemin d'Orléans. « Il n'y avait plus de raison de marcher sur Paris. » Turenne, à la tête de quatre mille hommes, passa l'Aisne, battit le maréchal d'Hocquincourt, qui était à Fismes, dans une bonne situation, couvert par dix régiments de cavalerie et quelque infanterie. Il lui fit cinq cents prisonniers, le rejeta sur Soissons et s'empara, sans coup férir, de la ville de Fismes, où cent fuyards du corps d'Hocquincourt avaient porté la terreur. Les Espagnols demeurèrent un mois ou six semaines à Fismes dans l'inaction. Ils avaient envoyé des émissaires à Paris pour y fomenter la révolte. On voyait affichés partout, dans la capitale, des placards adressés par « le maréchal de Turenne aux bons bourgeois de Paris », dans lesquels il accusait les chefs de la Fronde, « ces faux tribuns du peuple, » d'être devenus les pensionnaires du cardinal, ses appuis et ses protecteurs secrets, de s'être joués de la vie, de la fortune et du repos des peuples, de les avoir tantôt excités, tantôt contenus, selon leurs caprices, leurs intérêts et leurs passions. La conduite du duc de Beaufort et du coadjuteur justifiait ces reproches de Turenne.

Les menées des Espagnols ne produisant aucun résultat, ils se décidèrent à attaquer Mouzon. Le siège dura sept semaines, « à cause des pluies et du peu d'artillerie qu'avaient les Espagnols. » Leur armée fut fort affaiblie à ce siège, que contraria la mauvaise saison, et qui ne finit que fort avant dans le mois de novembre. Turenne, voyant que les généraux espagnols se retiraient dans des quartiers éloignés, et certain que, dans ces conditions, Rethel et Château-Porcien seraient repris dans l'hiver par les troupes du roi, demeura sur la frontière avec sa petite armée. Il avait environ cinq mille cinq cents chevaux et deux mille cinq cents hommes de pied avec six pièces de canon. Il s'établit entre la Meuse et l'Aisne.

Les troubles de Guyenne étaient momentanément apaisés. Bordeaux s'était rendu le 8 octobre. Au lieu de rester à Paris pour y contenir, par sa présence, l'agitation des factieux, Mazarin prit un parti hardi. Il résolut de reprendre aux Espagnols la partie de la Champagne conquise par Turenne, et conduisit lui-même au maréchal du Plessis-Praslin les douze mille hommes à la tête desquels il avait triomphé sur les bords de la Garonne.

L'armée du roi comptait six à sept mille chevaux et huit mille hommes de pied. Les troupes étaient aguerries et reposées, et Mazarin donna au maréchal du Plessis-Pralin l'ordre d'assiéger Rethel. L'armée arriva devant cette ville le vendredi 9 décembre, et, le mardi suivant 13, la place se rendait. Ce jour-là même, Turenne arrivait pour la défendre. Il avait à dessein retardé son arrivée, afin de trouver l'armée assiégeante disséminée dans des quartiers autour de la ville et toute l'artillerie placée en batterie contre les remparts. Dans la matinée du mardi on entendait encore tonner le canon; Turenne fit sept lieues ce jour-là, et arriva, à une heure de la nuit, à une lieue de Rethel. On fit alors quelques prisonniers, qui annoncèrent que la ville s'était rendue. Turenne ne voulait point le croire; il fit tirer deux coups de canon, pour annoncer son arrivée aux assiégés. On ne répondit point.

Ce contretemps dérangeait toutes les combinaisons de Turenne. Il avait compté sur une plus longue résistance. Cette reddition précipitée vint-elle de la lâcheté ou de la trahison du commandant italien? Les mémoires du temps prétendent que quatre mille louis d'or qu'il reçut du cardinal ne furent pas étrangers à sa capitulation.

« Après la reprise de Rethel, les Espagnols ayant fait informer secrètement de la conduite que le sieur Degli Ponti avait tenue en cette affaire, et l'ayant trouvé chargé par le rapport de plusieurs officiers, M. l'archiduc l'a fait venir de son quartier à Bruxelles, et de là envoyé prisonnier en la citadelle d'Anvers, où il fut amené hier au soir [1]. »

Quoi qu'il en soit, Turenne vit bien qu'il devait battre en retraite. Le lendemain, au matin, son armée reprit le chemin qu'elle avait suivi pour venir, et recula de quatre lieues; mais les troupes royales avaient aussi marché dès la prise de Rethel, et elles l'atteignirent le jeudi 15 décembre, auprès du village de Sommepy, dans la plaine de

---

[1] Le sieur d'Arnetal à Turenne; Anvers, 10 mars 1651.

Blanchamp. Les deux armées s'étaient côtoyées pendant une heure à une demi-portée de canon, par un brouillard tellement épais, qu'elles ne se voyaient pas, bien qu'un vallon seulement les séparât. Turenne aurait voulu ne pas livrer bataille; mais, sur les dix heures et demie, les brouillards s'élevèrent, le temps s'éclaircit, et, les armées s'étant aperçues, le combat devint inévitable. Le maréchal prit d'excellentes dispositions, et, voyant que l'armée royale grossissait sans cesse, il résolut de l'aborder avant que toutes les forces ennemies fussent réunies. Il attaqua mal à propos. Ayant aperçu du désordre dans une partie de l'armée royale, il voulut profiter du moment qu'il pensait favorable, et abandonna, pour engager l'action, l'avantage qu'il avait d'être sur une hauteur.

Sa gauche, formée de vingt escadrons de cavalerie lorraine, chargea d'abord avec succès la droite française, mais sa droite, composée en grande partie d'Allemands, et commandée par le lieutenant général la Fauge, fut enfoncée par d'Hocquincourt, qui, après l'avoir entièrement rompue et fait prisonnier la Fauge, se rabattit sur l'aile gauche de Turenne, qu'il enveloppa et mit en complète déroute. L'infanterie, qui formait le centre, jeta bas les armes tout entière, à l'exception du régiment de Turenne, « qui, sans vouloir avoir de quartier, se mêla avec l'infanterie de l'armée du roi, et tous les officiers ou soldats furent tués ou fait prisonniers après avoir tenu ferme, une heure entière, sans aucune cavalerie pour les soutenir. »

La cavalerie française de Turenne combattit vaillamment. Boutteville, Beauveau, Duras, Montausier et tout ce qu'il y avait de Français firent des prodiges de valeur; mais le maréchal néanmoins fut battu de la manière la plus décisive; tous les bagages, vingt drapeaux, quatre-vingt-quatre étendards, quatre mille prisonniers, au nombre desquels on voyait don Estevan de Gamarre, général des Espagnols, le comte de Boutteville et presque tous les officiers généraux et les colonels tombèrent entre les mains du maréchal du Plessis-Praslin.

« Lorsque Turenne eut perdu la bataille et qu'il se vit hors d'état de pouvoir penser à autre chose qu'à sauver sa personne, il se mit à l'écart des fuyards, monté sur un cheval blessé et suivi seulement de la Barge, lieutenant de ses gardes, dont le cheval était blessé aussi. Après avoir marché un peu de temps, ils virent cinq cavaliers venir à

eux à toute bride. La Barge dit au vicomte de Turenne:
« Je n'ai qu'un pistolet à tirer, vous avez tiré les vôtres;
« que voulez-vous faire ? — Mourir, dit-il, la Barge, plutôt
« que de retourner en France servir de spectacle. » Alors
ils furent abordés par deux de ces cavaliers, qui marchaient
un peu devant les autres. La Barge alla à l'un et le tua de
son pistolet. L'autre ayant joint le vicomte de Turenne, le
prit par le baudrier et lui dit; « Bon quartier, monsieur
« de Turenne. » Le vicomte de Turenne le tua d'un coup
d'épée. De ces trois cavaliers qui restèrent, l'un, qui paraissait un officier, tira un coup de pistolet au vicomte de
Turenne et le manqua. Après ils se retirèrent tous trois
sans faire un plus grand effort, soit qu'ils fussent épouvantés de la mort de leurs compagnons, soit que le destin
de la France voulût réserver ce prince pour les grands services qu'elle en devait retirer. En effet, le vicomte de Turenne était perdu sans ressource, son cheval et celui de
la Barge n'étant plus en état d'aller ; mais la Vaux, officier
de cavalerie du régiment de Beauveau, passa dans cet instant et lui donna le sien pour se sauver[1]. »

Ce succès épouvanta les ennemis du cardinal: « Vous ne
vous doutez pas, dit Retz, de la consternation du parti des
princes, vous ne pouvez pas vous la figurer. Je n'eus toute
la nuit chez moi que des pleureurs et des désespérés. Je
trouvai Monsieur atterré. »

Turenne se retira à Bar-le-duc et de là à Montmédy. Il
préféra « demeurer dans un lieu où les Espagnols étaient
les maîtres », plutôt que de se rendre à Stenay, de peur
d'éveiller les soupçons et la méfiance des Espagnols. L'archiduc, en effet, pour reconnaître sa loyauté, lui donna
« un pouvoir pour disposer des charges de ceux qui avaient
été tués à la bataille », et lui envoya cent mille écus sur
la somme promise par le traité ; mais Turenne savait que
l'on négociait pour obtenir la liberté des princes; il ne
voulut pas recevoir cet argent, et, s'étant rendu à Stenay,
où se trouvait Mme de Longueville, il se mit « à chercher
les moyens de se dégager d'avec les Espagnols ». La mise
en liberté des princes lui fournit le prétexte qu'il désirait.

Mazarin, contre lequel tous les frondeurs, le parlement,
Gondi, le duc d'Orléans, s'étaient coalisés, avait quitté

---

[1] *Mémoires de Langlade.*

spontanément la cour, le 7 février, et s'était rendu au Havre pour remettre les princes en liberté. Tandis que les prisonniers revenaient à Paris, où Condé était reçu en triomphe, le cardinal prenait la route de l'exil et s'arrêtait à Sedan, auprès de Fabert.

A peine sorti de prison, Condé s'empressa de remercier Turenne de ce qu'il avait fait pour sa délivrance.

Dès le commencement de mars 1651, des conférences s'ouvraient pour amener la paix entre l'Espagne et la France. Des médiateurs s'interposèrent. Turenne, qui depuis deux mois déjà négociait pour son compte avec Fuensaldagne, fut vivement sollicité par la cour de servir ses intérêts en cette circonstance, et les promesses du pardon le plus complet lui furent faites à différentes reprises. Le maréchal, fatigué et humilié de sa situation, demanda une suspension d'armes.

La proposition d'une suspension d'armes et l'envoi d'un député, qui devait partir de Paris, avant même qu'on y eût la réponse de M. l'archiduc sur cette ouverture, furent assez mal vus des Espagnols, qui déclarèrent aux médiateurs, le nonce du pape et l'ambassadeur de Venise, qu'avant d'entrer en aucun pourparler de paix, ils désiraient être assurés de trois points du côté de la France, savoir : la restitution de la Catalogne, le rétablissement de M. de Lorraine dans ses États et l'abandon du Portugal [1].

Une fois les négociations entamées, Turenne annonça à Fuensaldagne « qu'ayant fait de son côté tout ce à quoi il s'était obligé pour la paix, il s'en allait à Paris ». Il quitta Stenay dans les derniers jours d'avril, et arriva à Paris le 1er mai. Il avait conscience de la situation fausse où il s'était mis.

Le prince de Condé, dès l'arrivée de Turenne, mena le maréchal au Louvre; Anne d'Autriche le reçut assez bien.

Le prince de Condé et Turenne étaient les deux seuls frondeurs à qui elle disait avoir pardonné de bon cœur. Pour les autres, elle avouait avoir eu besoin du précepte chrétien de l'oubli des injures.

Ce fut pendant cet été que Turenne épousa Charlotte de Caumont, fille unique et héritière d'Armand de Nompar de Caumont, duc de la Force. Le contrat fut passé le 29 juil-

---

[1] Lettre du sieur d'Arnetal au vicomte de Turenne, 10 mars 1651.

let 1651, au château de la Boullaye, en Normandie [1].

Fils aîné du maréchal de la Force, Armand de Nompar, marquis de la Force, qui devint comme son père maréchal de France, avait épousé en 1609 Jeanne de Rochefaton, dame de Saveilles, riche héritière d'une illustre maison de Saintonges, et non moins célèbre par sa beauté et sa fortune que par sa piété et son zèle pour la religion protestante. Il n'eut que deux enfants, un fils qui mourut jeune, et sa fille Charlotte, qui épousa Turenne. C'était, dit Benoît, écrivain protestant, une femme d'un rare savoir et d'une piété presque sans exemple. Elle était profondément imbue des saintes Écritures, savait à fond les langues latine, grecque et hébraïque, et était aussi remarquable par la noblesse et l'élévation de son caractère que par sa haute intelligence.

Leur union fut heureuse. On voit, par les lettres intimes de Turenne à sa femme qui ont été publiées, la tendresse que Turenne avait pour elle, et qui ne se démentit jamais. Aussi paraît-il peu exact d'affirmer, avec le cardinal de Bausset, que, « dans l'intérieur de sa famille, ce grand homme n'était pas aussi heureux qu'il méritait de l'être. »

Louis XIV voulut favoriser par un don royal le mariage de Turenne. Nous voyons, en effet, que, « par quittance passée devant le Semelier et le Cat, notaires à Paris, le 2 septembre 1658, Mme la princesse de Turenne, comme procuratrice de M. le prince de Turenne, son époux, reconnaît avoir été payée par M. de Guénégaud, trésorier de l'Épargne, de la somme de cent mille livres, accordée, dans le contrat de mariage, audit seigneur prince par le roi, de l'avis de la reine régente, sa mère, ainsi que sa Majesté a accoutumé de donner à ceux de sa naissance et qualité. » Turenne de plus obtint en ce moment la restitution d'une somme de trois cent mille livres qu'il avait avancée pendant la guerre d'Allemagne.

---

[1] Les biographes de Turenne, Raguenet, Ramsay, et de nombreux auteurs après eux, se bornent à indiquer comme date approximative de son mariage « le commencement de l'année 1653 », c'est-à-dire une époque à laquelle il était déjà marié depuis près de deux ans. Ce défaut d'exactitude est bien singulier de la part d'écrivains qui ont eu entre les mains non seulement tous les documents qu'a publiés plus tard le comte de Grimoard, mais en outre de nombreux papiers de famille qui n'ont pas été livrés à l'impression, et qui devaient établir d'une façon précise la date de cette union.

Turenne passa quelques mois à la cour, se tenant en dehors des intrigues qui se tramaient autour de lui. Condé s'efforçait de l'attacher à sa cause et de le compromettre aux yeux de la reine. Mais, « ayant aisément reconnu qu'il ne s'agissait que des intérêts particuliers et de belles apparences au dehors qui pourraient tromper ceux qui ne voyaient pas clair », le maréchal se montrait fort réservé. Une chose le blessa profondément. Ses troupes, « qui seules avaient travaillé pour la liberté de M. le prince, demeuraient sans nul établissement ni quartier, » tandis que celles de Condé étaient bien logées et bien payées.

Condé, s'étant cru menacé d'une nouvelle arrestation, pendant une nuit où deux compagnies de gardes passèrent, par hasard, sous ses fenêtres, s'enfuit à Saint-Maur, à deux lieues de Paris. « Cette journée-là, tous ceux qui étaient entièrement attachés à ses intérêts s'en allèrent le trouver, et M. de Turenne alla chez la reine. » Mais, comme on n'en venait pas encore à une rupture ouverte « et que beaucoup de gens l'allèrent voir, qui ne lui avaient donné aucune parole, M. de Turenne s'y en alla aussi; il eut un entretien de deux heures avec lui, dans le parc, où ils se promenèrent tous deux, et il n'y eut point de compliments que M. le prince ne lui fît ». Mais Turenne ne voulut point s'engager. « Il souhaitait que les affaires vinssent en état que M. de Bouillon et lui pussent se raccommoder avec la cour, mais il ne faisait pour cela aucun pas contre la bienséance. »

Condé cependant se disposait à la guerre, bien qu'il n'y fût pas encore absolument résolu. Il fit un fonds de cent mille écus, rassembla des troupes, envoya sa femme et son fils au château de Montrond et négocia en secret avec l'Espagne. Son arrogance et ses hauteurs accroissaient chaque jour le nombre de ses ennemis; le coadjuteur lui tenait tête, et le parlement faillit maintes fois devenir le théâtre de luttes sanglantes. Condé, voyant tout le monde s'éloigner de lui, voulut s'attacher la maison de Bouillon. Il chargea la Rochefoucauld de négocier avec elle.

Le duc de Bouillon et M. de Turenne étaient, l'un et l'autre, amis particuliers du duc de la Rochefoucauld, et celui-ci n'oublia rien pour leur faire embrasser le même parti que lui. « Le duc de Bouillon lui parut irrésolu, désirant de trouver des sûretés et ses avantages, se défiant presque également de la cour et de M. le prince, et voulant voir l'affaire engagée avant de se déclarer. M. de Turenne, au contraire, lui parla toujours d'une même manière [1], prétendant que l'engagement qu'il avait avec le prince avait pris fin avec sa prison, et qu'ainsi il pouvait se déterminer librement, selon ses inclinations ou ses intérêts.

Enfin « le prince de Condé se résolut à une guerre qu'il eût dû commencer du temps de la fronde, s'il avait voulu être le maître de l'État, ou qu'il n'aurait dû jamais faire, s'il avait été citoyen [2]. »

Il fallait prendre un parti. La maison de Bouillon se déclara pour la cour. Cette détermination surprit bien des gens. Retz croit nécessaire « d'expliquer ce qui se passa entre M. le prince et M. de Turenne... » ; mais il est embarrassé et son explication est fort obscure. Il fait observer, d'un côté, que M. le prince était l'homme le moins capable d'une imposture préméditée. Il remarque, de l'autre, qu'il n'a jamais vu personne moins capable d'une vilenie que M. de Turenne. « Reconnaissons encore ici, dit-il en terminant, qu'il y a des points inconcevables dans l'histoire à ceux mêmes qui se sont trouvés le plus proche des faits.

Il est difficile de se rendre un compte exact des motifs qui guidèrent le maréchal dans sa détermination. En tout cas, ils sont complexes. Condé s'était conduit d'une manière peu satisfaisante à son égard. Le duc de Bouillon et sa femme, si puissants tous deux sur l'esprit de Turenne, s'étaient décidés pour la cour. On a prétendu, et cela peut être vrai, qu'au fond du cœur le grand capitaine avait le secret désir de ne plus être au second rang, comme il l'eût été toujours en embrassant le parti de M. le prince ; tandis qu'avec la reine et Mazarin ses grandes capacités militaires lui assuraient le premier. Mais on peut, je crois sans trop s'avancer, faire entrer aussi, et en première ligne, au nombre des motifs qui le poussaient dans le parti du roi, la triste expérience qu'il avait acquise des guerres civiles, le sentiment des malheurs qu'elles imposaient au pays, et la position humiliante et cruelle d'un général qui se révolte contre l'autorité légitime et qui tourne contre sa patrie les armes qu'il a reçues d'elle pour la défendre.

[1] *Mémoires de la Rochefoucauld.*
[2] Voltaire, *Siècle de Louis XIV.*

Quelques jours après, le 7 septembre, jour où Louis XIV entra dans sa quatorzième année, âge de la majorité des rois, M. le prince quitta Paris. Tandis que le prince de Conti et la duchesse de Longueville s'arrêtaient à Bourges pour soulever le Centre, il se rendait à Bordeaux, où il se mit sous la protection du parlement de Guyenne. Un corps important des troupes du prince, sous la conduite de Tavannes, se réunissait auprès de Stenay aux Espagnols pour menacer Paris.

La reine sortit de Paris le 24 septembre. Elle confia la direction de l'armée de Guyenne au duc d'Harcourt, qui fit tête à Condé. Palluau alla avec la cour occuper Bourges et menacer Montrond. Condé reçut des renforts espagnols; Marsin, qui servait en Catalogne, lui amena deux régiments, et le prince s'empara de Saintes et de Cognac. Mais d'Harcourt reprit Cognac, enleva une partie du bagage de l'armée du prince sous ses yeux, s'assura de la Rochelle et releva le parti du roi. Condé, ne se sentant pas encore de force à lutter, essaya de négocier; il eut soin de faire savoir à la reine qu'il ne s'opposait plus au retour de Mazarin. Connaissant l'impopularité du ministre, il n'ignorait pas que son rappel soulèverait un mécontentement général, et qu'à la seule nouvelle de son retour le duc d'Orléans, le parlement et la population de Paris se déclareraient ouvertement contre la reine.

Son calcul était juste. Le 2 octobre, Mazarin fut invité à lever des troupes et à se préparer à rentrer en France. Il obéit, et, quand il eut rassemblé un corps d'armée, il quitta Brühl, où il avait passé le temps de son exil, et se rendit à Sedan. Le 28 janvier, après avoir traversé la France presque tout entière sans difficulté, il rejoignait la cour à Poitiers.

A ce moment, Turenne était encore à Paris.

MM. de Bouillon et de Turenne, après s'être séparés de M. le prince, étaient restés à Paris, où ils vivaient l'un et l'autre d'une manière fort retirée. Le cardinal de Retz les voyait fréquemment. Il n'oublia rien pour engager Monsieur à faire entrer les deux frères dans ses intérêts avant qu'ils se fussent déclarés pour la cour. « L'aversion naturelle que Gaston avait pour l'aîné, sans savoir trop pourquoi, l'empêcha de faire ce qu'il se devait à soi-même en cette rencontre, et le mépris que le cadet avait pour lui, sachant très bien pourquoi, n'aida pas au succès de sa négociation [1]. »

MM. de Bouillon et de Turenne, s'étant accommodés avec la cour, eurent assez de confiance dans le cardinal de Retz pour lui confier leur accommodement, bien qu'il fût du parti contraire, et cette confiance, dit le coadjuteur, leur valut leur liberté. En effet, Monsieur, qui fut averti qu'ils allaient servir le roi et qu'ils devaient sortir de Paris, voulut les faire arrêter et en donna l'ordre au vicomte d'Austel. Retz, prévenu par lui, gagna du temps pour leur donner celui de s'évader, et manda à Turenne de se sauver sans perdre un moment. Le vicomte d'Austel manqua les deux frères de deux à trois heures... « Cet avantage, ajoute Retz, ne nuisit pas, comme vous pouvez croire, à serrer la vieille amitié qui était entre M. de Turenne et moi. » Turenne se rendit à Poitiers avec son frère. Il savait qu'ils seraient bien reçus à la cour. « Ceux qui environnaient le roi, dans l'absence du cardinal, n'avaient cherché qu'à nuire aux deux frères; » mais, depuis le retour de Mazarin, les choses avaient bien changé, et Turenne « trouva la cour entièrement gouvernée par lui ».

D'Hocquincourt, qui venait de ramener Mazarin en France et de recevoir, en échange de ce service, le bâton de maréchal, commandait en chef quand Turenne rejoignit la cour. Pour ne pas le mécontenter, Mazarin pria Turenne de partager le commandement avec lui. La cour craignait un refus de sa part; mais le grand capitaine, « voyant qu'il fallait aller au bien des affaires, dans un temps où elles étaient en si mauvais état, n'en fit point de scrupule. » La situation était difficile. Condé avait un parti puissant en Guyenne, et les Bordelais s'étaient déclarés en sa faveur.

Le duc d'Orléans rassemblait une armée sur les bords de la Loire. Le parlement de Paris, poussé par la populace, prenait des mesures d'une violence inouïe. La cour quitta Poitiers en février, prit Angers, les Ponts-de Cé, et remonta la rive gauche de la Loire vers Tours et Blois, où elle arriva le 26 mars. Pendant ce temps, un corps de six mille hommes était venu, sous la conduite du duc de Nemours, rejoindre les troupes de Gaston, près d'Orléans. Cette ville ferma ses portes au roi, sur les instances de

[1] *Mémoires du cardinal de Retz.*

Mademoiselle, qui y entra au moment où la cour arrivait.

Le 27 mars, la reine coucha à Cléry, d'où elle partit le lendemain pour aller à Sully. Un fort détachement de l'armée des princes suivait, sur la rive droite de la Loire, l'armée royale, qui marchait sur la rive gauche.

Au moment où la cour passait, sans aucune précaution, sous les murs de Gergeau (Jargeau), petite ville qui possédait un pont sur la Loire, le baron de Sirot, qui commandait le détachement de l'armée des princes, attaqua vigoureusement la tête de pont qui était de son côté, à dessein de tomber dans la marche de la cour. Il s'était déjà rendu maître de la porte qu'il avait attaquée, et faisait travailler à un logement vers le milieu du pont, pour y placer deux pièces de canon, et abattre l'autre porte, quand Turenne, qui s'était avancé pour venir au-devant du roi, entendit le bruit de la mousqueterie. Il quitta son chemin et se jeta dans Jargeau avec les officiers qui l'accompagnaient. Il y trouva quelque infanterie, mais mal pourvue de munitions et démoralisée. Il rassembla toute la garnison, environ deux cents hommes, près de la porte attaquée, et, voyant que les soldats n'avaient plus de quoi tirer, il se résolut à payer d'audace comme il faisait parfois dans les circonstances désespérées. Il fit ouvrir la porte, baisser le pont-levis, et commanda, d'une voix haute, à l'infanterie qui bordait la courtine que, sous peine de la vie, personne ne tirât sans son ordre. Puis il fit mettre pied à terre à tous les officiers, s'élança à leur tête, l'épée à la main, et chassa les ennemis de leur logement au milieu du pont, malgré leur résistance et l'effet de leur canon, dont les volées tuèrent ou blessèrent plusieurs personnes autour de lui. Après les avoir refoulés sur l'autre rive, il revint, fit refermer la porte et dresser derrière une forte barricade de tonneaux pleins de sable à l'épreuve du canon. Pendant ce temps des renforts arrivaient. Le hardi coup de main du baron de Sirot était manqué. Sirot fut mortellement blessé dans le combat. Turenne, pour achever de mettre la cour dans une entière sûreté, fit rompre deux arches du pont. Cette rencontre, insignifiante par elle-même, fut d'un grand effet. « L'on peut dire que jamais la France n'avait été dans un péril plus grand; car, si le passage de Jargeau eût été pris dans le moment que Leurs

Majestés passaient dans la plaine qui est voisine, il n'y avait pas lieu de sauver leurs personnes [1]. »

Il est certain, en effet, que sans Turenne, Jargeau eût été emporté. Une fois ce poste pris, il n'était rien de si facile que de couper en deux l'armée royale et de prendre la cour, qui passait à une lieue de là sans aucune précaution, au milieu des troupes en désordre. La reine le comprit et remercia le maréchal, en présence de la cour, d'avoir sauvé l'État [2].

Le 31 mars, les troupes arrivèrent à Gien et y passèrent la Loire. L'armée royale était dépourvue de tout, mais en peu de jours on trouva à l'équiper et à l'armer. Les approvisionnements affluaient de tous côtés, grâce à l'activité et à l'habileté de Mazarin. Sept pièces de canon vinrent de Nantes. Le 4 avril, arriva de Roanne « de quoi armer deux mille hommes ». Le 6, Turenne reçut « quinze cents mousquets et mille piques, dont il avait bon besoin; mais avec cela toutes les troupes étaient armées ». Tout cela arrivait à propos. On venait d'apprendre que Condé avait rejoint l'armée des princes. Cette nouvelle effraya la cour : « Quelque mine qu'on fasse ici, on voudrait que M. le prince fût encore en Guyenne. » Sans son arrivée, en effet, les choses eussent pu prendre une tout autre tournure. L'armée des princes se trouvait dans un grand danger. Elle était dirigée par Nemours et Beaufort, tous deux sans expérience et sans talents militaires, qui se jalousaient et se contrecarraient sans cesse. Gaston, qui donnait de Paris des ordres inexécutables, n'avait qu'une idée, c'était de retenir l'armée près de Paris; Nemours voulait passer la Loire, sauver Montrond et opérer dans le Centre une puissante diversion en faveur de Condé, presque accablé dans le Midi. Les deux corps étaient sur le point de se séparer et de devenir, l'un après l'autre, la proie de Turenne, quand Condé, en quelques jours, traversa la France entière, d'Agen à Montargis, avec la Rochefoucauld, Marsillac, Guitaut, Chavagnac, Gourville et un valet de chambre. Il re-

---

[1] *Mémoires du maréchal du Plessis.*

[2] Quelque important que fût le service qu'il avait rendu à la cour, quelques dangers qu'il eût courus dans cette affaire, Turenne en parle à peine dans une lettre écrite par lui quelques jours après à sa femme. Elle lui avait demandé si elle devait quitter Paris. Il lui répond que si elle y peut trouver quelque sûreté, il n'en faut pas bouger, et qu'elle pourrait aller chez quelqu'un de leurs amis. En post-scriptum il ajoute simplement : « Il s'est passé quelque chose à Gergeau qui n'est pas de grande considération. »

joignit son armée au camp de Lorris, près Montargis, le 1er avril, et fit immédiatement cesser les divisions qui la paralysaient en en prenant le commandement absolu. Il rassembla tous les régiments, et, après un jour de repos, enleva Montargis et Château-Renard, puis il se porta rapidement sur Bléneau.

Le 6 avril, Turenne était à Briare, le maréchal d'Hocquincourt à Bléneau. Turenne, ayant été voir d'Hocquincourt, remarqua que ses quartiers étaient bien éloignés les uns des autres; d'Hocquincourt les avait, en effet, dispersés à dessein pour assurer les fourrages. Turenne ne put s'empêcher de dire à son collègue qu'il trouvait ses quartiers bien exposés et lui conseilla de les rapprocher; mais d'Hocquincourt reçut assez mal cet avis, et Turenne, ne croyant pas à une attaque immédiate, se retira sans insister. Les deux maréchaux devaient réunir leurs troupes le lendemain. Ils avaient compté sans Condé. Impétueux comme toujours, le prince, dans la nuit du 6 au 7 avril, franchit le canal du Loing, que les gardes avancées d'Hocquincourt ne défendirent pas. Il fit successivement plier tous les régiments qui lui furent opposés et enleva Bléneau. D'Hocquincourt, après s'être vaillamment battu, se replia sur Saint-Fargeau, laissant tout son bagage et trois mille chevaux aux mains de l'ennemi. Turenne, averti de ce qui se passait à Bléneau, crut d'abord à une attaque du duc de Nemours et s'en mit peu en peine. Il se porta avec quelques régiments d'infanterie sur les hauteurs de Gien; mais, en voyant à la lueur des villages incendiés les dispositions et l'ensemble du combat, il devina la vérité et s'écria : « M. le prince est là. » Il fit dire à son artillerie et à la cavalerie de venir le joindre, et manda à d'Hocquincourt de rallier ses troupes et de les lui amener dès qu'il le pourrait; puis il continua sa marche. La nuit était obscure. Condé avait toute son armée sous la main. Turenne n'avait avec lui que deux mille hommes d'infanterie et deux régiments de cavalerie. Il n'avait pas de guides, et de temps en temps « on s'arrêtait pour écouter si l'on n'était pas trop près des ennemis. »

« Jamais, a-t-il dit depuis, il ne s'est présenté tant de choses affreuses à l'imagination d'un homme qu'il s'en présenta à la mienne. Il n'y avait pas longtemps que j'étais raccommodé avec la cour, et qu'on m'avait donné le commandement de l'armée qui en devait faire la sûreté. Pour peu qu'on ait de considération, on a des ennemis et des envieux; j'en avais qui disaient partout que j'avais conservé une liaison secrète avec M. le prince. M. le cardinal ne le croyait pas; mais au premier malheur qui me fût arrivé, peut-être aurait-il eu le même soupçon qu'avaient les autres. De plus je connaissais M. d'Hocquincourt, qui ne manquerait pas de dire que je l'avais exposé et ne l'avais point secouru. Toutes ces pensées étaient affligeantes, et le plus grand mal, c'est que M. le prince venait à moi le plus fort et victorieux [1]. »

Tous les officiers généraux étaient d'avis qu'on reculât, pour aller défendre la personne du roi. Ils estimaient que c'était là le seul parti qu'on avait à prendre dans cette extrémité et avec des troupes si inégales; mais Turenne, absorbé dans des réflexions proportionnées à l'importance de l'affaire et du danger, ne leur répondait rien et donnait brièvement les ordres nécessaires; il marchait toujours et pressait les troupes de redoubler de diligence. « La Barge s'approcha de lui pour l'avertir que tout le monde murmurait et qu'on croyait qu'il allait tout perdre s'il ne retournait à la personne du roi; le vicomte de Turenne lui répondit : « C'est là une belle ressource, après l'exemple « qu'Orléans vient de donner, avant même qu'on ait reçu « aucun échec; où est-ce qu'on ouvrira les portes lorsque « nous nous présenterons vaincus et fugitifs? Non, non, « la Barge, ajouta-t-il, je suis las de ma destinée; c'est « encore pis qu'à Rethel, il faut périr ou tout sauver [2]. »

Au point du jour, il s'arrêta un moment pour attendre sa cavalerie dans une vaste plaine, en vue de l'ennemi, où il avait un assez grand bois à sa gauche et à sa droite des marais. Autour de Condé on jugeait ce poste avantageux; Condé en jugea bien différemment. « Si M. de Turenne demeure là, dit-il, je m'en vais le tailler en pièces; mais il se gardera bien d'y demeurer [3]. » En effet, dès que Turenne eut été rejoint par le gros de sa cavalerie, que Navailles et Palluau lui amenaient, il recula et trouva un peu plus loin une position qu'il jugea si favorable, qu'il fit dire à Mazarin, par le marquis de Pertuis, son capitaine des gardes, que le roi pouvait demeurer à Gien sans rien craindre. Le maréchal plaça son artillerie en batterie sur

---

[1] Saint-Évremond, *Éloge de M. de Turenne.*
[2] Histoire manuscrite de Turenne. — Papiers de **Fleury**.
[3] Désormeaux, *Histoire de Condé.*

une hauteur; en arrière, il plaça des troupes de pied; au bas, en avant, il déploya sa cavalerie dans une plaine trop étroite pour que celle de Condé pût profiter de sa supériorité numérique, et où l'on ne pouvait arriver que par une chaussée étroite qui traversait un bois marécageux et que son canon balayait dans toute sa longueur. Cet étroit défilé était la clef de la situation; Condé y lança successivement six escadrons qui ne purent passer. Turenne le défendit lui-même, l'épée à la main, tandis que ses boulets « faisaient un grand effet sur les troupes des ennemis », un effet que le duc d'York qualifie « d'exécution terrible ». Pendant ce temps, d'Hocquincourt arriva avec sa cavalerie. Le duc de Bouillon vint aussi avec « toutes les personnes de qualité de la cour » qu'il put décider à prendre part à une lutte qui pouvait être décisive. On attendit jusqu'à la nuit et on se retira de part et d'autre, l'armée du roi à Briare, celle de Condé à Châtillon. Pour la première fois les deux plus grands hommes de guerre du siècle avaient été opposés l'un à l'autre, et Turenne, avec des forces bien inférieures, avait fait reculer Condé victorieux. L'avantage était resté à la science du stratégiste sur la fougue et l'impétuosité du soldat.

Tandis que se livrait la bataille, l'épouvante avait été grande dans Gien, où était le roi; car, des fenêtres du château, on voyait toute la côte couverte de fuyards qui venaient semer dans la ville les bruits les plus alarmants. La cour, pauvre et malheureuse, à laquelle toutes les villes fermaient leurs portes, eût été perdue sans ressource si Condé eût triomphé. Les équipages furent préparés et l'on disposa tout pour la fuite; mais sans Turenne « la reine et Mazarin tombaient tous deux entre les mains de leurs ennemis, qui eussent mis la reine dans un cloître et fait un mauvais parti au cardinal, et, tenant la personne du roi, eussent gouverné à leur mode sous son nom. Le cardinal aussi fut fort étonné; mais la reine ne témoigna point de peur. Elle se coiffait lorsqu'elle apprit ces nouvelles, et elle demeura attachée à son miroir, n'oubliant pas à tortiller une seule boucle de ses cheveux, et de là elle fut dîner, où elle mangea d'aussi bon appétit et aussi tranquillement que si elle n'eût couru aucun risque[1]. » Enfin la reine put, à juste titre, dire au maréchal qu'il

---

[1] *Mémoires de Montglat.*

venait de remettre une seconde fois la couronne sur la tête de son fils, et Mazarin résolut de lui confier dès lors le commandement suprême de l'armée.

Le soir de la bataille de Bléneau, quand les troupes ennemies étaient encore en présence, Condé reconnut le maréchal d'Hocquincourt, qui était venu lui-même replier les derniers postes; il le fit prier d'avancer, sur sa parole. D'Hocquincourt se rendit au désir du prince, qui causa quelque temps avec lui. Le maréchal essaya de rejeter sur Turenne, qui ne l'avait pas secouru assez vite, la honte de sa défaite; mais Condé, qui connaissait la valeur respective de ses deux adversaires, ne répondit à ses injustes récriminations que par des plaisanteries qui firent rougir d'Hocquincourt.

Le lendemain, Mazarin fit faire une relation de la journée de Bléneau. Il voulait la commencer en rappelant le conseil que Turenne avait donné à d'Hocquincourt de rapprocher ses quartiers; mais Turenne supplia le cardinal d'effacer ces détails, qui pourraient blesser son collègue, et, comme on lui faisait part des injustes accusations que d'Hocquincourt portait contre lui, il se borna à répondre qu'un homme aussi affligé qu'il l'était devait avoir au moins la liberté de se plaindre.

Après la bataille de Bléneau, Condé, au lieu de pousser vigoureusement l'armée royale, inférieure à celle qu'il commandait, se contenta de l'avantage insignifiant qu'il avait obtenu sur le maréchal d'Hocquincourt, et jugea sa présence plus utile à Paris qu'à l'armée. Il accourut donc à Paris, où il arriva le 11 avril, pour tâcher d'entraîner la grande cité dans sa révolte contre le roi.

Il trouva tout le monde d'accord dans la haine contre Mazarin; mais personne ne paraissait disposé à prendre parti pour lui contre le roi. Les magistrats voulaient bien avoir le droit de condamner et d'exiler un ministre, mais ils se refusaient à toute alliance avec l'étranger, à une rébellion à main armée. Condé dut promettre qu'il se bornerait à demander l'expulsion du cardinal.

Le prince, découragé, envoya des émissaires à Mazarin, pour traiter d'un accommodement. Mais négocier avec cet habile et fin politique, c'était lui donner le moyen de triompher. Condé et Mazarin, quoique de caractères fort opposés, offraient, lorsqu'ils traitaient, un point de ressemblance, c'était de ne jamais avoir de prétentions bien arrêtées ; ils traînaient en longueur, fatiguaient l'adversaire et cherchaient toujours à profiter des circonstances qui se produisaient au cours des négociations pour obtenir de meilleures conditions. Le coadjuteur, nommé cardinal par le pape Innocent X, ne négligea rien pour empêcher l'accord. Il avait tout intérêt à entretenir l'hostilité entre ces deux hommes, afin de pouvoir se poser un jour en arbitre de la paix et rester maître de la situation.

Au bout de quelque temps, Condé vit qu'il était joué et se décida à reprendre la lutte ; mais Turenne avait bien employé le temps que lui avait procuré Mazarin. Après avoir laissé l'armée royale se reposer de ses fatigues, il s'était porté sur Paris en tournant l'armée ennemie, que commandaient Tavannes, Vallon et Clinchamp. De Saint-Fargeau il gagna Auxerre, Joigny, Sens, Montereau et passa la Seine à Moret. L'ennemi, comprenant son dessein, mais trop tard, voulut gagner la Ferté-Alais. Il l'y précéda d'une heure et se posta fortement à Châtres, aujourd'hui Arpajon [1]. L'armée des princes tourna sur sa gauche et se mit à couvert à Étampes. La cour était arrivée par Sens à Melun et à Corbeil (23 avril). Turenne était fort d'avis qu'elle s'en allât droit à Paris. Mazarin s'y refusa, et elle alla s'établir à Saint-Germain avec quelques détachements qui s'emparèrent de presque tous les passages autour de Paris.

On se préoccupait beaucoup, à ce moment, de l'attitude que prendrait le duc de Lorraine. Charles IV, dépouillé de ses États, réduit au rôle de *condottiere,* s'était, au mois de janvier, lié par un traité au parti des princes ; mais chez lui une résolution n'était jamais définitive. Son armée, composée de vieux régiments, moitié allemands, moitié lorrains, formait toute sa fortune. Il l'offrait sans vergogne au plus offrant ; mais, très ménager de son bien, c'est-à-dire du sang de ses soldats, il aimait mieux les conduire

---

[1] Tous les auteurs que j'ai consultés ont écrit indistinctement *Châtres* ou *Chartres*. Châtres est un petit village du canton de Tournan, à vingt-quatre kilomètres au nord de Melun et sur la rive droite de la Seine. Chartres est à soixante kilomètres sud-ouest d'Arpajon, de l'autre côté d'Étampes. Aussi la position que prit Turenne a-t-elle été un sujet d'embarras pour plusieurs écrivains modernes. Pour comprendre ce passage, il faut se rappeler qu'Arpajon porta le nom de Châtres jusqu'en 1720, époque à laquelle cette ville fut érigée en marquisat en faveur de Louis de Séverac, marquis d'Arpajon, qui lui donna le nom de sa famille, originaire du Rouergue.

au pillage qu'au combat. Il ne se piquait pas de fidélité. Dans le même temps il recevait des subsides de l'Espagne, passait ouvertement pour servir les princes et acceptait l'argent de la cour, trompant également tout le monde [1].

En attendant qu'il eût pris un parti, Turenne infligea aux troupes rebelles un échec important. Mademoiselle, ayant l'intention de se rendre d'Orléans à Étampes et de là à Paris, fit demander un passeport à Turenne, ce qui lui fut accordé... Mais Turenne, se doutant que Mademoiselle voudrait, en partant, se donner le plaisir de passer en revue l'armée des princes, et qu'ainsi il trouverait les troupes en bataille hors de la ville, se résolut à risquer une attaque. Le 5 mai, en effet, il arriva à l'improviste auprès d'Étampes, au moment où finissait la revue pressentie. En voyant venir l'armée royale, les ennemis se retirèrent dans la ville et les faubourgs.

Turenne résolut d'attaquer un faubourg, long et étroit, enfermé entre un rivière et un ruisseau qui en font une île communiquant avec la ville par un pont. Le combat fut fort opiniâtre; après avoir emporté le faubourg, Turenne le ferma, du côté de la ville, par une forte barricade, pour s'opposer aux secours qui pourraient venir de la ville. L'ennemi, en effet, essaya bien de sortir; mais, dit Mademoiselle, « il se rencontra un embarras qui retarda le secours que l'on pouvait donner; c'est que, pendant que les troupes étaient sorties le matin, l'on avait mené tous les bagages dans la ville, et, comme Étampes n'est quasi qu'une rue, elle se trouva si pleine et si embarrassée, que l'on eut peine à passer. » Les secours arrivèrent trop tard. Tout ce qu'il y avait dans le faubourg, trois mille hommes environ, fut tué ou pris.

Après ce succès, qui aurait pu être beaucoup plus important sans de fausses manœuvres que fit d'Hocquincourt, Turenne se logea à Palaiseau pour intercepter les communications entre Paris et Étampes. Des partis de l'armée royale vinrent à Bourg-la-Reine et Villejuif, et la

---

[1] « Il vient d'arriver un courrier de Rethel qui dit y avoir laissé M. le duc de Lorraine avec une partie de ses troupes. M. de Sablonnières et M. de Beaujeu (l'un envoyé du roi, et l'autre du duc d'Orléans) marchent avec lui comme s'ils agissaient pour de mêmes intérêts; cette société met beaucoup de gens en doute de ce que l'on en doit espérer, mais celui qui en a porté la nouvelle assure que les bonnes intentions sont pour nous. » (*Lettres et Mémoires de Turenne,* nouvelles du 27 avril.)

terreur se répandit dans la banlieue de Paris. Les paysans se réfugiaient dans la ville avec leurs meubles et leurs bestiaux. Condé, pour rassurer les bourgeois, fit une sortie et s'empara de Saint-Denis; mais, le lendemain, les troupes royales reprirent cette ville, dont la population était attachée au roi, et y laissèrent garnison (11 et 12 mai).

Ces heureux succès firent résoudre la cour à assiéger Étampes, afin de « tâcher de dissiper le corps d'armée qui y était renfermé, qui était le fondement de la guerre civile ».

Le 25 mai, Turenne, débarrassé d'Hocquincourt, que Mazarin avait renvoyé, « non sans murmure de sa part, » dit Montglat, à son gouvernement de Péronne, sous prétexte que les Espagnols s'en approchaient, arriva sous les murs de la ville, et, « avant qu'il fût nuit, il s'empara de toutes les maisons qui sont hors la ville. » La garnison était de sept mille hommes; l'armée royale, qui n'était que de dix mille, n'était pas assez forte pour faire un siège dans toutes les formes; aussi n'attaqua-t-on que d'un côté; la tranchée ne fut ouverte que de celui d'Orléans. La circonvallation d'Étampes était trop grande à faire. « Les troupes françaises de Monsieur et de M. le prince étaient des gens d'élite; il n'y avait pas un homme de rebut, ni pas un officier de manque, que ceux qui avaient été blessés à l'attaque du faubourg ou au combat de Bléneau [1]. »

Les assiégés se défendirent vaillamment. En vain le roi était-il venu en personne devant la place; elle n'avait pas voulu se rendre, et même une batterie de fauconneaux avait tiré sur Louis XIV, tandis qu'il examinait l'état des fortifications.

La récolte de la Beauce de l'année précédente, amassée dans Étampes, assurait l'existence des assiégés; mais ils commençaient à manquer de fourrages, quand on apprit l'arrivée du duc de Lorraine. Turenne pressa alors les travaux du siège. Il emporta les dehors, et risqua plusieurs assauts qui ne réussirent pas. Il était tellement dépourvu des objets nécessaires, que la cour fut obligée de lui envoyer des chevaux pour le service de l'armée. Le duc de Lorraine avait passé la Marne à Charenton et pris ouvertement parti pour les princes. Un rapport de Turenne au

---

[1] *Mémoires de Mlle de Montpensier.*

cardinal ne fut peut-être pas étranger à la détermination du duc. « J'ai mis si bon ordre à tout, écrivait Turenne, et tellement bouché les avenues, que Son Altesse de Lorraine, prudente comme elle est, ne se hasardera jamais à vouloir passer la Marne. » Le courrier fut pris et la lettre lue par le prince de Lorraine, qui, vivement froissé, la renvoya au maréchal, après avoir écrit au dos : « M. de Lorraine passera en dépit de tout le monde. » Il fit marcher son armée sur la Brie et vint à Paris, où il entra le 2 juin, à dix heures du soir, entre Gaston et Condé, qui l'accueillirent comme « le salut du parti ». Turenne, qui n'avait pas de lignes de circonvallation, se vit obligé de lever le siège (7 juin).

Charles IV aussitôt fit valoir auprès des princes qu'ayant été appelé pour faire lever le siège d'Étampes, il se considérait comme dégagé de ses obligations, et, de son camp de Villeneuve-Saint-Georges, il recommença à négocier avec la cour. Turenne, néanmoins, poursuivit ses opérations; il passa la Seine à Corbeil, le 14; traversa la forêt de Senart et se trouva en présence du duc vers deux heures de l'après-midi; mais il ne put l'attaquer, à cause d'une rivière, l'Yères, qui le couvrait. Impatient de combattre, Turenne côtoya le ruisseau pour trouver un gué ou un pont. Laissant les forêts sur sa gauche, il défila devant l'ennemi, pendant la nuit, avec une audace dont il s'étonne lui-même. « Si l'armée des princes eût joint celle des Lorrains, les choses étaient dans une situation si critique que deux ou trois heures auraient pu changer la face des affaires. » Son dessein était que, dans ce cas, la cour se servît de l'armée royale « pour l'escorter à Lyon »; heureusement l'armée rebelle ne vint pas. Le matin, Turenne était à Grosbois. Le Lorrain continua « à négocier, à son ordinaire, » au lieu de se battre. Turenne ne se laissa pas arrêter un moment par ces pourparlers diplomatiques. Il fallait attaquer le duc pendant qu'il était seul, « toutes les affaires de France dépendant de là. » L'armée lorraine était dans une situation excellente, « où une petite armée pouvait en combattre une bien forte avec avantage, » comme Turenne le reconnut dans la suite. Il prit néanmoins ses dispositions pour le combat, coupa court à toutes les négociations en faisant signifier au duc qu'il allait le charger sur l'heure. Le duc d'York, qui servit d'intermédiaire en cette rencontre, porta cet ultimatum à Charles IV, qui commanda, devant lui, à ses canonniers, de faire feu sur les troupes royales. Mais ils s'en gardèrent bien ; ils avaient auparavant reçu l'ordre de ne pas tirer, sous peine de la vie, et Charles IV se décida à signer un traité par lequel il s'engageait à cesser les hostilités et à sortir de France en douze jours, suivant un itinéraire déterminé.

Aussitôt le traité signé, les Lorrains s'engagèrent dans de longs défilés que commandaient les canons français. Cette circonstance fut heureuse pour l'armée royale; car à ce moment l'armée des princes apparaissait sur des hauteurs voisines, et, si la position du duc de Lorraine eût été bonne, ce prince perfide eût peut-être engagé un combat dont l'issue aurait pu devenir fatale au parti de la cour. L'armée d'Étampes, voyant Turenne entrer dans le camp du duc de Lorraine, traversa Paris et se logea à Saint-Cloud.

« Après que l'armée du roi eut séjourné deux jours à Villeneuve, elle en partit le 21 juin et marcha vers Lagny, où elle passa la rivière le 1er juillet, et se logea près de Dammartin, afin d'empêcher le passage d'un corps de troupes, qu'on disait devoir arriver de Flandre, en coulant le long de la rivière d'Oise; M. le prince même s'était saisi de Poissy, afin de lui donner moyen de le joindre. La cour, après avoir demeuré quelque temps à Melun, s'en vint à Lagny, où M. le maréchal de la Ferté vint la joindre avec trois mille hommes, et arriva à Saint-Denis le 28 juin, sur les huit heures du soir; le roi et la reine furent reçus à la Commanderie, maison de l'enclos du monastère de l'abbaye. De là Leurs Majestés allèrent faire un tour de promenade dans le jardin, où, les maréchaux de Turenne et de la Ferté étant venus les saluer, il y eut un conseil de guerre au même lieu; Monsieur, frère unique du roi, y assista avec le cardinal Mazarin, le duc de Bouillon et le maréchal du Plessis-Praslin [1]. » Turenne se rapprocha alors de Paris et vint camper à la Chevrette, à une lieue de Saint-Denis.

L'armée des princes, réduite à cinq mille hommes environ, était campée entre Surennes et Saint-Cloud. Le pont, dont Condé disposait, lui permettait, soit de tenir tête à Turenne, en faisant passer ses troupes, selon les besoins, tantôt d'un côté de la rivière, tantôt de l'autre, soit de lui

---

[1] Dom Félibien, *Histoire de l'abbaye de Saint-Denis.*

échapper en cas d'insuccès. Quoique le maréchal eût une armée double en nombre, elle était insuffisante pour accabler Condé dans ces conditions. Résolu à en finir, Mazarin n'hésita pas à dégarnir toutes les frontières et à former une nouvelle armée, égale à celle de Turenne, dont il donna la conduite au maréchal de la Ferté.

Turenne avait en secret préparé un pont à Épinay. Une île, qui se trouve au milieu du fleuve, facilita sa tâche. Les troupes de la Ferté devaient passer la Seine et attaquer Condé dans son camp, tandis que le corps de Turenne devait agir sur l'autre rive. Les mesures des deux généraux étaient excellentes; mais, à la vue du pont d'Épinay, le prince pénétra le dessein de Turenne. Il vint avec quelques escadrons pour empêcher le passage; il échoua. Le plus sûr moyen de prévenir sa ruine eût été de chercher un asile à Paris; mais la population était irritée contre lui. Il résolut de se porter à l'est de Paris, à Charenton, où il serait couvert par la Marne et la Seine.

Ce mouvement fut exécuté avec rapidité. A l'entrée de la nuit, toute l'armée de Condé décampa. En moins de deux heures elle se trouva réunie sur la rive droite de la Seine. Elle traversa le bois de Boulogne, descendit au Cours-la-Reine et se présenta à la porte de la Conférence, espérant pouvoir traverser Paris. La garde bourgeoise ayant refusé d'ouvrir, elle tourna sur sa gauche, atteignit la porte Saint-Honoré et côtoya extérieurement les remparts jusqu'à la porte Saint-Denis. Le prince de Condé était resté en personne à l'arrière-garde. Turenne, averti de ce mouvement, fit avancer de l'artillerie et se mit avec quelques escadrons à la poursuite de Condé. Il passa par Saint-Denis et la Chapelle, et, sur les six heures, il rejoignit et culbuta, à la hauteur de la porte Saint-Denis, les dernières troupes de Condé. Celui-ci vit bien qu'il ne pourrait éviter le combat; il s'y disposa et sut merveilleusement choisir son terrain. Il s'établit devant la porte Saint-Antoine, dans un véritable camp retranché construit par les bourgeois, quelques semaines auparavant, pour défendre aux bandes redoutées du prince lorrain l'accès de Paris. Il n'y avait que ce lieu-là, dans toute la marche qu'il voulait faire, qui pût le garantir d'un désastre complet.

Devant la porte Saint-Antoine se trouvait une vaste place, dans laquelle débouchaient trois rues principales, celles de Charenton, de Saint-Antoine et de Charonne, formant une patte d'oie. De nombreuses rues de traverse réunissaient ces trois grandes voies et rendaient les communications faciles entre elles. M. le prince fit arrêter ses bagages sur la place et construire quelques barricades nouvelles. On crénela les maisons. Le duc de Nemours eut à défendre la rue de Charenton, M. de Vallon celle du faubourg, M. de Tavannes celle de Charonne; le prince, avec le duc de la Rochefoucauld, le prince de Marsillac et cinquante de ses plus braves compagnons, forma un escadron d'élite pour se porter sur les points les plus menacés.

A sept heures du matin, les armées étaient prêtes à en venir aux mains. Pour éviter les méprises, si faciles dans cette lutte de Français contre Français, Condé fit mettre à ses soldats un bouquet de paille au chapeau; Turenne, un morceau de papier. Condé, pressé comme dans un étau entre les murs de Paris et une armée triple en force, devait être écrasé. Turenne, absolument sûr du succès, ne voulait pas engager l'action sans avoir toutes ses forces sous la main. Le roi et Mazarin, des hauteurs de Charonne, se préparaient à contempler la défaite des rebelles. Dans leur impatience, ils envoyaient à Turenne l'ordre de livrer bataille, « comme s'il n'y avait eu qu'à avancer pour défaire entièrement les ennemis. » Turenne répondait qu'il n'avait point de canons et peu d'infanterie; que les soldats ne pouvaient enfoncer des retranchements et des barricades sans autres outils que leurs mains; que, l'ennemi ne pouvant plus échapper, il fallait attendre l'arrivée du maréchal de la Ferté avec l'artillerie et le gros de l'armée.

Pour écraser Condé, il ne fallait qu'un peu de patience; mais Mazarin ne sut pas attendre. Le duc de Bouillon, qui se trouvait à ses côtés, vit que la lenteur de son frère était mal interprétée. Dans l'entourage du cardinal, il entendait vaguement parler de trahison; il se rendit auprès du maréchal et lui conseilla de faire céder les considérations militaires aux considérations politiques, et d'attaquer sans délai. Turenne s'y résigna. Il prit le commandement du centre, confia l'attaque de droite à Saint-Maigrin, jeune homme plein d'ardeur, qu'une inimitié personnelle animait contre M. le prince, et celle de gauche à Navailles. Saint-Maigrin, qui attaqua le premier, emporta d'abord la barricade de la rue de Charonne, et une lutte terrible s'engagea entre les mousquetaires de M. le prince et les gardes-françaises. Les mousquetaires, retranchés dans les maisons des deux côtés de la rue, furent successivement attaqués dans chaque maison. On se battait à chaque étage, dans chaque pièce. Les gendarmes et les chevau-légers, engagés témérairement par le bouillant Saint-Maigrin, arrivèrent jusque auprès du prince. Mais, à ce moment, Condé chargea lui-même avec sa réserve. Saint-Maigrin, Mancini, neveu du cardinal, furent tués. Les gendarmes et les chevau-légers, rompus, prirent la fuite; les gardes-françaises, sans appui, évacuèrent les maisons dont ils s'étaient emparés et furent décimés par le feu des mousquetaires. Du côté opposé, Nemours contint la cavalerie de M. de Navailles, qui s'était imprudemment engagée dans la rue de Charenton sans attendre son infanterie, et la fit reculer. Mais c'était dans la grand'rue, au centre de la bataille, que se portaient les plus grands coups. Turenne, bien supérieur en nombre, s'avança lui-même avec résolution, prudence et fermeté. Il s'empara de la barricade établie en face de l'abbaye de Saint-Antoine, malgré la résistance de Vallon et de Clinchamp, qui furent blessés. Condé, averti, accourut avec ses intrépides compagnons; deux fois la barricade fut prise et reprise. Elle était aux mains de Condé, quand la grande chaleur du jour et la lassitude du combat amenèrent une trêve de quelques instants. Condé, étouffant dans son armure, se fit « désarmer et débotter, se jeta tout nu sur l'herbe d'un pré, se tourna et vautra comme les chevaux qui se veulent délasser, puis il se fit r'habiller et armer pour achever la bataille [1] ».

Cette courte suspension d'armes avait été profitable à l'armée royale, qui avait reçu des renforts et du canon, et qui reprit l'offensive avec des troupes fraîches et nombreuses. Turenne fit tourner, par des rues latérales, la barricade que défendait Condé. Le prince, menacé d'être enveloppé, l'abandonna; mais Beaufort, qui venait de sortir de Paris, la Rochefoucauld, Nemours et le jeune Marsillac, avec quelques personnes de qualité, entreprirent néanmoins de la défendre et s'y maintinrent courageusement. Ils allaient succomber, quand, à la nouvelle du danger qu'ils couraient, Condé, suivi de ce qui lui restait de gentilshommes, se porta à leur secours et les dégagea. Ne-

---

[1] *Mémoires de Conrart.*

mours avait reçu treize coups dans ses armes ; la Rochefoucauld, atteint d'une balle qui lui avait traversé la tête au-dessous des yeux, avait perdu la vue et se retirait, en chancelant, sur les bras de son fils. Beaufort seul faisait encore face à l'ennemi. M. le prince assura leur retraite.

Pendant ce temps, le maréchal de la Ferté était enfin arrivé avec sa grosse artillerie ; des batteries placées dans les trois rues principales écrasaient l'armée des princes. Les portes de Paris demeuraient obstinément fermées. Condé, qui se battait en désespéré, semblait perdu, quand une circonstance fit tout changer. Une volée de canon, partie des remparts de la Bastille et dirigée contre les troupes royales, lui rendit l'espoir. Au même moment, un écuyer vint l'avertir que Mademoiselle l'attendait dans une maison attenante aux murs de la ville. Elle avait vaincu l'obstination des Parisiens, et la capitale offrait aux débris de l'armée de Condé un refuge assuré.

Condé, rentré dans Paris, sentit qu'il avait perdu les sympathies de la population. Il eut recours, pour les reconquérir, à un affreux guet-apens. Une réunion solennelle avait été convoquée à l'hôtel de ville par les princes ; elle se termina par le massacre des députés de la bourgeoisie et l'incendie du palais. Le peuple, terrifié, mit de la paille au chapeau ; mais, au bout de dix jours, il se rassemblait et demandait la paix et le retour du roi.

Pendant ce temps, l'armée espagnole se dirigeait sur Paris. Le duc de Lorraine la joignit à Fismes. Le duc, par extraordinaire, avait tenu sa parole. Il s'était engagé, par le traité de Villeneuve-Saint-Georges, à quitter le royaume. Il en sortit, en effet ; mais, arrivé au bourg de Veneau-les-Dames, qui était à l'entrée du Barrois, hors de la frontière de France, fier d'avoir satisfait, pour la première fois peut-être, à un engagement pris par lui, il fit tirer deux coups de canon, et, la conscience en repos, il rentra en Champagne avec toutes ses troupes. Les Espagnols le quittèrent à Laon ; mais ils lui laissèrent un renfort de trois mille chevaux allemands, commandés par le prince Ulrich de Wurtemberg. Il se dirigea à petites journées vers Paris, enrichissant, comme toujours, son armée de pillage. La cour, désespérée, pensa à se retirer à Rouen : « la Normandie ne voulut point recevoir le roi. » On résolut alors de s'en aller à Lyon. Turenne « dit aussitôt que tout était perdu si on prenait cette résolution ». Le cardinal « donna dans son sens », et persuada la reine, « qui n'a jamais trouvé de conseil trop hasardeux, » d'aller avec la cour à Pontoise, tandis que l'armée irait à Compiègne.

Pendant que la cour était à Pontoise, le roi ordonna (6 août) la translation du parlement dans cette ville. Deux présidents et onze conseillers seulement obéirent à cet appel. Ces treize magistrats se réunirent sous la présidence de Matthieu Molé; ils n'étaient d'ailleurs guère plus *mazarins* que leurs confrères restés à Paris. Ils représentèrent au ministre qu'il dépendait de lui de rétablir la tranquillité publique; que sa présence servant de prétexte aux factions, elles seraient dissipées par sa retraite, et ils le déterminèrent à s'éloigner temporairement. Sûr de l'assentiment du ministre, le parlement de Pontoise fit au roi de très humbles remontrances sur la présence de Mazarin à la cour, et le supplia de donner la paix à son peuple en l'éloignant. Le roi approuva ces dispositions, le 12 août, et le cardinal, ayant fait donner la direction des affaires à le Tellier et à Servien, ses amis fidèles, ayant remis au roi une instruction pour toute sa conduite, et comptant sur l'affection de la reine, partit bien accompagné, le 22 août, et se retira à Bouillon.

Le duc de Bouillon était mort le 9 août, à Pontoise, après une maladie de quatorze jours. C'était un politique et un homme de guerre du premier ordre, actif, ambitieux, capable de grandes choses. Turenne « fut touché très sensiblement de cette perte, ayant toujours aimé son frère et ayant été aimé de lui très parfaitement ».

Mais les nécessités publiques ne lui laissèrent pas le temps de s'appesantir sur sa douleur. Turenne, qui avait campé un mois auprès de Gonesse, fit marcher son armée vers Dammartin pour se mettre entre Paris et l'armée lorraine, à laquelle il voulait barrer le passage de la Marne. Il avait été averti à temps de l'endroit où les Lorrains la voulaient passer; « mais, comme on se relâche quelquefois, » il ne pressa pas assez sa marche et il arriva trop tard. Il se replia alors en toute hâte sur Villeneuve-Saint-Georges, et y parvint au moment où les fourriers de l'ennemi y entraient pour marquer le logement de leur armée : il ne put toutefois empêcher la jonction des troupes des princes avec l'armée lorraine, qui s'effectua quelques jours après à Ablon. Les généraux réunis « résolurent de s'approcher près M. de Turenne, qui, tenant Corbeil, Melun et tout le dessus de la rivière, ne manquait de rien; au lieu que les confédérés, qui étaient obligés de chercher à vivre aux environs de Paris, pillaient les villages et renchérissaient par conséquent les denrées de la ville. Cette considération, jointe à la supériorité du nombre qu'ils avaient sur M. de Turenne, les obligea à chercher les occasions de le combattre. Il s'en défendit avec cette capacité qui est connue et respectée de tout l'univers, et le tout se passa en rencontres de partis et en petits combats de cavalerie qui ne décidèrent rien [1] ».

Napoléon s'étonne beaucoup de la conduite de Turenne en ces circonstances. « Son séjour au camp de Villeneuve-Saint-Georges, pendant six semaines, devant deux armées supérieures en force, est bien hasardeux; quel motif a pu le porter à courir un tel danger? Son camp n'était pas tellement fort qu'il ne pût être forcé, ce qui aurait entraîné la ruine de son armée et celle du parti de la cour. Sa position paraissait tellement critique qu'elle a retardé la soumission de Paris. »

L'explication de la conduite du maréchal en cette circonstance paraît assez facile à donner. Il connaissait le caractère du duc de Lorraine, très désireux, nous l'avons dit, de faire acheter son concours, mais peu soucieux de faire combattre son armée; de plus, en ce moment, une réaction très vive se produisait à Paris contre les princes. Beaufort lui-même avait perdu toute popularité. L'assemblée des colonels de la garde bourgeoise ayant, à la fin de septembre, défendu de laisser sortir de la ville des vivres ou des munitions pour l'armée des princes, Beaufort en personne se promena de porte en porte avec un chariot chargé; les officiers refusèrent tous de le laisser passer, et le roi des halles rentra piteusement chez lui avec son chariot. Il importait d'être à proximité de la capitale pour profiter du mouvement des esprits quand le moment serait venu. Enfin, Turenne, « fort grand capitaine, dit Mademoiselle, et celui de ce temps-là qui est le plus vanté pour savoir bien prendre son parti et éviter de combattre quand il croit ne pouvoir le faire avantageusement, » espérait bien pouvoir choisir le moment du combat et peut-être l'éviter. Il se maintint à son poste jusqu'au 4 octobre; puis, comme les fourrages manquaient, il jeta quatorze ponts sur

[1] *Mémoires du cardinal de Retz.*

l'Yères, fit partir tout son bagage au commencement de la nuit du 4 au 5, dissimula à l'aide du tumulte causé par des cris de joie qu'il faisait pousser par ses soldats autour des feux de bivouac, à l'imitation de l'armée des princes, le bruit des chevaux, des chariots et des canons en marche, et partit lui-même dans la nuit. Une heure avant le jour, l'armée des princes s'aperçut, mais trop tard, que l'armée royale avait décampé. Condé était à Paris, malade. Averti au point du jour, il entra dans une violente colère. « Il faudrait donner des brides à Tavannes et à Vallon, s'écriat-il, ce sont des ânes. » Dès sept heures du matin, oubliant sa maladie, il accourait à son camp, accompagné du duc de Lorraine, et détachait divers partis à la poursuite de Turenne. Ils ne purent joindre que l'arrière-garde, avec laquelle ils engagèrent quelques escarmouches; mais le gros de l'armée royale, protégé par des redoutes que Turenne avait fait construire à l'avance sur une hauteur par M. de Vaubecourt, s'était mis à l'abri sous les murs de Corbeil. L'armée ne s'y arrêta pas, elle se dirigea vers Meaux et alla ensuite se poster auprès de Senlis.

« Condé, environné de conseils dictés par les divers intérêts de ceux qui suivaient sa fortune, était dans l'agitation la plus vive qu'il eût éprouvée jusqu'alors. Ceux qui cherchaient à lui inspirer des sentiments contraires à son repos, après lui avoir persuadé qu'il ne devait plus se fier à la cour, lui firent naître l'envie d'imiter le duc de Lorraine. Cette idée flatta son imagination; il voyait que ce duc, dépouillé de ses États et avec de moindres avantages que les siens, s'était rendu considérable par son armée et par son argent. Il crut qu'ayant des qualités qui le mettaient au-dessus de lui en toutes choses, il ferait des progrès à proportion, et que, pour y parvenir, il n'avait qu'à prendre un genre de vie conforme à son humeur active [1]. »

Le 15 octobre, le prince prit son parti. Il quitta Paris en le maudissant et en lui promettant bonne guerre. Un temps d'indécision suivit son départ. Turenne, auquel, de son propre aveu, paraît avoir appartenu l'initiative de toutes les grandes résolutions de ces temps troublés, laissa à Senlis son armée sous les ordres de la Ferté, et vint à Saint-Germain, où était la cour, pour la décider à rentrer à Paris. Le roi, qui avait donné deux édits d'amnistie,

---

[1] *Mémoires de M. de****, collection Michaud.

l'un le 16 août, l'autre le 26 septembre, qui savait qu'il serait bien accueilli par le peuple, hésitait à faire sa rentrée dans Paris. Turenne répondit de tout.

Le lundi 21 octobre, le roi partit de Saint-Germain et vint dîner à Saint-Cloud. Il envoya en avant le jeune Sanguin, son maître d'hôtel ordinaire, porter au duc d'Orléans et à Mademoiselle l'ordre de quitter Paris. Mademoiselle obéit sur l'heure; mais le duc se refusa à sortir. Sanguin, en revenant, rencontra le roi dans le bois de Boulogne. La reine fut surprise quand elle apprit le refus que Monsieur faisait d'obéir, et elle fit arrêter son carrosse pour consulter sur ce qu'il y avait à faire. On faisait au duc d'Orléans l'honneur d'avoir peur de lui! « Mais le maréchal de Turenne la fit avancer et lui dit qu'il fallait tenir conseil en marchant, afin que le peuple de Paris, qui était venu au-devant du roi, ne connût point son étonnement. Il dit que dans les grandes affaires il fallait payer de hardiesse, et que si le peuple remarquait la moindre crainte, il serait capable, dans son inconstance ordinaire, de retourner du côté de Monsieur. On continua donc de marcher, et on dépêcha le duc de Damville pour lui dire que si le roi apprenait, en arrivant à Paris, qu'il n'eût pas obéi, il irait descendre chez lui avec son armée pour lui apprendre le respect qu'il devait avoir pour ses commandements [1]. » Turenne savait comment il fallait prendre le duc d'Orléans. Le pauvre Gaston « dit au duc de Damville qu'il était bien tard et qu'il ne savait où aller coucher [2] ». On lui permit de coucher chez lui, et il partit le lendemain matin à quatre heures pour Limours. A la barrière, le roi monta à cheval pour faire son entrée à Paris. Il arriva au Louvre à sept heures et demie, et sur tout le trajet il fut acclamé comme un libérateur.

Dès le 24 octobre, Turenne rejoignait à Senlis son armée, qui ne comptait que dix mille hommes. Ses projets consistaient à suivre pas à pas et à rejeter hors du royaume les armées du prince de Condé et du duc de Lorraine. Ces deux corps combinés s'éloignaient volontairement de Paris, sans avoir néanmoins l'intention de passer la frontière de France; leur but était de se mettre à portée de recevoir l'appui de l'armée d'Espagne, commandée par le comte de Fuensaldagne. Turenne jugeait ses troupes trop faibles

---
[1] *Mémoires de Montglat.*
[2] *Ibid.*

pour se mesurer avec une armée qu'il évaluait à vingt-cinq mille hommes. Cette disproportion numérique et la présence de Condé expliquent la lenteur de sa marche le long de la Marne, qu'il remonta avec prudence en s'approchant de Châlons. Condé mit à profit cette réserve forcée, s'empara de Château-Porcien, de Rethel, et entreprit le siège de Sainte-Menehould.

Turenne alors demanda à le Tellier des renforts et de l'artillerie. Il essaya de jeter des secours dans Sainte-Menehould ; deux cents hommes seulement réussirent à y pénétrer. Le gouverneur, le comte de Sainte-Maure, tint énergiquement, mais la place était mauvaise ; l'explosion de deux fourneaux, qui ouvrirent une large brèche, l'obligea à capituler le 13 novembre.

Le prince de Condé attaqua Bar-le-Duc, qui ne tint qu'un jour. Cette courte résistance dérangea les plans de Turenne. Il comptait tirer avantage de la mauvaise position que devait prendre une armée forcée, par la configuration de la place, la ville étant divisée en haute et basse, de se séparer en deux corps pour les opérations d'investissement et d'attaque. « Il est très constant que si le siège eût un peu duré, comme il le devait selon toutes les apparences, M. le prince ne pouvait pas sauver son canon, et il est vraisemblable que son armée ne se fût pas retirée bien aisément. »

N'ayant pu obtenir l'avantage décisif qu'il espérait, le maréchal se rapprocha de Condé, qu'il suivit pas à pas, le poussa vigoureusement, le contraignit à prendre ses quartiers d'hiver dans le Luxembourg, et reprit Bar, Château-Porcien et Vervins. Un froid excessif vint interrompre les opérations. Une partie de l'armée se cantonna en Champagne, l'autre s'en alla dans le Poitou. Turenne revint à Paris, où il arriva deux jours après le roi, qui venait de faire un voyage à Lyon.

La Fronde était finie. Il était passé, « ce temps de désordre et de trouble, où l'esprit ténébreux de discorde confondait le droit avec la passion, le devoir avec l'intérêt, la bonne cause avec la mauvaise ; où les astres les plus brillants souffrirent presque tous quelque éclipse, et les plus fidèles sujets se virent entraînés malgré eux par le torrent des partis[1]. » Ce fut une triste époque. L'historien

---

[1] Fléchier, *Oraison funèbre de Turenne.*

qui étudie ces temps troublés n'y rencontre qu'un conflit attristant des plus basses passions de l'humanité. Chez les grands, égoïsme et cupidité, soif de richesse et de pouvoir, efforts désespérés pour revenir au régime qu'avait si fortement combattu Richelieu ; dans la magistrature, recherche d'une popularité malsaine, ambition et désir immodéré de s'ingérer dans les affaires publiques ; dans le peuple, enfin, esprit de révolte et de sédition, avec cette mobilité excessive d'idées et d'opinions qui semble le fond de la nature française. La fronde, qui n'a rien produit de grand et de fort, a arrêté la fortune de la France. Tandis que notre malheureux pays se déchirait dans des luttes stériles et criminelles, l'Espagne, épuisée, qu'une campagne vigoureuse eût contrainte à nous livrer les Pays-Bas, reprenait haleine et préparait les ressources avec lesquelles un prince de sang français allait, pendant cinq ans, tenir en échec les forces de la France.

CHAPITRE IV

Guerres en Flandre (1653-1659).

Mazarin, au pouvoir, se montra reconnaisant envers Turenne. A peine de retour à la cour, il le fit nommer ministre d'État (février 1653) et peu après lui fit obtenir le gouvernement du haut et bas Limousin. Le nouveau gouverneur prêta serment entre les mains du roi le 16 juin 1653, et ses lettres de provision furent enregistrées au parlement de Guyenne au mois de décembre de la même année.

En 1653, « comme on était rentré fort tard dans les quartiers d'hiver, tant du côté des Espagnols que de celui du roi, on ne se mit en campagne qu'assez avant dans le mois de juin. » La France, fatiguée par cinq années de guerre civile, reprenait haleine avant de recommencer la lutte. L'Espagne, de son côté, rassemblait des forces considérables afin de pouvoir écraser son ennemi, qu'elle croyait épuisée. Philippe IV et don Louis de Haro voulaient en outre profiter du précieux concours que leur offraient les talents de Condé, et lui fournir une armée digne de lui. L'empereur, gagné par eux, laissa, contrairement au traité de Westphalie, passer en Belgique, par petites bandes, des soldats allemands en grand nombre, et deux grands corps d'armée qui, réunis, se montaient à vingt mille fantassins et quatorze mille chevaux, et se formèrent peu à peu, l'un sur la Sambre, derrière la Capelle, l'autre dans le Luxembourg.

Turenne fut prêt le premier. La ville de Rethel, appuyée par la Capelle et Stenay, dominant la vallée de l'Aisne, donnait aux Espagnols une base d'opérations très avantageuse. Elle assurait leurs communications avec le Luxembourg, et leur ouvrait l'accès de la Champagne et de l'Ile-de-France. Avec une précision et une sûreté de coup d'œil étonnantes, Turenne calcula le temps nécessaire aux ennemis pour réunir leurs forces divisées; deux à trois jours d'hésitation sur le parti à prendre, quatre à cinq jours au moins pour l'exécution du parti qui aurait été pris, cela lui donnait « huit ou neuf jours de sûreté pour entreprendre le siège de Rethel, sans avoir l'armée des ennemis sur les bras ». Il entreprit le siège avec la moitié seulement de l'armée du roi, et prit la ville en quatre jours (5-9 juillet).

Ce revers obligea les ennemis à changer leur plan de campagne. Ils se dirigèrent vers la Picardie et pénétrèrent entre l'Oise et la Somme avec trente mille hommes et trente à quarante canons, laissant à Cambrai un fort détachement avec mission d'assurer leur approvisionnement. L'armée française, composée des corps de Turenne et du maréchal de la Ferté, n'avait que dix mille hommes de cavalerie et sept mille fantassins à leur opposer. La disproportion des forces était telle, que « toute l'armée voulait se borner à suivre la rive gauche de l'Oise pour couvrir Compiègne, Creil et Pont-Sainte-Maxence », et à défendre la route de Paris. Les esprits étaient très agités à Paris; Bordeaux était en armes. L'approche de Condé de la capitale pouvait avoir des effets désastreux. Turenne, néanmoins, fut d'un avis opposé. Il jugea que cette conduite amènerait la perte de la Picardie, et pensa qu'il valait mieux « passer la rivière d'Oise du même côté qu'étaient les ennemis, se loger à deux heures d'eux dans un camp fort sûr ». De cette manière, il empêchait l'ennemi de tenter aucun siège important, « lui donnant à juger que l'on arriverait toujours douze ou quinze heures après lui devant la place qu'il voudrait assiéger. » Il est vrai que le parti était audacieux, l'ennemi ayant une supériorité numérique très grande. « Mais quand on a une bonne armée, quoique plus faible, et que l'on prend bien garde comme on campe et aux mouvements de l'ennemi, c'est le parti le plus assuré. » C'est celui qui fut adopté dans un grand conseil de guerre, qui eut lieu à la Fère, et auquel assistaient le roi et le cardinal. Le maréchal se porta donc à la rencontre de l'ennemi et se posta à Ribémont.

Les Espagnols, campés à Fonsommes, se mirent en marche le 1er août; ils prirent Roye en deux jours (3-5 août); « l'on ne songea pas à secourir la place, n'étant qu'une petite ville qu'on ne pouvait pas garder. » Turenne conçut un plan plus hardi : il longea l'Oise, campa le 3 à Fargniers, le 5 à Noyon; et, averti qu'un convoi considérable partait de Cambrai pour le camp ennemi, il passa la Somme à Ham et s'établit à Menancourt, entre les Espagnols et Cambrai. Le détachement espagnol qui était dans cette ville devait en sortir pour rejoindre l'armée. Il sortit, en effet, avec le convoi; mais il fut prévenu à temps, avant de rencontrer les Français, et rentra précipitamment dans la place. L'ennemi ne recevait plus de convoi, et en quelques jours son armée manqua de tout. Fuensaldagne, général prudent et timide, évacua Roye et repassa la Somme, le 11 août, à Sailly et à Cerisy, entre Péronne et Corbie, sur des ponts de bateaux. Il n'essaya pas d'attaquer Corbie, que son gouverneur, Houdancourt, paraissait décidé à bien défendre, et où d'ailleurs Turenne avait envoyé un renfort de cinq cents chevaux, avec M. de Schomberg. Résolus à combattre, les Espagnols marchèrent droit à l'armée française, campée près de Péronne, au pied du mont Saint-Quentin. Le 13 août, ils firent une marche forcée, dépassèrent Bapaume dans la nuit, et arrivèrent à neuf heures du matin près de Péronne. Tous les éclaireurs français avaient été pris, l'on n'apprit l'arrivée des Espagnols que lorsque leurs avant-gardes se trouvèrent en présence du camp. Turenne, inquiet, et ne se sentant pas assez fort pour les attendre, voulut se retirer; mais le prince de Condé, s'étant avancé fort promptement, « trouva le maréchal de la Ferté, qui était, du côté que les ennemis venaient, en fort mauvaise posture. » Les maréchaux, en effet, n'avaient pas prévu la rapidité de la marche de

Condé. Turenne n'hésite pas à reconnaître que « l'armée du roi courait grand danger, les ennemis ayant toutes les hauteurs sur elle, et qu'assurément l'on aurait combattu ce jour-là avec mauvais succès ». Le prince de Condé, qui avait l'esprit fort présent et ne perdait jamais l'occasion de profiter des circonstances, fit dire à Fuensaldagne de marcher en diligence, et que les Français étaient à lui, s'il voulait; le comte délibéra longtemps. Pendant ces tergiversations, Turenne paya d'audace. Pour rassurer ses troupes, il marcha en avant et gagna un lieu accidenté où il rencontra une bonne position défensive, à une demi-lieue environ de celle qu'il quittait. Sa gauche s'appuyait à une montagne escarpée, près du village de Buires; son front était couvert par un petit ruisseau encaissé qui se jette dans la Somme à Péronne. Le seul endroit par lequel il pût facilement être attaqué fut rapidement protégé par quelques petits travaux de défense. La position étant très étroite, il plaça son armée sur cinq lignes, et se prépara au combat. A trois heures après midi les armées étaient de nouveau en présence; mais Fuensaldagne prétendit que son armée, épuisée par la marche et la chaleur, était trop fatiguée pour combattre, et, se croyant sûr de la victoire, il remit la bataille au lendemain. L'armée royale profita de ce répit pour se couvrir de retranchements. Au point du jour, les généraux espagnols reconnurent que l'attaque n'avait pas de chance de succès (13-14 août). Condé, irrité, « n'hésita pas à faire connaître, sans déguisement, que ce n'était pas ainsi qu'il prétendait être traité[1], » et il échangea avec Fuensaldagne des paroles violentes qui accentuèrent la mésintelligence existant déjà entre les généraux. Le prince n'avait guère qu'un titre nominal de commandant en chef. Les généraux espagnols, d'après les règlements, ne pouvaient rien faire sans l'avis du conseil de guerre, et les Espagnols formaient la majorité de ce conseil; ils n'étaient pas disposés à risquer grand'chose pour conquérir des places françaises qui devaient rester à Condé, suivant les conventions arrêtées entre lui et la cour d'Espagne. Les deux armées restèrent trois jours en présence; le 18, les Espagnols décampèrent. Sur ces entrefaites, l'archiduc Léopold vint prendre le commandement de l'armée ennemie. Son arrivée au camp ne fit qu'augmenter les rivalités

---

[1] *Mémoires de Lenet.*

et les dissentiments qui existaient entre les chefs. Condé, toujours orgueilleux, ne supportait pas la supériorité que le prince autrichien entendait bien s'arroger sur lui, et faisait à chaque instant éclater son mécontentement.

Les ennemis remontèrent la Somme pour assiéger Guise, et détachèrent un corps de trois mille hommes de cavalerie pour l'investir. Turenne avait à faire deux fois le chemin de l'armée ennemie pour y arriver; il fit une étape de sept lieues, jeta deux mille cinq cents hommes dans la ville, et prévint leur dessein. « Après avoir tenu beaucoup de conseils, et séjourné quinze jours » sans rien faire à Caulaincourt, village entre Ham et le Catelet, les Espagnols se décidèrent à quitter la Picardie le 1er septembre, et allèrent assiéger Rocroi. Turenne ne se sentit pas assez fort pour secourir cette place, et, pour compenser sa perte, qu'il considérait comme inévitable, il alla, avec le maréchal de la Ferté, assiéger Mouzon. Il cerna cette ville le 2 septembre, sans faire de lignes, et, bien qu'attaquée la dernière, elle fut prise quatre jours avant Rocroi, le 26 septembre. Il marcha aussitôt sur Rocroi; mais Montaigu, qui la défendait, avait été obligé de se rendre, le 30, à Condé. Le prince, d'après son traité avec l'Espagne, en prit possession. C'était auprès de cette ville que, dix ans auparavant, il avait remporté sa première victoire! Il y tomba malade, et « les ennemis se retirèrent plus avant dans leur pays » sans rien entreprendre. Les troubles de Bordeaux étant finis, il arriva des renforts de Guyenne à l'armée française. Turenne couvrit la Picardie et les places de Flandre, et la Ferté alla vers la Meuse aider au siège de Sainte-Menehould, que faisait du Plessis-Praslin; la ville se rendit le 25 novembre.

Les résultats de la campagne, qui s'était tout entière passée en manœuvres, avaient été magnifiques. Avec une armée inférieure de près de moitié, Turenne avait paralysé l'ennemi. L'armée française avait conquis trois places, l'ennemi une seule.

A la fin de l'année 1653, le duc de Lorraine, mécontent des conditions avantageuses que les Espagnols avaient faites à Condé, demanda ou que ce prince lui cédât quelques-unes des places qu'il possédait en Lorraine, ou qu'il partageât avec lui les conquêtes qui se feraient à l'avenir en France. Cette demande fut repoussée, et Charles IV se répandit en invectives contre les Espagnols, qu'il menaça

Bataille des Dunes, d'après Larivière.

d'abandonner s'ils ne faisaient pas droit à l'une ou à l'autre de ces deux demandes. L'archiduc n'hésita pas à le faire arrêter dans son palais et le fit conduire au château d'Anvers. Le duc, au désespoir, envoya au comte de Ligneville, qui commandait son armée, un billet caché dans un pain, qui finissait par ces mots : « Quittez promptement les Espagnols, tuez tout, brûlez tout, et souvenez-vous de Charles de Lorraine. » Fuensaldagne vint en personne du quartier des Lorrains, à trois lieues de Bruxelles, gagna les officiers et les soldats par des promesses et de l'argent, et les décida à rester au service de l'Espagne. Il ajouta que le duc François de Lorraine, frère du duc Charles, allait incessamment se mettre à leur tête. En effet, ce prince, qui était fort mal avec son frère, arriva d'Allemagne peu de temps après et prit le commandement des troupes lorraines. Le duc Charles fut conduit en Espagne, où il demeura prisonnier jusqu'à la paix des Pyrénées.

« L'hiver se passa sans qu'il y eût rien de considérable à la cour. » Le 6 juin, Louis XIV fut sacré à Reims, d'où quelques régiments partirent pour aller, sous le commandement de Fabert, faire le siège de Stenay. C'était Condé qu'on voulait atteindre, Stenay lui appartenait. Le jeune roi se rendit à Sedan. Turenne et la Ferté se postèrent entre la Champagne et la Picardie, afin de pouvoir marcher du côté où iraient les ennemis, qui se mettaient en mouvement sans qu'on pût deviner leur objectif.

L'armée française était auprès de la Ferté lorsqu'on apprit tout à coup qu'Arras avait été investi, le 3 juillet, avec trente mille hommes, par l'archiduc et Condé. Cette nouvelle causa une grande émotion. « Il n'y avait pas d'apparence que les ennemis fissent un siège aussi considérable que celui d'Arras. »

Cette ville, réunie depuis peu à la France (1640), était une place importante par le nombre de ses habitants, sa forte situation sur la Scarpe, sa grandeur et l'étendue de ses fortifications. Les habitants, se souvenant de la domination des Espagnols, leur étaient restés attachés. La garnison, peu nombreuse (deux mille six cents hommes), allait avoir à lutter contre une armée de trente mille hommes et une population mal disposée. Sans perdre un instant, les assiégeants établirent des lignes qui avaient six lieues de circuit ; ils n'épargnèrent aucun soin pour les rendre imprenables ; elles avaient douze pieds de largeur et dix de profondeur. En avant, du côté de la campagne, régnait un premier fossé, large de neuf pieds et profond de six. Tous les cent pas on établit des redoutes garnies d'artillerie. L'espace qui séparait l'avant-fossé des lignes était semé de douze rangs de trous disposés en forme d'échiquier, pour entraver la marche de la cavalerie. Une ligne de contrevallation devait arrêter les sorties de la garnison. L'armée entière et douze mille pionniers passèrent dix jours et dix nuits à ces travaux.

Avant que les lignes d'investissement fussent achevées, Turenne envoya trois détachements de cavalerie pour se jeter dans Arras. Ces différents corps, commandés par Saint-Lieu, d'Esquencourt et Créqui, furent chargés et mis en déroute; mais tous les trois parvinrent à faire pénétrer dans la ville une partie de leur effectif.

L'armée royale ne comptait, en ce moment, que quatorze mille hommes. Turenne ne jugea pas à propos de risquer une bataille dans un pays découvert; il « ne fut point de l'opinion commune qu'il faut faire agir les Français d'abord, persuadé qu'ils ont la même patience que les autres nations quand on les conduit bien ». Il attendit donc des renforts et résolut de se porter entre les ennemis et Douai, d'où ils tiraient tous leurs vivres.

Le 15 juillet, il leva son camp, et, le 17, il arrivait à Mouchy-le-Preux, village distant d'Arras d'environ une lieue et demie et à portée de canon des lignes de circonvallation. L'armée, qui comptait alors seize mille hommes, y prit position. Elle avait son aile droite appuyée sur la Scarpe, sa gauche sur le Cogeul, petit ruisseau qui descend à Arleux, et se trouvait dans une bonne situation couverte sur ses flancs et à cheval sur la route de Bouchain et Valenciennes. Turenne protégea son front par de grands retranchements, et « les choses restèrent quelque temps dans cette assiette ». La présence de l'armée de secours avait donné du courage aux assiégés, bien pourvus et bien approvisionnés d'ailleurs. Pendant un mois « on ne s'appliqua qu'à empêcher les convois, sans essayer de forcer les lignes ». L'armée de Turenne et les garnisons des villes voisines inondaient la campagne de détachements de cavalerie, pour gêner les communications des Espagnols, ce qui donna lieu à un grand nombre d'escarmouches et d'engagements sans grande conséquence.

Au bout de quelque temps, les assiégeants commencèrent à souffrir, tandis que l'armée royale était dans l'abondance. Condé voulait quitter le siège avec toute l'armée et faire un vigoureux effort pour écraser Turenne ou le forcer à s'éloigner. Les Espagnols s'y refusèrent ; ils se croyaient à l'abri de toute attaque dans leurs lignes.

Les assiégés se défendaient avec bravoure, et Turenne put attendre la fin du siège de Stenay. Cette ville capitula le 6 août, et le maréchal d'Hocquincourt, qui l'avait prise, amena son armée à marches forcées sur Arras. Turenne se rendit au-devant de lui avec deux mille chevaux, et les deux maréchaux se rencontrèrent le 17 août. Le 19, ils campèrent à Aubigny, prirent la ville de Saint-Pol et l'abbaye du Mont-Saint-Éloi, que défendaient cinq cents Espagnols. Ils espéraient s'emparer d'un convoi très important qu'escortait Boutteville, mais les ennemis, avertis à temps, firent rentrer le convoi dans Aire.

Le maréchal d'Hocquincourt se retrancha dans un endroit désigné dans le pays sous le nom de Camp de César, et Turenne revint à Mouchy-le-Preux, en marchant le long des lignes espagnoles pendant plus de deux heures. Les ennemis firent grand feu. « Il n'y eut point d'escadron qui ne perdît deux ou trois hommes, sans les chevaux, et quelques vieux officiers murmurèrent de ce qu'on les exposait ainsi pour rien, à ce qu'ils croyaient. C'est la seule fois que le duc d'York ait entendu, pendant qu'il a servi dans les armées de France, blâmer M. de Turenne d'exposer son monde sans nécessité [1]. » Les officiers d'ailleurs revinrent bientôt sur leur erreur. Ce fut pendant cette marche que Turenne combina son plan d'attaque. Le maréchal savait ce qu'il faisait. Comme on lui faisait remarquer combien il s'exposait, il répondit « qu'il n'aurait pas osé hasarder autant du côté de Condé, mais qu'ayant servi avec les Espagnols il connaissait leur coutume [2]. Fernand de Solis, qui commande le quartier que je reconnais, ajouta-t-il, n'osera rien entreprendre de son chef. Il préviendra Fuensaldagne, qui enverra avertir l'archiduc. Celui-ci fera appeler Condé et on tiendra un conseil de guerre, pendant lequel j'aurai le temps de rentrer dans mon camp ». Tout se passa comme il l'avait prévu. Il revint sans être inquiété.

Le projet de Turenne, d'attaquer les lignes, rencontra

---

[1] *Mémoires du duc d'York.*
[2] *Ibid.*

une vive résistance de la part de presque tous les officiers de l'armée et des maréchaux, ses collègues, qui « regardaient cette entreprise comme un coup de désespoir [1] ». Les ennemis, mis en éveil par la reconnaissance que Turenne avait faite de leurs lignes, avaient considérablement fortifié leurs travaux, que le maréchal de la Ferté regardait déjà comme imprenables. Cependant la place était aux abois. Le gouverneur avait fait savoir qu'il n'avait presque plus de poudre. Turenne, qui s'était décidé pour une attaque de nuit, malgré les difficultés et les incertitudes de ces opérations, fixa à la nuit du 24 au 25 août le moment du combat.

Le 24, au coucher du soleil, les troupes de Turenne et de la Ferté quittèrent le camp de Mouchy-le-Preux et traversèrent la Scarpe sur quatre ponts. Elles emportaient des fascines, des claies et des outils. Le corps de Turenne devait assaillir le quartier de don Fernand de Solis; celui de la Ferté devait attaquer Fuensaldagne; d'Hocquincourt devait opérer à la droite de Turenne. Les troupes françaises montaient à vingt-six mille combattants; elles étaient à peu près en nombre égal à celui des Espagnols, qui avaient été fort éprouvés pendant le siège. Une partie des troupes de Solis montaient la tranchée, cette nuit-là même, devant la ville, ce qui seconda les desseins de Turenne. Il n'y avait plus que deux heures de nuit lorsque les Français se trouvèrent au pied des lignes, chacun au point fixé. La nuit avait favorisé leur marche, et l'armée assiégeante n'eut connaissance de leur mouvement qu'au moment où ils arrivèrent à deux cents pas d'elle. Les Français, découverts, allumèrent les mèches des mousquets, ce qui forma une sorte d'illumination éclatante. Trois coups de canon, tirés sur l'ordre de Solis, donnèrent l'alarme à son quartier et aux quartiers voisins.

L'attaque a lieu aussitôt sur tous les points à la fois. Le corps de Turenne force les lignes sur une largeur de cinq bataillons. L'infanterie comble le fossé et les trous de loup. Une fois le passage libre, la cavalerie s'élance dans le camp ennemi. La Ferté et d'Hocquincourt, qui ont échoué dans leur attaque, défilent le long des lignes et viennent passer dans la trouée faite par Turenne. Le gouverneur d'Arras, Montdejeu, averti par le bruit du combat et par

---

[1] *Mémoires du duc d'York.*

le marquis de Castelnau, qui, en poursuivant des fuyards espagnols, était tombé dans une garde avancée des assiégés, sort d'Arras avec toute la garnison pour prendre l'ennemi à revers.

Le succès ne pouvait être plus grand. Sans Condé, le désastre des Espagnols eût été complet. Le prince, averti à cinq heures du matin seulement de l'attaque des Français, rassemble immédiatement sa cavalerie et accourt pour dégager l'armée espagnole. Turenne reconnut bientôt sa présence. Les troupes victorieuses étaient occupées à piller le camp ennemi, où abondait la vaisselle d'argent que les officiers espagnols portaient partout avec eux. Condé tombe sur les Français dispersés et les taille en pièces. Le régiment des gardes, qui s'oppose à lui en bataille, est mis en fuite. Le maréchal de la Ferté, posté sur une hauteur, dans une excellente position, aperçoit la déroute de ses troupes. Au lieu d'attendre l'attaque de Condé avec sang-froid, il perd la tête et court à sa rencontre avec sa cavalerie; en moins de quelques minutes, il est lui-même culbuté et mis en désordre. Turenne, désespéré de voir compromettre le succès au moment où il paraissait assuré, monte au galop avec du canon et quelques escadrons sur la hauteur que la Ferté avait si imprudemment abandonnée; il y trouve quelques pièces d'artillerie et les pointe, ainsi que celles qu'il avait amenées, contre le corps de Condé, qui s'arrête et fléchit sous la mitraille. A son tour, Condé reconnut Turenne, et, malgré son impétuosité, il comprit qu'il devait s'arrêter et se borner à rallier les vaincus et à couvrir la retraite, ce qui était déjà un immense résultat, dans la situation critique où se trouvaient les Espagnols. Il conduisit les débris de leur armée en sûreté sous le canon de Mons. « J'ai su que tout était perdu, lui écrivit Philippe IV, et que vous avez tout sauvé. »

La victoire des Français eut un grand retentissement. Turenne fut complimenté de ce succès par un grand nombre de personnages marquants de l'époque, le duc de Lorraine, le prisonnier des Espagnols, notamment. Arras était sauvé. Trois à quatre mille hommes tués, blessés ou prisonniers, soixante-trois pièces de canon, les munitions et tous les bagages de l'ennemi étaient tombés aux mains des vainqueurs. Les Français ne perdirent que trois à quatre cents hommes. « Il n'est pas imaginable comme tout ce que l'on a concerté a réussi, et il a fallu que presque toutes les mesures n'aient point manqué, pour y avoir eu un succès aussi heureux, » écrivit Turenne à sa femme le lendemain.

Après avoir dégagé Arras, le maréchal de Turenne, ne voulant pas laisser aux Espagnols le temps de se remettre du coup qu'il leur avait porté, leva son camp. Mazarin, comprenant que ces succès n'étaient dus qu'à Turenne, retint à la cour les maréchaux de la Ferté et d'Hocquincourt, afin qu'il eût seul le commandement de l'armée pour achever ce qu'il avait si bien commencé. Le 1er septembre, le maréchal passa l'Escaut, entre Cambrai et Bouchain, et il envoya le Passage, lieutenant général, avec deux mille chevaux investir le Quesnoy. Le 6, toute l'armée arriva devant cette ville, et les approches se firent le soir même. La population était si effrayée de la déroute des Espagnols, qu'elle refusa de se défendre ; les magistrats capitulèrent le jour même pour conserver leurs biens et reçurent garnison française. L'armée en partit quelques jours après, pour pénétrer plus avant dans le pays. Elle s'avança jusqu'à Binch, d'où elle fit des courses dans tout le Hainaut et dans une partie du Brabant ; mais Condé n'avait rien perdu de son audace, et Turenne faillit être surpris par lui auprès de Maubeuge. Dans une marche de nuit, ses bagages s'embarrassèrent dans l'armée, et la nuit se passa dans le plus grand désordre. Il revint au Quesnoy le 20, et se borna à fortifier et à approvisionner cette ville. Condé, demeuré général en chef par le départ de l'archiduc pour Bruxelles, rallia l'armée espagnole, s'approcha à deux à trois lieues de l'armée française, et, tout en se tenant sur la défensive, empêcha Turenne de pousser ses succès. Les deux armées restèrent trois mois en présence, se faisant une guerre d'escarmouche où les pertes furent assez sensibles des deux côtés ; puis elles entrèrent en quartiers d'hiver.

Des difficultés intérieures et le défaut d'argent empêchèrent, cette année-là, d'ouvrir la campagne de bonne heure. Elle fut d'ailleurs peu importante et sans éclat. On ne rassembla, dans le Nord, qu'une seule armée, qui fut confiée à Turenne. Le maréchal jugea nécessaire de concentrer les hostilités dans le Hainaut, dont le Quesnoy ouvrait l'entrée, et d'assurer les communications de cette ville en s'emparant de Landrecies, qui se trouvait entre cette place et la France. Turenne, qui avait réuni ses troupes, vers le commencement de juin, près de Guise, investit Landrecies le 18. Il fut rejoint, le jour même, par l'armée du maréchal de la Ferté, qui revenait de Lorraine. En huit jours les lignes furent achevées, et, le 26, la tranchée fut ouverte par le régiment des gardes, malgré la présence, dans le voisinage, des deux armées ennemies de l'archiduc et de Condé. Les Espagnols, voyant la circonvallation bien achevée, ne voulurent pas tenter le combat : mais Condé alla s'établir à Vadencourt, entre Landrecies et Guise, à dessein de couper les convois aux assiégeants. De la cavalerie ennemie alla piller en Picardie; il y eut un parti très fort qui s'avança jusqu'à Ribémont. Le roi, qui était à la Fère, se retira précipitamment à Soissons. Il n'avait avec lui que deux compagnies des gardes; avec un peu d'audace, les Espagnols auraient pu facilement l'enlever.

Turenne avait deviné la manœuvre de Condé, et sa prévoyance l'avait rendue inutile. Il avait préparé des magasins considérables au Quesnoy, et « il avait suffisamment de toutes choses pour achever le siège ». Landrecies se rendit le 14 juillet, et les douze cents hommes de la garnison, « qui ne s'étaient pas trop bien défendus, » sortirent avec une bonne capitulation. On recouvrait ainsi une des conquêtes de Richelieu. L'armée espagnole, « dans laquelle il y avait un peu d'étonnement parmi le commun des soldats, » se replia de l'Oise sur l'Escaut et sur l'Aisne, entre Mons et Valenciennes. Le roi s'en vint à Guise, et mit le pied pour la première fois sur le territoire ennemi.

L'armée, qu'accompagnaient le roi et le cardinal, descendit le long de la Sambre jusqu'à la Bussière, à une lieue de Thuyn, dans le pays de Liège, puis de là elle rétrograda, passa par Avesnes et investit la Capelle. Turenne, « ayant fait considérer à M. le cardinal le peu d'importance de la place, » passa la Sambre, entra dans le Hainaut, et arriva le 11 août à Bavay. Le maréchal avait le dessein d'y passer l'Aisne, mais on trouva la rive opposée couverte de retranchements bien défendus. On tint un conseil de guerre, dans lequel « on fut sur le point de résoudre de forcer le passage, le cardinal ayant représenté combien il aurait été glorieux de l'exécuter et d'avoir passé la rivière à la barbe d'une armée formidable [1] ». Mais Turenne, tou-

---

[1] *Mémoires du duc d'York.*

jours ménager du sang de ses soldats, s'opposa à ce dessein. Il en fit voir les difficultés, les dangers, et proposa de passer l'Escaut au-dessous de Bouchain, et de marcher sur Condé en laissant Valenciennes sur la droite. A Condé, l'armée passerait une seconde fois l'Escaut; elle se trouverait alors sur les derrières de l'ennemi, et leurs formidables retranchements deviendraient inutiles. Ce sage projet prévalut sur l'audace inconsidérée de Mazarin; l'armée retourna à Bouchain, et passa, le 13 août, l'Escaut à Neuville. Les Espagnols décampèrent et se postèrent devant Valenciennes; ils s'établirent sur le mont Azin, dans un camp que couvraient d'anciennes lignes, qu'ils remirent promptement en état de défense. Ils avaient leur droite couverte par des bois, et la ville de Saint-Amand à leur gauche. Turenne crut qu'ils voulaient livrer bataille, et marcha droit à eux; mais, à son approche, ils manquèrent de résolution et se retirèrent sur Condé, puis sur Tournay.

Dès que Turenne sut que l'ennemi se retirait, il envoya au lieutenant général Castelnau, qui se trouvait en tête, l'ordre de le presser avec vigueur. Condé, qui couvrait la retraite, fit filer ses troupes, et demeura avec sept ou huit escadrons à l'arrière-garde. « Si M. de Castelnau eût fait son devoir, comme il le pouvait en suivant ses ordres, le prince de Condé aurait été réduit à de grandes extrémités [1]; » mais Condé comprit qu'il ne pouvait éviter sa perte s'il n'avait recours à la ruse. Il ordonna à Coligny et à Persan de demander une entrevue à Castelnau et de l'amuser le plus longtemps qu'ils pourraient. Ces officiers, anciens amis de Castelnau, demandent donc à lui parler sur parole. Castelnau ordonne à ses troupes de faire halte, et pendant que les officiers se complimentent et causent, le prince presse le mouvement de ses troupes, qui arrivent au pont de Beverage et passent l'Escaut presque à la portée du mousquet. Turenne, en arrivant, vit les Espagnols en sûreté sur l'autre rive. Castelnau avait été dupe d'une ruse de guerre, assez peu honorable d'ailleurs. L'armée française investit Condé le 15 et ouvrit le lendemain la tranchée.

Turenne envoya à Mazarin, qui se trouvait au Quesnoy, une relation détaillée de la retraite de Condé, qu'il peignait

---

[1] *Mémoires du duc d'York.*

comme une fuite. Le courrier fut pris et les dépêches furent remises au prince. Son irritation fut extrême quand il lut la relation de Turenne, conçue cependant en termes très modérés. Elle avait trait aux faits qui s'étaient passés à la traversée de l'Escaut, et contenait diverses allégations qui blessèrent particulièrement Condé, savoir : que la retraite de Condé avait été si précipitée, que « le dernier escadron de l'arrière-garde avait été obligé de passer la rivière à la nage »; que « le canon avait dû être laissé à Valenciennes, et qu'il y avait eu de grandes contestations entre M. le prince et les Espagnols pour demeurer au poste de Valenciennes ».

Condé écrivit à Turenne, le 18 août, une lettre des plus blessantes, en lui envoyant une copie de la relation saisie par lui. « Si vous aviez été à la tête de vos troupes comme j'étais à la queue des miennes, lui dit-il, vous auriez vu que notre dernier escadron n'a pas passé la rivière à la nage. »

« Comme M. le prince avait passé un peu les bornes de ce qui se pratique, M. de Turenne ne récrivit point à M. le prince, qui, dans la fin de cette campagne et dans la suivante, témoigna beaucoup d'aigreur contre lui, et ils ne s'écrivirent plus comme ils avaient fait les années précédentes. »

La ville de Condé capitula le 18. Sa garnison, forte de deux mille hommes, qui s'était bien défendue et avait tué un grand nombre d'hommes aux Français, rejoignit l'armée espagnole. Le roi, qui était resté au Quesnoy, rejoignit l'armée, et, le 20, attaqua Saint-Ghislain. La ville fut investie de nuit. Les mesures avaient été mal prises, et les quartiers des généraux se trouvèrent placés sous le feu des remparts; ils durent déloger le matin. La ville fut prise en cinq jours (25 août).

Turenne employa la fin de l'été à fortifier Saint-Ghislain et Condé. Les Espagnols envoyèrent un corps pour couvrir Bruxelles. « On était si fort avancé dans le pays de l'ennemi qu'il avait jalousie pour toutes les places; il lui arrivait ce qui arrive ordinairement, qui est que l'on craint beaucoup plus d'un ennemi qu'il ne peut exécuter. »

Ce fut à la fin de cette campagne que l'on commença, sur les conseils de Turenne, à cantonner la cavalerie dans les villages. Turenne avait remarqué le défaut qui s'opposait alors à la constitution de bonnes et solides armées.

Après chaque campagne, une partie des troupes cessait d'exister. Le soldat, mercenaire enrôlé au printemps, ne se faisait aucun scrupule de déserter et de passer au besoin dans les troupes ennemies. D'un autre côté, le roi, pour n'avoir pas à payer ses soldats pendant la mauvaise saison, n'hésitait pas à les licencier quand les opérations étaient terminées, au risque de ne plus les retrouver au printemps, ce qui faisait que souvent les régiments avaient perdu leurs vieux soldats et n'avaient plus que des recrues au moment de se mettre en campagne.

Pour remédier à ces inconvénients, Turenne imagina un système qui consistait à disperser les troupes par petits détachements dans les villages, et à les faire payer directement, officiers et soldats, sur les tailles. Chaque cavalier recevait vingt sols par jour, et chaque fantassin un peu moins. Il en résultait une économie pour les finances. Le payement direct par les habitants supprimait les remises d'argent aux financiers et empêchait les non-valeurs. Les soldats, dispersés dans les villages, y remettaient en circulation une bonne partie de l'argent qui leur avait été fourni pour leur solde, et leur présence servait de sauvegarde aux paysans. Beaucoup de villages du plat pays reprirent confiance; les travaux de labourage se firent avec plus d'assurance, « et, contre l'opinion commune, une partie des villages de la Champagne se sont remis, par cette nouvelle façon de distribuer des troupes. » Cette innovation, essayée pour la cavalerie dans l'hiver 1655-1656, fut appliquée l'hiver suivant à l'infanterie.

A la fin de cette année, il se produisit deux événements heureux pour la France. Le 2 novembre 1655, l'Angleterre, alors gouvernée par Cromwell, après avoir longtemps balancé sur le parti qu'elle devait prendre, conclut avec la France une alliance offensive et défensive. Condé avait tout fait pour décider Cromwell à contracter alliance avec l'Espagne, jusqu'à écrire au meurtrier de Charles Ier, lui prince du sang français : « Je me réjouis infiniment de la justice qui a été rendue au mérite et à la vertu de Votre Altesse. C'est en cela seul que l'Angleterre pouvait trouver son salut et son repos, et je tiens les peuples des trois royaumes dans le comble de leur bonheur, de voir maintenant leurs biens et leurs vies confiés à la conduite d'un si grand homme. » Il n'avait pas réussi, parce que Cromwell ne trouvait pas dans l'alliance espagnole l'intérêt de l'Angleterre. Une des conditions du traité fut que Louis XIV n'accorderait plus de protection à Charles II, et ne le recevrait pas dans son royaume, non plus que ses frères. Le prince Charles, voyant les liaisons qui se formaient entre Mazarin et Cromwell, s'était déjà retiré l'année précédente à Cologne, où il avait été entretenu aux dépens de l'Empereur et des princes d'Allemagne.

A la fin de la campagne de 1655, le duc François de Lorraine, ayant rassemblé ses troupes, quitta les Espagnols, et entra en Picardie, d'où il fit savoir à Louis XIV qu'il venait se mettre à son service. On traita avec lui à la condition que les troupes lorraines prêteraient serment de fidélité à la France pour tout le temps que le duc Charles demeurerait en prison ; qu'après son élargissement les Lorrains seraient libres de faire ce que leur souverain leur ordonnerait ; qu'en attendant, ils seraient traités comme les autres troupes royales. Pour affirmer sa fidélité à ces engagements, le duc François vint à la cour avec ses deux enfants.

La cour, voulant donner à Turenne une nouvelle preuve de son estime, le nomma, cette même année, colonel général de la cavalerie, et ce titre resta toujours depuis dans sa famille. Après la levée du siège d'Arras, la mort du duc de Joyeuse avait laissé vacantes deux dignités enviées par tous : celle de colonel général de la cavalerie, et celle de grand chambellan. Le prince de Conti, qui commandait en Catalogne, aurait bien voulu être récompensé de ses services par le titre de colonel général ; mais la parole du roi était engagée. Louis XIV fit expédier les provisions de cette charge à Turenne, à la condition qu'il n'en ferait point les fonctions tant que la guerre durerait, et peu de temps après il nomma le duc de Bouillon, neveu du maréchal, grand chambellan ; il témoignait ainsi hautement sa reconnaissance.

Les places de Flandre furent ravitaillées avec soin pendant l'hiver, et la campagne ne commença que dans les premiers jours de juin. La cour de Madrid, afin de laisser le champ plus libre à Condé, rappela l'archiduc Léopold, dont les exigences et la hauteur avaient souvent blessé le prince français, et le remplaça par don Juan d'Autriche, fils naturel de Philippe IV. Caracène succéda à Fuensaldagne. Ces changements avaient retardé l'entrée en campagne des Espagnols. Les Français furent prêts les premiers. Le roi et Mazarin se rendirent à la Fère, où l'on examina les différents plans de campagne qui avaient été étudiés pendant l'hiver.

Encouragé par les succès de la dernière année, Turenne résolut de frapper des coups plus décisifs. La frontière des Pays-Bas, ouverte dans toute son étendue, lui laissait la plus grande latitude pour l'exécution de ses desseins. Sachant que Tournay était à peu près sans garnison, il s'y porta avec l'armée; mais Condé y fit entrer un fort détachement, et Turenne, renonçant au projet d'attaquer cette ville, se jeta, par une manœuvre habile et rapide, sur Valenciennes, qu'il investit la nuit du 14 au 15 juin. En cinq ou six jours les lignes furent faites, deux redoutes avancées prises, et un pont de bateaux établi sur l'Escaut. Du côté de Saint-Amand s'élève le mont Azin, qui domine l'Escaut; c'est là que s'établit le corps du maréchal de la Ferté. L'armée de Turenne, forte d'environ huit mille hommes d'infanterie et autant de cavalerie, prit position sur le chemin de Mons à Bavay, occupant tout le terrain qui s'étend depuis l'abbaye de Sainte-Sauve, sur le bord de l'Escaut, jusqu'à la partie du fleuve qui regarde Bouchain, petite ville à quatre à cinq lieues en amont de Valenciennes. L'armée de la Ferté était à peu près égale en nombre, et l'on avait établi au-dessus et au-dessous de Valenciennes des ponts à la faveur desquels les troupes des deux généraux communiquaient ensemble. Valenciennes, coupée en deux par l'Escaut, et entourée presque de tous côtés par des marais et de vastes plaines qui s'étendent jusqu'à Condé, possédait un moyen de défense dont Turenne lui-même n'avait pas calculé la puissance. « On parlait, dit-il, de quelque retenue d'eau qui se pouvait faire à Bouchain; on n'avait jamais cru qu'elle fût si grande qu'on la vit depuis. » La garnison de Bouchain lâcha les écluses, et l'eau se mit à inonder lentement les prairies autour de Valenciennes. Turenne s'efforça de remédier à cet inconvénient en jetant une digue de fascines à travers la prairie envahie. Comme l'eau montait toujours, on y remédiait par un soin continuel. Il importait au plus haut point de ne pas laisser séparer par les eaux les deux parties de l'armée française. Les troupes, par un labeur incessant, parvinrent à maintenir les communications, bien « qu'il y vînt de telles crues qu'on était dans l'eau jusqu'à la ceinture, sur la digue ». L'ennemi ne put jeter aucun secours dans la place, mais les Espagnols se décidèrent à profiter de la situation embarrassée de l'armée française pour l'attaquer.

Don Juan d'Autriche et Condé vinrent avec une armée d'au moins vingt mille hommes s'établir à une demi-portée de canon des lignes de circonvallation, au moment où Turenne ouvrait la tranchée du côté de la ville. La garnison, encouragée par la présence de l'armée de secours, se défendait vaillamment; Turenne, qui s'attendait sans cesse à être attaqué, interrompait la nuit les travaux. On demeura huit à dix jours dans cet état. Malgré sa situation critique, Turenne, tout en pressant vivement les opérations du siège, se tenait si bien sur la défensive, que les ennemis, qui n'avaient cessé de le tâter depuis le 12 juillet, n'avaient pas encore risqué une attaque en règle. Malheureusement, la Ferté, qu'une indisposition avait retenu loin de son armée, revint en prendre le commandement, sur l'ordre exprès de Mazarin, qui paraissait peu se soucier de voir Turenne acquérir une gloire sans partage, et qui s'obstinait à lui donner d'incapables et envieux collègues.

Le quartier de la Ferté était le plus exposé. Turenne avait compris le danger et l'avait fait entourer d'une double enceinte palissadée; mais le présomptueux et incapable la Ferté, par esprit de contradiction ou par bravade, fit, dès son arrivée, arracher une de ces enceintes. Il ne voulut même pas prendre les précautions les plus ordinaires : placer des gardes avancées et faire battre la campagne par des éclaireurs. Turenne, désolé de cette imprévoyance et persuadé que l'ennemi attaquerait les lignes du côté de son collègue, lui proposa de lui envoyer un renfort de quatre à cinq régiments. La Ferté reçut comme une injure cette offre de service. Il répondit à Turenne de garder ses troupes pour sa propre défense, ajoutant ironiquement que, pour calmer ses inquiétudes, il lui offrait lui-même la moitié de son armée.

Cependant les Espagnols envoyèrent tout leur bagage à Bouchain, et, le 16, à l'entrée de la nuit, ils se mirent en marche. Un corps de trois à quatre mille hommes, sous Marsin, devait exécuter une fausse attaque sur le corps de Turenne. Le gros des ennemis passa l'Escaut sur six ponts jetés d'avance, et arriva jusqu'au bord du fossé sans être découvert. Les Espagnols attaquèrent les lignes de circonvallation sur un large front de six bataillons, et les forcèrent presque sans combat. Au premier coup de mousquet, Turenne fit prendre les armes à son armée et voulut envoyer six régiments au secours de la Ferté; mais, quel qu'eût été son empressement, il était déjà trop tard. Le régiment de Vervins, qui passa le premier la digue, arriva au quartier de la Ferté quand tout était fini. Le maréchal, ses trois lieutenants généraux, quatre cents officiers, quatre mille soldats, étaient prisonniers; « le combat ne dura pas un quart d'heure. » L'ennemi combla rapidement les lignes de circonvallation et communiqua avec la ville. Pour Turenne, après avoir repoussé vivement l'attaque de Marsin, qui, du reste, n'insista pas, il fit rentrer ses troupes dans son quartier et attendit le jour. Dès qu'il put constater l'étendue du désastre, il donna l'ordre de la retraite, abandonnant « quelques tentes et bagages » et du canon. Cette précipitation a été blâmée; mais Puységur, tout en estimant « qu'on ne devait pas être si pressé de sortir du quartier de M. de Turenne, » reconnaît lui-même qu'une panique effroyable régnait dans l'armée française. Les domestiques de Turenne avaient si bien perdu la tête, ils avaient été si saisis de peur, qu'ils abandonnèrent sa tente et même sa cassette, « dans laquelle M. de Bournonville me dit, raconte Puységur, qu'il s'était trouvé une lettre que M. le cardinal lui écrivait, par laquelle il lui mandait qu'en faisant la capitulation de Valenciennes, il prît garde de ne pas laisser prendre la qualité de duc à M. de Bournonville. »

Après le combat, la Ferté, prisonnier, fut conduit dans la ville. Comme il s'était mis au lit, épuisé de fatigue, M. le prince demanda à le voir et monta dans sa chambre. Condé alla droit au lit de M. de la Ferté, l'embrassa et lui dit : « J'aurais souhaité que votre camarade eût été pris, plutôt que vous. Je lui aurais appris à écrire la vérité. Ce n'est pas que je le craigne en campagne. Je vous appréhenderais bien plus que lui [1]. »

Pendant ce temps-là, le « camarade » de la Ferté faisait une des opérations les plus hardies et les plus heureuses dont puisse s'honorer un général. Contenant avec fermeté son armée démoralisée, il effectua sa retraite lentement et en bon ordre, prêt à livrer bataille, si l'ennemi le pour-

[1] *Mémoires de Puységur.*

suivait de trop près; ce qui heureusement n'eut pas lieu. Bussy, chargé de couvrir la retraite avec quinze escadrons, « n'y eut pas grand embarras, car les ennemis ne le suivirent qu'avec deux escadrons de cravates, qui ne firent qu'escarmoucher d'assez loin. »

Turenne, jugeant qu'une retraite trop longue jetterait l'effroi, tant dans l'armée, déjà démoralisée, que dans le pays tout entier, ne recula que jusqu'au Quesnoy. Il prit position entre cette ville et le bois de Mormeaux, la droite au bois et la gauche à la ville, une petite rivière devant lui. De toute l'armée de la Ferté, il n'avait avec lui que cinq cents chevaux; tout le reste, cavalerie et infanterie, avait fui à Condé ou avait été pris. « L'épouvante était si grande dans nos troupes, dit Bussy, que la nuit du 16 au 17, un lièvre donna l'alarme si chaude, qu'on ne douta point que ce ne fussent les ennemis; et il est vrai que, s'ils fussent venus le 17 et que, sans nous marchander, ils nous eussent attaqués, je ne doute presque pas de notre défaite. »

Turenne n'avait que cinq ou six pièces de canon, mais il reçut un renfort de deux mille hommes et résolut de combattre. Le bagage commençait déjà à filer par delà le Quesnoy, il le fit arrêter et attendit les ennemis. Le 18, ils vinrent se camper devant lui, la rivière entre deux. Le maréchal de Turenne, ayant eu avis, par ses éclaireurs, qu'on voyait paraître leurs premiers escadrons, monta à cheval pour s'en aller au galop aux avant-postes. « En passant par le camp de son régiment de cavalerie, il vit un chevau-léger qui, en sellant son cheval, chargeait son bagage; il poussa à lui, le pistolet à la main, et, si ce cavalier ne se fût sauvé entre les jambes des chevaux, il l'eût tué; cela persuada encore le maréchal de l'épouvante de l'armée [1]. » Il ordonna à Bussy d'empêcher que personne ne montât à cheval et de faire seulement que chacun tînt son cheval sellé par la bride. Turenne n'avait point d'outils pour faire de grands travaux de retranchements; ne voulant pas en faire faire de petits, qui eussent dénoté de l'inquiétude, il ne fit pas travailler. Le peu de précaution qu'il affecta de prendre à la vue des ennemis rassura ses troupes. Il y eut, ce jour-là, quelques petits engagements d'avant-garde, où l'avantage demeura aux Français;

---

[1] *Mémoires de Bussy-Rabutin.*

ce qui rendit encore un peu d'assurance aux soldats et leur fit attendre avec assez de fermeté la bataille, qui paraissait assurée pour le lendemain 19. Cependant, le lendemain, à huit heures du matin, les ennemis demeurant dans l'inaction, Turenne jugea qu'ils ne voulaient rien hasarder et qu'ils n'étaient ainsi venus que pour l'occuper, pendant que leurs préparatifs se feraient pour retomber sur Condé ; dans cette pensée, il n'hésita pas, malgré la faiblesse numérique et la démoralisation de son armée, à détacher huit cents chevaux, commandés par Rouvray, mestre de camp, chaque cavalier portant en croupe un sac de blé pour aller, en faisant un grand détour, ravitailler Condé, ce qui s'accomplit heureusement. C'est là l'action d'un grand capitaine. « Il n'y a guère au monde que le maréchal de Turenne qui, en présence des ennemis, beaucoup plus forts que lui, fit un détachement aussi considérable que celui-là. Il faut bien posséder la guerre pour en user ainsi, et ce sont là des coups de maître [1]. »

Sur ces entrefaites, trois mille hommes de l'armée de la Ferté, qui s'étaient ralliés à Landrecies, rejoignirent l'armée. Alors les ennemis, « ne jugeant plus à propos de rien entreprendre, » levèrent le camp et se portèrent sur Condé, qu'ils investirent. Dès le début, Turenne renonça à secourir cette ville, mal approvisionnée et peu forte d'ailleurs.

Ses troupes étaient si démoralisées qu'il craignait toujours que « l'épouvante ne prît dans son armée. Il faut, disait-il, que le temps et quelque action assez apparente rassure un peu cela [2]... »

Pour opérer une diversion, Turenne résolut de passer l'Escaut et de se porter sur la Lys. Il partit, le 14 août, de Charlemont et vint camper au Cateau-Cambrésis, puis à Lens, où il séjourna huit à dix jours, puis il s'avança près de Saint-Vincent, pour l'attaquer ; mais il renonça à son dessein, en apprenant que le siège de Condé était terminé et que la garnison avait eu une capitulation raisonnable.

L'ennemi, après avoir passé deux à trois jours à démolir les fortifications de Condé, s'approcha de Cambrai. Mazarin seconda Turenne avec une infatigable activité ; de divers côtés il reçoit des avis qui le préviennent des intentions des ennemis ; il fait part de tout à Turenne.

---

[1] *Mémoires de Bussy-Rabutin.*
[2] Turenne à Mazarin, 4 août 1656.

Le maréchal était un peu découragé. L'autorité qu'avait prise Condé chez les Espagnols et l'habileté du prince le paralysaient.

Pendant le séjour à Lens, l'armée s'augmenta et se raffermit. Mazarin, désirant réparer le malheur qu'avait causé sa défiance de Turenne, lui envoya des recrues et mit à son service une activité et une vigilance infatigables. Pour obéir à ses instructions, le maréchal disait hautement que, si les ennemis venaient à lui, il ferait la moitié du chemin, et il prenait soin que cela se répandît dans l'armée pour y rétablir la confiance. Néanmoins, lorsque les ennemis approchèrent et ne furent plus qu'à trois lieues de lui, il ne se crut pas en sûreté dans son camp, que dominaient des hauteurs par où ils pouvaient venir. Il jugea plus sûr d'aller se porter à la Bussière, à une lieue de Béthune. Il prétexta un manque de fourrages et décampa le 1er septembre. Le mouvement de recul, qui se fit à l'entrée de la nuit, « étonna » l'armée. Le 3, les avant-postes furent attaqués, et Turenne, « ayant vu sur la carte un lieu, nommé Houdain, qui était dans la situation qu'il désirait » pour garder ses communications avec Arras, Béthune et la Bassée, fit marcher la cavalerie, à l'heure même, pour se saisir de ce poste. Cette marche, qui se fit également à l'entrée de la nuit du 3 au 4 septembre, acheva d'ôter à l'armée ce qui lui restait d'assurance. Le 4 septembre, à huit ou neuf heures du matin, les ennemis s'approchèrent pour se saisir du poste de Houdain; mais, le voyant occupé, ils firent une halte de plus de trois heures pour tenir conseil. Turenne profita de ce temps pour fortifier son camp du côté faible. Il y fit faire un retranchement flanqué de petits redans. Dans l'après-midi, l'ennemi s'approcha, et le combat parut inévitable pour le lendemain. Une attaque de nuit, que Turenne fit faire pour améliorer sa position, ne réussit pas. Le 5, au matin, tout le monde était prêt; mais les Espagnols n'osèrent attaquer. Après être restés immobiles toute la journée du 6, ils se retirèrent le 7. Turenne se mit à leur poursuite, « ce qui commença un peu à faire changer la situation des esprits dans les deux armées. » Une fois libre de ses mouvements, Turenne conçut le projet d'assiéger la Capelle. Il pouvait, en très peu de temps, tomber sur cette place en passant par le pays ennemi; mais, comme le prince de Condé, par là, aurait pu avoir connaissance de son dessein et jeter du secours dans la Capelle, il préféra rentrer en France pour dérober sa marche et faire une fois plus de chemin. Il réussit. Le 18 septembre, il passa à Saint-Quentin et marcha nuit et jour pour gagner la Capelle; l'armée fit plus de trente lieues en trois jours. Bouton, sieur de Chamilly, gentilhomme du duché de Bourgogne, homme de mérite, en était gouverneur; il n'avait qu'environ deux cents hommes de garnison.

Le 22 septembre, Turenne est devant la Capelle.

La place se rendit le 26 septembre, après trois jours de siège, en présence de l'armée espagnole, qui s'était approchée jusqu'à une lieue de la ligne de circonvallation.

L'armée française empêcha le siège de Saint-Ghislain, que les ennemis avaient projeté de faire, et séjourna dans le Cambrésis jusqu'en novembre; puis elle repassa la Somme et prit ses quartiers d'hiver.

Le 8 octobre, Turenne écrit à Mazarin qu'il se retire du côté de Chimay. Il ne voit rien à faire. Les ennemis sont près d'Arleux, avec toute leur armée, entièrement couverts. Il ne pense plus qu'à faire vivre son armée.

Même préoccupation dans une lettre au ministre, du 23 octobre. Il ne pense guère aux ennemis, mais beaucoup au pain et au fourrage pour son armée et aux munitions pour le Quesnoy.

Cette année-là, Turenne avait adressé au roi un mémoire sur l'infanterie française. « Je crois, disait-il, qu'un des plus grands défauts de l'infanterie française, c'est que les soldats ne demeurent pas dans les compagnies, et, encore qu'il y ait un bon nombre de vieux soldats qui servent dans les armées, le changement de régiment les rend incapables de discipline. » Il demandait, en conséquence, qu'on appliquât à l'infanterie le système qui avait si bien réussi, l'année précédente, pour la cavalerie.

Le 1er novembre, Mazarin apprend à Turenne « le traitement que le roi a résolu de faire à l'infanterie. C'est un effort, dit-il, dont je ne croyais pas que nous pussions venir à bout, dans l'état où sont les finances; mais mon avis a été qu'il fallait plutôt reculer toutes les autres dépenses, afin de subvenir à une qui est si nécessaire pour pouvoir continuer la guerre avec succès et contraindre enfin les ennemis à donner les mains à une bonne paix ».

La paye du soldat est portée, pour les cent cinquante jours de quartier d'hiver, de huit écus à quinze, ce qui met à sept écus l'augmentation par homme. Pour les officiers, la paye est doublée; « on donne encore une demi-montre d'augmentation aux capitaines, lieutenants et enseignes..., je vous laisse à penser à quelle somme cela doit aller. »

« Il me semble que vous avez beau champ de faire valoir ce bon traitement dans toute l'armée, et de déclarer, dès à présent, que vous serez le premier à insister au châtiment de ceux qui manqueront à mettre leurs compagnies en bon état; c'est-à-dire non seulement complètes, mais aussi armées de piques et de mousquets, sans qu'il y puisse avoir aucun fusil, à peine de la vie. »

La campagne de 1656 n'avait pas été heureuse, et de nouvelles négociations tentées avec l'Espagne, pendant l'hiver, en vue de la paix, n'aboutirent pas. Le moment de reprendre les opérations militaires approchait.

Mazarin renouvela la ligue conclue, l'année précédente, avec Cromwell, et obtint enfin l'assistance effective des Anglais. Le 23 mars, le colonel Lockhart, neveu du Protecteur, signa un traité, valable pour un an, par lequel un corps de six mille Anglais devait se joindre à l'armée française. On devait entreprendre le siège de Gravelines et de Dunkerque avec l'appui d'une flotte anglaise. La première place prise serait remise en dépôt aux Anglais. Gravelines devait appartenir définitivement à la France, Dunkerque aux Anglais. Le duc d'York se rendit en Flandre, où il leva, pour le service des Espagnols, quelques régiments, qu'il plaça sous les ordres du comte de Marsin.

Condé emporta Saint-Ghislain en huit jours, vers la fin de mars. Turenne n'entra en campagne qu'au commencement de mai, et les ennemis eurent tout le temps nécessaire pour mettre en état de défense les places du littoral, qu'ils savaient être menacées. Turenne jugea qu'il n'y avait rien à faire de ce côté; il feignit une marche sur Aire et vint à l'improviste, le 28 mai, assiéger Cambrai, « où il n'y avait pour toutes troupes que la morte-paye et quelque cinquante maîtres [1], » environ trois cents hommes. La place investie, on fit des ponts de communication sur l'Escaut, et l'on commença à travailler aux lignes. Les mesures du maréchal étaient bien prises ; malheureusement

[1] *Mémoires de Puységur.*

« on n'avait aucune langue de l'ennemi et on ne savait rien de M. le prince, qu'on croyait vers la Meuse ». Le matin même du jour où Turenne avait paru devant Cambrai, Condé était arrivé de Mons à Valenciennes avec toute sa cavalerie. Averti du dessein des Français par des courriers du gouverneur, il se rendit à Bouchain, qui n'est qu'à deux heures de Cambrai, et, vers onze heures du soir, il marcha droit à la citadelle avec trois à quatre mille chevaux, en trois colonnes, à trois escadrons de front. Turenne avait posté d'abord l'aile droite de sa cavalerie sur la grand'route, qui conduit de Bouchain à la citadelle; mais, « averti, à l'entrée de la nuit, qu'il était arrivé neuf escadrons de cavalerie à Bouchain, il crut que c'étaient des troupes d'Espagne qui voulaient entrer dans la place, et, pensant qu'ils éviteraient le lieu où était le camp, pour prendre le tour et entrer sans rencontrer personne, il s'alla poster dans l'endroit où ils devaient passer avec sept ou huit régiments de cavalerie, laissant toutes ses troupes étendues le long de la plaine. »

Ce n'était pas aux Espagnols, c'était à Condé que Turenne avait affaire.

Le prince, qui savait bien que le moindre capitaine du monde serait assez fin pour passer, en pareille rencontre, par de petits sentiers plutôt que par le grand chemin, ou qui fut simplement égaré par ses guides, comme le prétendent quelques mémoires du temps, prit hardiment par la grande route, où il n'y avait que des escadrons clairsemés du régiment de Clérambaut, qu'il traversa facilement. Il arriva, à la pointe du jour, aux portes de la citadelle. Le comte de Salazar, gouverneur de Cambrai, s'attendait si peu à ce secours que le prince dut attendre longtemps qu'on lui ouvrît les portes. Quand il vit Condé dans la place, Turenne n'hésita pas; il leva le siège, le 31 mai, et vint camper à Vauchelles, et de là à Fonsommes, où le roi le rejoignit. Le maréchal eut un profond chagrin de l'insuccès de son entreprise. Il fallait qu'il se retirât de devant une place qu'il avait surprise sans hommes et sans munitions de guerre, et, les ennemis s'étant réunis, toute entreprise sur les places maritimes devenait impossible; il fallait rester sur la défensive.

Le 8 juin, l'armée campa à Tupigny, où les six mille Anglais commandés par le chevalier Reynolds la rejoignirent. Leur arrivée causa une grande satisfaction. « Je me persuade, écrit Mazarin à Turenne, le 17 juin, que vous serez fort satisfait de ce corps; car, outre que le nombre est effectif, ce sont tous soldats bien faits et qui ont la mine de rendre bons services dans une occasion. » Malgré les instances de l'ambassadeur anglais Lockhart, Turenne ne jugea point qu'on pût entreprendre quelque tentative sur les places maritimes. Mazarin engagea la Ferté à assiéger Montmédy, dont les remparts, taillés dans le roc vif, et la bonne garnison rendaient la prise difficile. Turenne se contenta de couvrir le siège. Au lieu d'essayer de secourir Montmédy, les Espagnols se portèrent sur Calais, qu'ils essayèrent en vain de surprendre (30 juin). Ils se dirigèrent alors sur Ardres.

« Nous n'avons pas encore nouvelle que Ardres, ni aucune autre place soit investie; mais la marche des ennemis vers Aire, le canon et l'infanterie ayant passé la Lys, ne peut être que pour Ardres.

« Hesdin et Montreuil sont déjà bien garnis; mais, pour Ardres, nous ne savons pas si on aura pu exécuter à temps les ordres que l'on a donnés pour y jeter du monde : si cela était, les ennemis auraient, en ce cas, un os bien dur à ronger [1]. »

L'os se trouva, en effet, si dur que les ennemis renoncèrent à le ronger. Les Français les avaient prévenus. Il y avait trois mille cinq cents hommes de pied dans la place et un nombreux corps de cavalerie aux environs prêt à s'y jeter. L'ennemi se retira après avoir brûlé quelques maisons dans les faubourgs et les villages voisins. Pendant ce temps, le siège de Montmédy continuait avec vigueur; enfin la ville se rendit au roi, le 6 août.

Après la capitulation de Montmédy, le général Reynolds pressa Turenne d'exécuter le traité fait avec Cromwell. D'après cette convention, chaque fois qu'on aurait pris une place pour la France, on en prendrait une autre, sur le bord de la mer, pour l'Angleterre. Le maréchal, qui était campé proche de la Capelle, n'eut pas plus tôt eu avis de la prise de Montmédy, qu'il laissa tout son bagage pour marcher avec plus de diligence, passa sur des ponts de bateaux l'Escaut et la Scarpe, et traversa les plaines d'Artois. En trois étapes, il se rendit des bords de la Sambre devant

---

[1] Mazarin à Turenne, 2 juillet 1657.

Saint-Venant, qu'il investit le 16 août. Dans la précipitation de sa marche, il avait laissé derrière lui son bagage avec une forte escorte. Les ennemis, qui l'avaient suivi de près, mirent l'escorte en déroute et pillèrent son bagage, à deux lieues du camp de Saint-Venant. Condé voulait attaquer Turenne dans sa position avant qu'il eût eu le temps de se fortifier. S'il l'eût fait, la situation des Français eût été bien critique. « Quand l'ennemi est arrivé à une lieue de moi, écrit Turenne à le Tellier, je n'avais ni vivres ni munitions de guerre, pas un quart de la ligne faite, et, à leur front, pas du tout. » Don Juan d'Autriche et Caracene s'y refusèrent. Turenne fit venir du pain et des outils de Béthune et de la Bassée, et ouvrit, le 24 août, la tranchée sous les yeux des Espagnols, qui, découragés par son assurance, allèrent attaquer Ardres pour faire diversion. Après leur départ, des difficultés imprévues se présentèrent. L'argent manquait, et les auxiliaires anglais, mécontents, lui inspirèrent de vives craintes. « Ce que les Anglais ont manqué d'argent, dit-il encore, a causé presque un accident, en présence de l'ennemi, et le mauvais temps et le manque de payement les fait tomber tout à fait [1]. » En attendant l'argent de l'État, Turenne pourvut lui-même à leur solde, fait qu'avec sa modestie ordinaire il passe sous silence dans ses mémoires. Il fit couper en morceaux toute sa vaisselle d'argent et en distribua les fragments pour des valeurs de quinze, vingt, trente, soixante sols, remboursables au moment où l'argent monnayé arriverait [2]. Les alliés anglais, au prix de ce sacrifice, consentirent à reprendre leur service, et les travaux du siège continuèrent.

Les Anglais, d'ailleurs, dans toute cette campagne, ne répondirent pas aux espérances qu'ils avaient fait concevoir. La maladie et la désertion se mirent dans leurs rangs.

Turenne était dans une situation difficile, il résolut d'en sortir par un coup d'audace; il risqua une attaque contre la contrescarpe. « Les assiégés, qui en faisaient leur capitale défense, s'y opiniâtrèrent fort, et ce fut une des plus difficiles actions qui se soient vues dans les sièges. Enfin le régiment d'infanterie de Turenne « emporta la contrescarpe, contre toute raison [3] ». Dans l'élan des troupes, un

[1] Turenne à le Tellier.
[2] *Voyage de deux Hollandais en France en 1657 et 1658.*
[3] Turenne à sa femme, 31 août 1657.

second ouvrage fut pris, et les assiégés capitulèrent (27 août). A l'instant, Turenne envoya quatre à cinq cents chevaux à Ardres. Les ennemis, qui étaient déjà dans les fossés de la ville, se retirèrent.

Turenne recommanda à Mazarin de faire fortifier et approvisionner Saint-Venant, que sa situation rendait un poste très important.

Après avoir laissé son armée se reposer trois jours, Turenne prit le château de la Mothe-aux-Bois, position de peu d'importance, mais « qui incommodait fort Saint-Venant », et le fit raser. Ayant reçu un renfort de quatre mille hommes, il passa les rivières d'Aa et de Colme, s'empara de plusieurs forts, qui gênaient ses communications, et occupa Bourbourg.

Turenne laissa de l'infanterie dans cette ville pour en relever les fortifications. Mais il fallait maintenant faire quelque chose pour satisfaire les Anglais. Sur l'ordre de Cromwell, Lockhart exprimait hautement son mécontentement. « Son maître, disait-il, ne trompait personne et prétendait aussi n'être pas trompé. Si on ne voulait pas entreprendre le siège de Dunkerque, il conviendrait de rembourser à l'Angleterre toutes les dépenses qu'elle s'était imposées depuis le 1er avril jusqu'au 1er septembre, à raison de vingt-cinq mille écus par jour[1]. »

Que pouvait-on faire? L'armée espagnole couvrait Dunkerque; Gravelines était trop forte pour être attaquée avec les moyens dont on disposait. Turenne proposa d'assiéger Mardyck. Il fit prévenir Cromwell de son dessein, et, sans attendre la réponse, il se mit en marche. On ne pouvait arriver à Mardyck que par une digue, c'était aussi la seule voie de retraite en cas d'insuccès. Comme on savait qu'il n'y avait pas de bois autour de Mardyck, la cavalerie portait des palissades, et l'infanterie des fascines. Le 30 septembre, la flotte anglaise arriva devant la ville pour en faciliter la prise; mais, pendant deux jours, le vent empêcha les vaisseaux alliés d'approcher de la côte, tandis que les bateaux plus légers de l'ennemi circulaient à l'aise de Mardyck à Dunkerque, ce qui augmentait les difficultés du siège; de plus, la rareté des fourrages ne permettait pas à l'armée de demeurer longtemps dans cette position. Turenne balança tout un jour s'il commencerait le siège;

---

[1] *Voyage de deux Hollandais en France en 1657 et 1658.*

mais, déterminé par son lieutenant Castelnau, il fit ouvrir la tranchée le 1er octobre. Le 2, on mit en batterie quatre pièces qui firent un tel feu sur le fort de Bois, que, les fondements en étant ébranlés, ceux de dedans se jetèrent dans des chaloupes et se sauvèrent à Dunkerque. Le fort se rendit au bout d'une nuit. Sa prise, ôtant à la garnison de Mardyck toute communication avec la mer, permit d'avancer le siège. Douze canons battirent incessamment la place, et réduisirent les Espagnols qui la gardaient à se rendre prisonniers de guerre. Après avoir rompu la trêve deux ou trois fois en cinq à six jours, ils acceptèrent la capitulation, le 3 octobre, et furent conduits à Calais.

Jusqu'alors, dans la guerre de sièges, l'usage était que les garnisons ne fussent pas prisonnières de guerre. Afin de hâter la reddition des places, on permettait aux troupes de sortir avec armes et bagages et de rejoindre leurs armées. Nous verrons souvent, dans l'avenir, Turenne contraindre les garnisons à se déclarer prisonnières de guerre, lorsque la place qu'elles gardaient se trouvait dans une situation désespérée. Mais « la conservation de Mardyck était plus difficile que n'en avait été la conquête ». L'armée, fatiguée et souffrant du froid, se débandait pour chercher des lieux où il y avait du bois, pour se chauffer. Bourbourg, qui devait couvrir Mardyck, était « une place rasée qui manquait de tout ». Turenne laissa sept cents Anglais à Mardyck, deux mille hommes à Bourbourg, et se retrancha, à trois heures de là, dans le camp de Ruminghen, où il demeura six semaines, qui furent employées à réparer les canaux de Calais à la rivière d'Aa et à fortifier Bourbourg. Les Anglais n'envoyant ni ouvriers, ni outils, ni matériaux, on ne travailla pas à Mardyck; ils s'en plaignirent. Turenne répondit que, puisqu'ils occupaient la place, c'était à eux de la mettre en état de défense, ajoutant que s'ils ne voulaient pas s'en occuper, le mieux était de la faire sauter. Les Anglais changèrent alors d'avis; « on se ranima en Angleterre pour la conservation de la place. On y envoya de l'infanterie, des palissades, et on remit les fortifications en état. » En novembre, les deux armées entrèrent en quartier d'hiver.

Pendant l'hiver, le maréchal d'Hocquincourt trahit sa patrie et passa aux Espagnols. Il gagna deux officiers mécontents, la Rivière et Fargues, qui commandaient la place d'Hesdin en l'absence du gouverneur, et Condé envoya des troupes espagnoles prendre possession de la ville dans le courant de mars. La situation de cette place rendait sa perte sensible. Ce contretemps fut d'autant plus fâcheux, qu'en ce moment le prince traitait secrètement pour faire sa paix avec la France ; la révolte d'Hesdin, qui ranima ses espérances, mit fin aux négociations. A ce revers vint s'en ajouter un autre. Le maréchal de Villequier-Aumont, gouverneur de Boulogne, fut trompé grossièrement par les rapports de quelques bourgeois d'Ostende, qui, parce qu'on avait crié : « Vive le roi ! » dans les rues et dit mille injures aux Espagnols, réussirent à lui persuader que la population était décidée à se donner à la France. Il s'embarqua, le 28 avril, avec quelques régiments, pour surprendre cette ville. Il entra en rade avec douze à quinze hommes ; on l'attirait dans un piège : une partie de ses troupes était à peine débarquée, qu'elle fut coupée et enveloppée par des troupes espagnoles qui s'étaient tenues cachées dans les caves ; le maréchal fut pris avec cinq à six cents hommes, le reste se sauva par mer.

Ce double échec « fit commencer la campagne avec de fort méchantes apparences de succès ». Suivant l'usage ordinaire des Français, « la cour même, qui se trouvait en ce temps-là à l'armée, décriait, au moins pour la plupart, les affaires autant ou plus que les autres. » Des soulèvements avaient lieu dans plusieurs provinces. Mazarin et Turenne cependant étaient résolus à reprendre vigoureusement la lutte.

Le 28 mars, un nouveau traité avait été passé avec le Protecteur, sur les mêmes bases que l'année précédente, mais avec la clause formelle qu'on attaquerait Dunkerque, qui serait remis entre les mains des Anglais. Ils devaient, à leur tour, aider au siège de Gravelines, qui demeurerait au roi. Turenne, « sans savoir si on pourrait assiéger Dunkerque, désirait faire voir naïvement aux Anglais que l'on faisait tout son possible pour l'exécution du traité. » L'armée française se rassemblait au nord de la Somme, sous les yeux du roi et du cardinal, auprès d'Hesdin. On espérait que cette ville rentrerait dans le devoir ; mais les rebelles allèrent jusqu'à tirer le canon sur le roi lui-même, qui faisait une reconnaissance, et tout espoir d'un arrangement s'évanouit. Négligeant de s'occuper de cette ville, Turenne n'attendit pas que toutes les troupes fussent réunies. Le 18 mai, il partit avec sept à huit mille soldats, alla passer la Lys à Saint-Venant, le 20; enleva, le 22, deux régiments irlandais dans Cassel, et prit la route de Dunkerque par Bergues.

Le siège de Dunkerque était une des opérations les plus difficiles que l'on pût entreprendre. Les Espagnols, à la nouvelle de l'approche des Français, lâchèrent les écluses qui retenaient les eaux; tout le pays, jusqu'à Bergues, ne fut plus qu'un vaste lac. « On ne voyait, de là à Dunkerque, que de l'eau. » Une digue, le seul chemin praticable, conduisait de Bergues à Dunkerque; mais les ennemis y avaient récemment fait construire deux forts, à portée l'un de l'autre, et couvrant chacun une des deux villes; attaquer Dunkerque avant d'avoir pris Bergues, à une lieue, Furnes, à trois, Gravelines, à quatre, et Nieuport, à cinq, « c'était être assiégé en faisant un siège; car toutes ces places faisaient une circonvallation autour de Dunkerque. Les attaquer aussi, les unes ou les autres, c'était avertir les ennemis de se précautionner sur Dunkerque, et ainsi rendre cette place imprenable, ou, du moins, en retarder fort la prise[1] ». De plus, on n'était qu'à la fin de mai, et il n'y avait point encore assez de fourrages pour nourrir la cavalerie. Turenne comprenait bien la gravité de la situation; mais il comprit aussi qu'attendre c'était donner aux ennemis le moyen de se défendre. Excité d'ailleurs par Mazarin, il n'hésita plus. Il s'engagea dans le pays inondé, fit avancer l'artillerie et les bagages, en raccommodant, avec des madriers et des fascines, les mauvais passages, et arriva, le 23 mai, auprès de Bergues, qu'il laissa sur sa droite, pour voir s'il pourrait communiquer avec Mardyck, où était son lieutenant Castelnau. Il s'empara d'une petite redoute, sur la Colme, que les ennemis appelaient la redoute de Bentismuler, et découvrit ensuite un chemin vers Mardyck; mais, comme ce chemin était presque impraticable, le 24 mai, il fit prendre à chacun de ses cavaliers une fascine pour le réparer; et se faisant suivre, en outre, de quelque infanterie, il marcha vers le canal de Bergues à Dunkerque, et prit possession, sans coup férir, d'un des grands forts, que les ennemis n'avaient pas encore complètement achevé et qu'ils abandonnèrent. N'ayant pas Bergues, il n'aurait pu, sans ce fort, assiéger Dunkerque. Il s'engagea alors sur la digue,

[1] *Mémoires de Bussy-Rabutin.*

après avoir fait réparer les ponts sur la Colme, sur les canaux de Hondschoote et de Furnes à Calais; il s'empara facilement du second fort, et se trouva, le lendemain, à deux heures après midi, auprès des dunes; l'audace et la rapidité de l'expédition en avaient assuré le succès. L'ennemi n'avait pas prévu cette tentative; il croyait Dunkerque inabordable. Les généraux espagnols étaient persuadés, paraît-il, que Mazarin voulait absolument prendre Cambrai, afin de se faire évêque et prince de cette ville, et ils avaient porté sur Cambrai, Aire et Saint-Omer, leurs principaux moyens de défense. « Toutes les troupes de l'ennemi qui étaient dans le voisinage de Dunkerque s'y jetèrent; de façon qu'il s'y trouva environ deux mille deux cents hommes de pied et huit cents chevaux. »

Le 25 mai, Turenne assigna aux différents corps de l'armée leurs postes autour de Dunkerque, et prit lui-même son quartier dans les dunes, du côté de Nieuport.

La flotte anglaise, commandée par l'amiral Montaigu, et composée de dix-huit à vingt voiles, tenait la mer et bloquait la ville. On commença par établir une estacade sur l'étran[1], du côté du Nieuport. Elle entrait dans la mer; mais ces travaux ne tenaient pas contre les hautes marées. On ouvrit la tranchée dans la nuit du 4 au 5 juin. Les premiers jours furent difficiles. Les vivres, les outils manquaient; les Anglais, pour lesquels on faisait cette tentative audacieuse, et qui devaient garder la ville, ne fournissaient presque rien. Mazarin, heureusement, déploya dans cette campagne une prodigieuse activité. Il fit créer plus de deux millions de rente pour se procurer l'argent nécessaire, et suffit à tout. Le pain de munition, l'avoine, le foin, et toutes les munitions de guerre arrivèrent de Calais dans des barques anglaises. Les renforts affluèrent, et Turenne se vit, au bout de quelques jours, à la tête d'environ vingt mille hommes, dont cinq mille Anglais, commandés par le général Lockhart et le général-major Morgan.

Les Espagnols ne purent faire pénétrer un régiment dans la ville après l'investissement; mais ils la savaient forte et bien approvisionnée. Ils réunirent une puissante armée de secours et s'approchèrent de Dunkerque. Ils étaient remplis de confiance, campaient sans lignes, et s'avancèrent près de Turenne sans attendre leur canon, retardé par le mauvais état des chemins.

[1] On nomme ainsi une côte plate et sablonneuse.

Le 12 juin, le maréchal d'Hocquincourt vint reconnaître les lignes ; quelques soldats avancés tirèrent sur lui, une balle l'atteignit dans le ventre ; il mourut une heure après. Un jeune homme, nommé du Bourg, page d'Humières, fut pris en cette affaire.

Le lendemain, 13, l'armée des ennemis se vint camper dans les dunes, à trois quarts de lieue des lignes. L'après-dîner, le maréchal de Turenne, étant monté à cheval, alla sur le chemin de Furnes, avec un régiment, et s'avança le plus loin possible à la découverte. Le maréchal remarqua, entre autres choses, que les ennemis avaient fait un pont sur le canal de Furnes, et ne douta point qu'ils ne voulussent bientôt attaquer nos lignes. Il revint aussitôt après au camp, résolu de leur livrer bataille le lendemain.

Après qu'il eut pris toutes ses dispositions, comme il se disposait à se reposer sur la dune, « Talon, intendant, lui montra une lettre qu'il venait de recevoir de la part du cardinal, par laquelle ce ministre lui mandait que le maréchal en savait plus que lui, mais que, s'il osait dire son avis en cette rencontre, il lui semblait qu'il fallait donner bataille. Le maréchal fut bien aise que la résolution qu'il avait prise fût autorisée par le sentiment du cardinal. Le maréchal, n'ayant plus rien à faire, s'enveloppa de son manteau et se coucha sur le sable. Une heure après, on le vint éveiller en lui amenant le page d'Humières, qui avait été pris derrière son maître le jour d'auparavant, et qui venait de se sauver du camp des ennemis. Ce petit garçon, qui avait bon sens, dit au maréchal que les ennemis, ne se défiant point de lui, l'avaient laissé promener par tout leur camp ; qu'ils n'avaient point encore de canon ni toute leur infanterie, mais que le bruit était parmi eux que cela arriverait dans deux ou trois jours, et qu'aussitôt après ils attaqueraient nos lignes ; qu'ils s'étaient toujours avancés pour donner courage aux assiégés et ralentir nos attaques par leur présence. Le maréchal se fit répéter la nouvelle du canon, nous disant que s'il eût encore été à se résoudre à la bataille, cela l'y aurait déterminé, et après il se recoucha[1]. »

Le duc d'York, étonné de l'assurance et de la tranquillité des Espagnols, leur représenta que s'ils n'étaient pas attaqués dans la nuit, ils le seraient infailliblement le len-

---

[1] *Mémoires de Bussy-Rabutin.*

demain matin. « C'est ce que nous demandons, répliquèrent Caracene et Gamare. — Eh bien, répondit le duc d'York, je connais assez M. de Turenne pour vous promettre que vous aurez satisfaction... »

« Avez-vous jamais assisté à une bataille? » demanda, le lendemain matin, Condé, effrayé de tant de présomption et d'impéritie, au jeune duc de Glocester; et sur sa réponse négative : « Eh bien, lui dit-il, dans une demi-heure vous verrez comment nous en perdrons une. »

L'armée du roi pouvait être forte de cinq à six mille chevaux, et de neuf à dix mille hommes de pied. Le 14 juin, à la pointe du jour, on s'approcha de l'ennemi en fort bon ordre, jusqu'à cent pas de lui, avant qu'il y eût un coup tiré de part ni d'autre, les deux ailes marchant comme si elles eussent été tirés au cordeau.

La gauche, formée par le corps de Castelnau, et par les Anglais sous le commandement de Lockhart, l'ambassadeur d'Angleterre, s'appuyait à la mer; la droite, commandée par le marquis de Créqui, s'appuyait au canal de Furnes. Turenne avait rangé son armée en trois lignes. Une forte réserve de dix escadrons, sous les ordres du marquis de Richelieu, était placée à mi-chemin de l'armée et de la ville, de manière à pouvoir se porter où besoin serait. L'armée déployée occupait un front d'une lieue. Des bâtiments anglais longeaient la côte, et leurs boulets pouvaient couvrir le littoral et protéger les mouvements de leur armée; leur feu troubla beaucoup le flanc droit des Espagnols. L'armée espagnole comptait environ quatorze mille hommes, dont huit mille chevaux. Don Juan d'Autriche se plaça à droite, Condé à gauche. Quand Turenne se mit en marche, les ennemis n'étaient pas encore prêts au combat. On vit des cavaliers débandés, qui étaient au fourrage, revenir au camp. Mais Condé répara vite ce désordre; il mit sa cavalerie sur cinq ou six lignes, disposition que le terrain rendait nécessaire. Toute l'infanterie, composée de quinze bataillons, fut placée sur une seule ligne. L'artillerie n'était pas encore arrivée.

Les Français marchèrent à l'ennemi au petit pas; leur canon, qui était en tête, tira cinq ou six volées pendant la marche. Le terrain, très accidenté, était entrecoupé de petites vallées et de dunes. On tirait chaque fois qu'on arrivait sur une hauteur. L'action commença à huit heures du matin. Les Anglais furent les premiers engagés, ils mirent en fuite un régiment qui leur était opposé et qui défendait une dune assez élevée en avant des troupes ennemies. Les fuyards de ce régiment jetèrent le trouble dans l'armée espagnole, qui ne résista pas et qui ne tarda pas à reculer en désordre. Mais les choses ne se passèrent pas ainsi, au moins au début, à la gauche. Le marquis de Créqui, ayant rompu, sans grande résistance, la première ligne espagnole, s'engagea témérairement, avec quelques escadrons seulement, contre la cavalerie de Condé. qui était en fort bon ordre, un peu en arrière des escadrons défaits. On ne faisait pas impunément de fautes devant Condé. Le prince chargea la cavalerie de Créqui, la rompit, et, comme il était homme à tirer d'une occasion tous les avantages qu'elle pouvait offrir, il pensa un instant qu'il pourrait traverser l'armée et entrer à Dunkerque avec sa cavalerie. « Il y eut un instant où les choses furent un peu en balance. » Turenne, heureusement, avait vu la faute de son lieutenant et pris ses mesures pour la réparer; lorsque Condé chargea avec toute sa cavalerie, les gardes et les Suisses, placés aux deux extrémités de la ligne, firent un mouvement convergent, l'entourèrent de trois côtés, et l'accueillirent par un feu épouvntable de tête et des deux flancs qui porta la confusion dans ses escadrons, dont quelques-uns s'ouvrirent. C'était le moment qu'attendait Bussy. Il s'élança avec sa cavalerie dans les vides produits par le feu de l'infanterie, et sabra les cavaliers de Condé, qui reculèrent en désordre. Trois fois Condé rallia ses escadrons et les ramena, trois fois ils furent décimés et rompus de la même manière; les hommes, rebutés et découragés, refusèrent de retourner à la charge. Condé, demeuré au milieu d'un petit groupe de gentilshommes français, se retira à grand'peine; son cheval ayant été tué, il faillit être pris; le dévouement d'un de ses officiers, qui lui donna le sien, le sauva.

Turenne renvoya la réserve devant Dunkerque et se mit à la poursuite de l'ennemi. La cavalerie ramassa des fuyards jusque auprès de Furnes, qui couvrit la retraite des Espagnols. L'armée française fit plus de quatre mille prisonniers, et sa perte fut insignifiante.

Cette victoire fut, selon Napoléon, l'action la plus brillante de Turenne.

L'effet de la bataille des Dunes fut immense. La cour accueillit avec enthousiasme une victoire qui était son salut. Le roi l'annonça à tout le royaume dans une lettre circulaire où il ne marchandait pas l'éloge à Turenne.

Rentré dans ses lignes, le maréchal poussa vivement les travaux du siège, et, le 23 juin, Dunkerque se rendit, après dix-huit jours de tranchée ouverte. Les ennemis en sortirent le 25, après midi, en présence de Louis XIV, et furent conduits à Saint-Omer. Le marquis de Leyde, qui avait défendu la place avec autant d'habileté que de vigueur, mourut le jour même de la capitulation, d'une blessure qu'il avait reçue cinq à six jours auparavant.

Conformément au traité, la ville fut remise aux Anglais. Turenne se rendit à Bergues, qu'il assiégea et prit le 2 juillet. La situation de la place était telle, que Turenne refusa de recevoir la garnison à composition, et exigea qu'elle se rendît prisonnière de guerre. A cette nouvelle, les huit à neuf cents hommes qui la composaient, et qui appartenaient tous à de vieux régiments, se débandent, et chacun essaye, pour son compte, de se sauver au milieu des marais et de rejoindre isolément son armée. On en prit un très grand nombre, mais quelques-uns se sauvèrent. Napoléon approuve beaucoup cette résolution. « La conduite de la garnison espagnole de Bergues est remarquable, dit-il. Les clefs d'une place valent toujours bien la liberté de sa garnison, lorsqu'elle est résolue de n'en sortir que libre. »

Furnes se rendit, le lendemain, sans résistance. Puis Turenne se porta immédiatement sur les ennemis, qui essayaient de construire une redoute, à un endroit nommé la Knoque, pour s'assurer la possession des canaux de Dixmude et d'Ypres. Sa diligence déconcertait tous leurs desseins. « Ils étaient toujours embarrassés dès qu'on s'avançait, étant aisé de connaître qu'ils ne s'arrêtaient que dans l'espérance qu'ils avaient que l'on n'irait pas plus loin. » Dixmude se rendit le 4. Condé avait laissé à la garnison, qui n'était que de quatre cents hommes, l'ordre de capituler s'ils voyaient qu'on se disposât à les assiéger.

Tel était l'état des affaires quand la maladie du roi mit tout en suspens et arrêta les opérations. Pendant huit à dix jours, Louis XIV fut en danger; pendant deux jours on le crut perdu; il ne fut sauvé que par du vin émétique que lui donna un empirique de Calais, où il s'était fait porter dès qu'il s'était senti malade. Mazarin, menacé par les intrigues qui se tramaient autour de lui, se fit souple et caressant, particulièrement pour l'armée. « M. le cardinal, contre qui on crie, comme on fait d'ordinaire contre ceux qui gouvernent, trouva beaucoup d'amis en ce temps-là. » Turenne demeura fidèle à la fortune du ministre, et s'en trouva bien. Le roi guérit, et la campagne recommença; mais l'ennemi avait mis à profit le répit que lui avait donné cet arrêt forcé de l'armée française. Il avait dispersé ses troupes et avait placé l'infanterie dans les villes, afin de faire traîner la guerre en longueur. Condé se jeta dans Ostende, don Juan dans Bruges, le prince de Ligne dans Ypres, Fuensaldagne dans Nieuport. Mazarin et Turenne se rencontrèrent à Bergues pour arrêter les opérations à entreprendre. On décida d'assiéger Gravelines, afin de compenser, par la possession de cette ville, la remise de Dunkerque aux Anglais. La Ferté se porta devant cette ville avec sept ou huit régiments d'infanterie, et l'investit le 4 août. Turenne demeura auprès de Dixmude et couvrit le siège, qui dura vingt-six jours.

Sur ces entrefaites, Mazarin obtenait des succès diplomatiques qui allaient amener la fin de la guerre. Léopold Ier, roi de Hongrie, avait été élu Empereur le 18 juillet. C'était un échec pour la France, qui s'était opposée à sa nomination ; mais le cardinal le compensa en faisant accepter par le nouvel élu une capitulation qui le séparait de l'Espagne. Par l'article 14 de cet acte diplomatique, Léopold s'engagea « à ne se mêler en aucune façon des guerres qui se font présentement en Italie et dans le cercle de Bourgogne, et à n'envoyer aucun secours de soldats, d'argent, d'armes ou de toute autre chose contre la couronne de France ». De plus, Mazarin rallia les États que le voisinage de la France, ou leurs intérêts, éloignaient de l'Autriche.

Les trois archevêques de Trèves, Mayence et Cologne, l'évêque de Munster, le landgrave de Hesse-Cassel, les ducs de Brunswick et de Lunebourg, le comte palatin, le roi de Suède, signèrent, le 15 août, un traité, dit ligue du Rhin, dont les conditions étaient le maintien de la paix de Westphalie. Cependant la guerre continuait dans les Pays-Bas. Les forts extérieurs de Gravelines furent rapidement emportés. On enleva aussi quelques ouvrages avancés, puis enfin on attaqua le corps de la place. Gravelines, moins importante que Dunkerque comme position maritime, était une ville très forte. La garnison, heureusement, en était tout à fait insuffisante. Les ennemis réunirent leur armée et s'avancèrent, pour la délivrer, jusqu'à Poperinghen et Roesbrughe ; mais, après avoir examiné les positions de Turenne, ils reconnurent l'impossibilité de la secourir, et Gravelines capitula le 3 août ; ils se retirèrent vers Ypres et la Lys. L'ingénieur qui avait dirigé le siège était Vauban.

Turenne « envoya beaucoup de partis, pour donner jalousie à l'ennemi de tous côtés », laissa un corps de réserve entre Dixmude, Furnes et Bergues, et se porta sur la Lys, qu'il passa à Deynse. Il traversa l'Escaut à Gâvre, et menaça, du même coup, Bruxelles, Gand et Bruges. Un corps ennemi, qui était à Oudenarde, en sortit pour couvrir Bruxelles. Turenne se jeta sur Oudenarde. Quelques régiments de cavalerie ennemie, qui se trouvaient aux environs, essayèrent inutilement de pénétrer dans la place. Une centaine de dragons seulement y entrèrent, et Oudenarde ne résista que quarante-huit heures (9 septembre). Trois régiments y furent faits prisonniers de guerre.

Oudenarde, grande et populeuse cité, « n'était pas estimée comme place de guerre, » mais c'était un poste avancé dont Turenne comprenait toute l'importance. « La conservation de ce lieu, écrit-il à le Tellier, le 27 septembre, doit, à mon avis, faire une révolution en Flandre. » Il voulait en faire une puissante place d'armes, et, pour la protéger, il pensa à Menin, qui assurait les communications d'Oudenarde avec Dixmude. En se portant sur Menin, il rencontra le prince de Ligne avec deux mille fantassins et quinze cents chevaux. Sans délai, sans hésitation, Turenne lança sur lui ses troupes à mesure qu'elles arrivaient. Le désarroi de l'ennemi l'avait rendu confiant et audacieux. On prit presque toute l'infanterie, avec ses drapeaux et ses armes ; quatre à cinq cents chevaux seulement se sauvèrent. Menin ouvrit ses portes à la première sommation.

Le corps du prince de Ligne était en garnison dans Ypres ; il en était sorti pour se porter sur Tournay, et de là sur Bruxelles, quand les généraux ennemis avaient pensé que Turenne, victorieux, se porterait sur Bruxelles. Ypres était donc dégarnie. Turenne y courut. C'était une forte place dont les Espagnols avaient fait, pendant quelque temps, leur quartier général ; il fallait profiter du moment où sa garnison était faible. Turenne avait peu de troupes pour entreprendre un aussi grand siège ; mais « l'ennemi était en si mauvais état par la bataille des Dunes, par le combat du prince de Ligne, par tant de régiments défaits et tant de partis battus, que l'on pouvait hasarder d'attaquer une grande place avec peu de gens ». Turenne suppléa à ce qui lui manquait par son activité. La nuit même de l'occupation de Menin, il marcha sur Ypres (12-13 septembre), et ordonna aux divers corps détachés de l'armée de se réunir à Menin, pour couvrir le siège. Il fit venir des outils, du canon et des munitions de Dunkerque, Gravelines, Calais; le siège fut conduit par Vauban. Ypres capitula dès le 24 septembre, après quinze jours de tranchée ouverte. Mais, pour mener le siège aussi rapidement; on avait dû faire plusieurs attaques de vive force, qui coûtèrent un millier d'hommes [1].

Dès le lendemain, Turenne, qui ne perdait pas un instant, fit attaquer et prendre le château de Comines. C'était un fort bon poste et un passage considérable sur la Lys.

Après la prise d'Ypres, Turenne s'avança à Varneton, puis il alla camper à Espierres, « lieu fort plein de fourrages, » sur l'Escaut, entre Oudenarde et Tournay. Il faisait venir son pain d'Ypres.

« La Flandre, depuis Bruges et Gand à Saint-Omer, est en bien plus mauvais état qu'elle n'a jamais été, et il ne faut pas y faire le même fondement pour les contributions [2]. » Turenne avait besoin de faire reposer son armée, que la maladie décimait. « M. d'Humières est tombé très malade, depuis trois jours, d'une fièvre bien violente, avec des vomissements. On a laissé près de quinze cents malades à Ypres. »

Pendant ce séjour des troupes à Espierres, qui dura près de quatre semaines, « on commença à travailler de bonne façon aux fortifications d'Oudenarde, » sous la direction du chevalier de Clerville, « fort entendu aux fortifications. » — « Il y avait plus de mille paysans qui travaillaient tous les jours, outre les soldats. »

Au commencement de novembre, le maréchal décampa d'Espierres; les ennemis se rapprochèrent de lui pour l'obliger à la retraite; mais Turenne, « voulant continuer le plus qu'il pourrait la campagne, » passa l'Escaut, fit

---

[1] « J'envoie le sieur de Mardaillan, écrit Turenne à sa femme le 24 septembre, qui vous dira comme Ypres a demandé à capituler; il est certain que je reconnais une grande bénédiction de Dieu sur tout ce que j'entreprends. J'en suis quelquefois un peu plus homme de bien; souvent aussi cela ne va pas trop bien. Je vous dis sincèrement l'affaire comme elle est. »

[2] Turenne à Mazarin, 20 octobre 1658.

prendre Gramont, menaça Alost, et se cantonna à Ninove, obligeant don Juan à rentrer à Bruxelles et à y rester. Pendant ce temps, les fortifications d'Oudenarde avançaient. « Il n'est pas croyable, écrivait-il le 15 novembre à le Tellier, les travaux qu'on a faits à cette place ; le chevalier de Clerville les a fort bien pris, et y a agi avec soin. »

On travaillait aussi à Menin, « mais avec moins d'application qu'à Oudenarde. »

Tous les succès obtenus ne firent qu'engager Turenne à redoubler de vigilance. Nous voyons, dans sa correspondance avec Mazarin et avec le Tellier, que sa sollicitude se portait sur toutes les parties des services de l'armée. Il demande à le Tellier de lever des recrues, de lui envoyer l'argent de la solde, du pain, de la farine, du foin, du canon et des munitions pour les garnisons qui resteraient en pays ennemi. Dans la prévision d'une nouvelle campagne, il écrit à le Tellier le 11 janvier 1659 : « On soutient les choses dans le commencement de l'hiver ; mais, vers le printemps, il faut de grandes ressources d'argent pour mettre les choses en état. » Pendant les mois de décembre et janvier, il ramena en France une partie des troupes, laissant des garnisons ordinaires à Dunkerque, Gravelines, Bergues, Furnes et Dixmude, qui étaient si éloignées de l'ennemi, qu'on ne ressentait aucune crainte à leur égard ; à Menin, Oudenarde et Ypres, on plaça des garnisons plus fortes. Au commencement de février, Turenne rentra à Paris, ayant tout préparé pour une campagne offensive, où il espérait obtenir des résultats décisifs. Cette campagne, caressée et si bien préparée par Turenne, ne devait pas avoir lieu. Une suspension d'armes fut signée le 8 mai 1659, et les pourparlers qui amenèrent la paix commencèrent.

CHAPITRE V

Turenne diplomate, homme d'État, écrivain. — Campagne de 1667. — Conversion de Turenne. — Sa vie privée. — Son caractère.

Turenne passa toute l'année 1659 en Flandre ou dans le nord de la France, à Calais, à Amiens surtout. Ses troupes, inoccupées, vivaient de contributions sur le territoire ennemi. Elles étaient bien souvent sans solde. « Je ferai le mieux que je pourrai à la frontière, écrit-il à le Tellier le 28 août; on n'y parle point d'argent du tout. » Des désordres avaient lieu et les Espagnols se plaignaient.

Après le soin de son armée, les affaires d'Angleterre furent, pendant tout le cours de cette année, la principale préoccupation de Turenne. Cromwell était mort le 3 septembre 1658. Son fils Richard, qui le remplaça, n'avait ni les capacités ni l'énergie nécessaires pour recueillir le fardeau de sa succession. Le courage des royalistes se releva, et six mille hommes se rassemblèrent auprès de Chester. Turenne, sachant que Mazarin souhaitait plutôt le rétablissement de la monarchie que la continuation de la république, lui écrit, le 31 août, une longue dépêche sur la situation des affaires en Angleterre; puis il ajoute : « J'ai cru que je ne manquerais pas en assistant M. le duc d'York indirectement de tout ce qui dépendait de moi. Si c'était une chose qui pût attendre une réponse, Votre Excellence sait bien que je ne m'ingérerais pas à faire un pas sans ordre; mais, comme l'éloignement des lieux empêche que l'on puisse en avoir, j'ai dit à M. le duc d'York que je lui laisserai couler des soldats et des officiers de mon régiment d'infanterie. Je lui donnerai aussi de l'argent pour trouver des petits bateaux sur la côte. Comme il n'y marche point de corps et que cela se fait sans le su de personne, Votre Excellence le peut désavouer comme il lui plaît; car il ne s'y fera, au plus, que ce que je mande à Votre Excellence, et je n'en parlerai ni écrirai à qui que ce soit, les personnes qui agissent étant déguisées. »

Il se mit en rapport avec Monk, qui accueillit bien ses ouvertures; mais le parti royaliste, qui était assemblé dans le comté de Chester, fut complètement battu par les troupes du parlement. Cette défaite empêcha, pour le moment, le prétendant de recouvrer son trône, et Turenne écrivit à sa femme, le 7 septembre 1659 : « J'ai vu M. le duc d'York, et j'eusse rendu à sa maison un service considérable si l'affaire eût un peu duré. »

Le 20 septembre, le duc d'York mandait à Turenne : « Je n'ai pas voulu manquer de vous écrire, aussitôt que je l'ai pu, après mon arrivée ici (à Bruxelles), pour vous remercier de tout ce que vous avez fait et aviez envie de faire, et assurément, non seulement moi, mais tous ceux de notre maison vous ont les dernières obligations. »

L'échange des ratifications de la paix des Pyrénées se fit longtemps attendre. La restitution des places ne devait avoir lieu qu'après cette ratification. Espagnols et Français s'efforçaient de reculer l'accomplissement de cette formalité, tout en protestant vivement, chacun de leur côté, de leur désir de voir finir les arrangements préliminaires et en accusant la partie adverse des retards qui se produisaient. Les lettres que Turenne adressait ou recevait à cette époque témoignent constamment de cette préoccupation.

Enfin, le 9 janvier 1660, le marquis de Caracene pour les Espagnols, le 12 février, Turenne pour les Français, reçurent de leurs gouvernements l'ordre d'exécuter les conventions du traité des Pyrénées.

Turenne donna ses instructions à l'intendant Talon pour effectuer, en deux termes différents, la restitution des places, qui furent remises aux Espagnols, les premières le 24 février, les autres huit jours après, le 2 mars, puis il revint à Paris.

La cour passa l'hiver en Provence; elle repassa le Rhône, le 1er avril, pour se rapprocher des Pyrénées. Le 5 avril, Turenne, qui, après un court séjour à Paris, était allé prendre possession de son gouvernement du Limousin, reçut des mains du roi, à Montpellier, un brevet, daté de ce jour, qui lui conférait la dignité de maréchal général des camps et armées du roi. Ce titre donnait à Turenne la suprématie sur les autres maréchaux de France. Le maréchal général était un connétable, moins la juridiction, le maniement des finances et les autres attributions étrangères au commandement militaire.

Il y avait longtemps que le roi souhaitait de voir Turenne revenir à la religion catholique. Il espérait que l'exemple donné par un tel homme amènerait des défections dans le parti huguenot. Il paraît certain que, pour atteindre ce but, Louis XIV fit briller aux yeux de Turenne l'épée de connétable. Le comte de Bussy-Rabutin raconte, dans une de ses lettres à Mme de Sévigné (10 juin 1672), ce bruit qu'il tenait de Turenne lui-même, et les personnes les plus graves ont confirmé son témoignage.

Louis XIV, en conférant à Turenne le titre de maréchal général, ne se dissimulait pas que, pour un tel homme et après de tels services, ce n'était pas faire assez. « Vous savez, lui dit-il en lui remettant le brevet, qu'il ne tient qu'à vous que je fasse encore davantage. » Pareille insinuation lui fut faite, a-t-on dit, à l'occasion de la naissance du Dauphin, le 1er novembre 1661. On lui aurait offert, en effet, de lui réserver l'éminente charge de gouverneur du prince. Aux offres bienveillantes de Louis XIV, Anne d'Autriche avait joint, par prosélytisme religieux, ses pieuses, mais maladroites instances, qui, au dire d'un des historiens de Turenne, empêchèrent, pendant plusieurs années, le maréchal de se déclarer catholique, de peur de paraître chercher des avantages temporels dans un acte où sa conscience seule était intéressée.

« L'épée de connétable, dit Saint-Simon, était bien le but du modeste héros; mais la timidité du cardinal Mazarin ne put se résoudre à la mettre entre des mains si puissantes et si habiles. Le souvenir de ce qu'avaient pu les derniers connétables de Montmorency et leurs prédécesseurs, le souvenir même de M. de Lesdiguières, faisaient encore peur à la cour. Elle en sortit pour renouveler, en faveur de M. de Turenne, la charge de maréchal général des camps et armées de France, imaginée et créée pour M. de Lesdiguières, lorsque le duc de Luynes, abusant de la jeunesse de Louis XIII, qui n'avait alors que dix-sept ans, et n'avait encore pu voir le jour, par l'éducation qu'on lui avait donnée, que par le trou d'une bouteille, se fit connétable.

« Alors M. de Turenne, supérieur aux maréchaux de France, qu'il commandait tous, cessant de l'être lui-même, mais n'étant pas connétable et ne pouvant en porter les marques, ne voulut plus de celles de maréchal de France, dont il quitta les bâtons à ses armes et le titre de maréchal, qu'il avait toujours portés depuis dix-sept ans qu'il l'était, pour reprendre celui de vicomte de Turenne, qu'il avait porté avant d'être maréchal de France. Il signa tout court Turenne ou Henri de la Tour dans tous les temps de sa vie; ainsi il n'y changea rien. »

Au commencement du mois de mai, Louis XIV et sa cour arrivèrent à Bayonne et se dirigèrent vers Saint-Jean-de-Luz, tandis que Philippe IV se rendait à Fontarabie. Le 3 juin, le roi épousa par procuration l'infante Marie-Thérèse, fille du roi d'Espagne.

Une affluence innombrable de peuple et de grands seigneurs se rendit auprès de la petite île où avaient été discutés les intérêts des deux nations si longtemps rivales, et où un mariage allait sceller une réconciliation qu'on pouvait présumer durable. Les deux cours déployèrent une grande magnificence. Les courtisans étaient admis au dîner du roi. « Nous vîmes dîner le roi d'Espagne, écrit Turenne à sa femme le 18 mai; il me regarda fort. Je ne le trouvai point si abattu que l'on dit. La main lui tremble un peu en buvant et il est assez maigre; il a bonne mine, est sérieux et grave au dernier point. »

Ce jour-là même, pendant le repas, le roi d'Espagne avait demandé à sa sœur si Turenne ne se trouvait pas parmi les grands seigneurs qui se pressaient autour de la table royale. Lorsqu'elle le lui eut désigné, le grave Philippe IV le considéra longtemps avec attention, et dit à demi-voix à Anne d'Autriche : « Voilà un homme qui m'a fait passer bien des mauvaises nuits. » Laconique, mais expressif éloge dans la bouche d'un ennemi.

Au mois de juillet, Turenne revint à Fontainebleau, séjour qu'il affectionnait, et où nous le retrouverons souvent.

Mazarin mourut le 9 avril 1661. Turenne n'aimait pas le cardinal. Mais à cette époque les sentiments religieux étaient encore puissants. « La religion, qui avait autrefois suspendu la fureur des guerres civiles en publiant la *paix de Dieu*, prêchait encore la réconciliation au moment de la mort. On pardonnait alors à ceux dont on avait eu le plus à se plaindre et même à ceux que l'on avait le plus offensés : l'étiquette se mêlant au plus saint devoir, il était d'usage de leur envoyer dire qu'on mourait leur *très humble serviteur* ou *leur très humble servante*[1]. »

Quand il vit que la maladie du cardinal était mortelle, Turenne fit ce qu'il put pour se réconcilier sincèrement avec lui. Il se présenta à plusieurs reprises à la porte de sa chambre; mais il ne fut point reçu, tandis que le maréchal de Gramont passait toute la journée au chevet du lit du malade. Il en exprima son regret à l'évêque de Fréjus, Ondedei, qui enfin, la veille de la mort de Son Éminence, le vint chercher de sa part. Le cardinal le reçut parfaitement; il lui dit qu'il avait engagé le roi « à n'oublier jamais ses grands services, et que, connaissant le cœur de Sa Majesté, il ne devrait pas être en peine là-dessus; que, pour lui, il se sentait une véritable joie de mourir son serviteur et ami. En disant cela, il tira de son

[1] Barrière.

doigt un diamant de mille pistoles, qu'il lui donna, le priant de le garder comme un gage de son amitié. Puis, voulant témoigner de la fermeté en présence d'un des plus braves hommes du monde, il lui dit qu'il espérait tout de la miséricorde de Dieu, mais qu'il ne craignait rien. « Quand « le monde, lui dit-il en latin, tomberait en ruines, je ne « tremblerais pas [1]... » Ils ne parlèrent point de leurs anciens engagements [2]. »

Le roi d'Angleterre étant remonté sur le trône, en 1660, le nouveau roi témoigna à Turenne une amitié et une estime très grandes, et, dans les circonstances difficiles, le comte d'Estrades, ambassadeur de France en Angleterre, s'adressait à Turenne pour le prier d'user de son influence auprès de Charles II.

Le roi fit demander à Turenne s'il désirait le cordon bleu d'Angleterre. Le négociateur, un sieur Crafts, lui posa nettement la question dans une lettre du 9 août 1661.

« Vous êtes, lui écrit-il, un homme à qui l'on peut parler de tout; et ainsi, sans faire le tour du pot, je vous prie de me dire, avec la même franchise que je vous le demande, si vous seriez en état et en volonté de recevoir le cordon bleu d'Angleterre, si l'on vous l'envoyait... Voyez donc ce que vous avez à me dire là-dessus, et je ménagerai le tout où je vais, comme vous le pouvez souhaiter, afin que rien ne vous soit offert que vous ne soyez en état ou en volonté d'accepter. »

« Je viens de recevoir votre billet, répondit Turenne le lendemain, et je vous dirai, avec la même franchise que vous m'écrivez, que je sais bien que le cordon bleu d'Angleterre est un ordre que des gens d'une qualité au-dessus de la mienne pourraient tenir à grand honneur d'avoir, et je me sens fort honoré de la pensée qu'on a pour moi; mais cela ne me convient pas... » Malheureusement, dans le recueil des lettres de Turenne, publié par M. de Grimoard, la lettre est incomplète. L'éditeur a supprimé les raisons que Turenne donnait pour motiver son refus.

Bien que Turenne ne doive pas être rangé au nombre des grands politiques et des diplomates qui ont illustré le siècle de Louis XIV, sa grande réputation, sa situation de ministre d'État, l'obligèrent à s'occuper fréquemment des

---

[1] Horace, *Carm.* lib. III, od. III.
[2] *Mémoires de l'abbé de Choisy.*

relations de la France avec les autres États européens. Louis XIV, qui avait une grande confiance dans la sûreté de son jugement, lui demanda son sentiment sur la conduite à tenir, dans un grand nombre de circonstances difficiles et importantes. Les notes rédigées par Turenne en réponse à ces questions sont, contrairement aux habitudes du maréchal, écrites d'un style net, ferme et précis. Elles sont courtes, vont droit au but, et traduisent bien la pensée de l'auteur. Elles attestent une grande connaissance de la situation des divers États de l'Europe.

Nous trouvons dans les notes et mémoires de Turenne la trace d'une négociation importante qui n'eut pas de suite, mais qui montra que Turenne avait eu la pensée, qui s'est brillamment réalisée de nos jours, de voir la France prendre pied en Afrique, de l'autre côté de la Méditerranée. Le comte de Schomberg et le sieur Frémont s'étaient mis en relation avec Abdelassi Ben-Hamet, gouverneur de Santa-Cruz, et l'alcaïde Lebid ayant témoigné qu'il serait bien aise que l'on traitât avec ce prince, dont il était l'ambassadeur, on lui donna des lettres particulières, avec une instruction préparée par Turenne, et datée du 22 janvier 1664, pour un marchand français, nommé Alexandre le Grand, qui était interprète d'Abdelassi.

« Lorsque M. le Grand aura su du sieur don Gaspard, envoyé de la couronne de Portugal à Santa-Cruz, qui je suis, et qu'on peut prendre créance en moi, il entretiendra en particulier Hamet Abdelassi, lui dira que j'ai appris qu'il méditait un grand dessein, que je trouve qu'il ne saurait rien faire au monde qui soit plus digne de lui, en l'état que sont les affaires d'Afrique, que de rentrer dans Maroc, dont le royaume lui appartient à bien plus juste titre qu'à celui qui le possède, et que, s'il croit avoir besoin de l'assistance de quelque prince pour amener à une bonne fin une si grande entreprise, on peut l'assurer avec vérité qu'il ne peut traiter avec pas un roi plus puissant que celui de France, qui n'a pas seulement, plus que ses voisins, de soldats courageux et de capitaines expérimentés à la guerre, mais qui surpasse encore tous les autres monarques de l'Europe en trésors et en richesses, en artillerie et en toute sorte de munitions...

« Si, après cette ouverture, on découvre à M. le Grand qu'on a quelque pensée de se rendre maître de Fez ou de Maroc, ou de quelque autre royaume important, alors il demandera qui peut retarder l'exécution de ce dessein ; et si l'obstacle peut se lever par notre moyen, on y procédera avec toute la diligence possible, en envoyant ponctuellement et promptement ce qu'on demandera, pourvu qu'on nous donne le temps d'aviser de ces choses. Si, cependant, l'entreprise pressait fort, et qu'on n'eût pas le loisir de faire toutes les allées et venues que l'on a accoutumé pour conclure un traité comme celui-ci, on peut, en m'envoyant le mémoire des choses qui manquent et que l'on peut désirer par mon entremise, me dire ce que l'on donnera à mon maître en cas que la conquête réussisse.

« Vous savez que notre nation n'est pas fort intéressée, mais toujours ne nous peut-on moins offrir qu'un bon port de mer, où nous puissions aborder avec un secours, et dont nous soyons les maîtres, aussi bien que de deux ou trois lieues de pays aux environs, comme nous conviendrons plus particulièrement dans le traité qu'on fera avec Abdelassi, en cas que ce prince acceptât nos offres, et que le mien approuve les avances que j'ai faites de moi-même. »

Le 12 mars suivant, le sieur le Grand répondit au sieur Frémont : « Pour ce qui est du dessein que Mgr de Schomberg peut avoir en ce lieu, il n'y a rien à faire ; ce gouverneur-ci, n'étant point de la race du roi de Maroc, n'a aucun dessein, suivant les apparences, à la couronne, ni de se défaire de ce port, qui est tout ce qu'il possède, pour l'avoir, depuis deux ans et demi, usurpé du sultan Sidi-Basson, qui demeure aux montagnes, à environ trente lieues d'ici. »

La négociation entamée n'eut donc pas de suite. Il n'en demeure pas moins acquis que Turenne avait compris les avantages que la France trouverait dans la possession d'un port dans l'Afrique du Nord, et essayé d'atteindre ce but.

Il est un autre pays qui fut l'objet des constantes préoccupations de Turenne : c'est le Portugal. Nous devons avouer qu'ici la postérité n'a pas ratifié sa politique. Mais pour comprendre le motif de son erreur, il faut se reporter à l'époque où il vivait. Le maréchal, avec les faibles armées que Mazarin, dans la pénurie du trésor royal, ne levait et n'entretenait que difficilement, avait eu souvent peine à tenir tête aux armées d'Espagne. La nation espagnole, qui étreignait la France au sud, à l'ouest, par la Franche-Comté, au nord par la partie des Pays-Bas qu'elle conservait encore, vivait sur son ancienne réputation. Turenne ne s'était pas assez rendu compte de sa faiblesse; il n'avait pas vu que cette nation, usée, épuisée, cesserait bientôt d'être une menace et un danger pour la France, tandis que l'Angleterre, l'Allemagne, la Hollande, allaient se développer et tenir en échec la fortune de Louis XIV.

Dans la longue période de calme qui s'étend de 1659 à 1672, en en exceptant la courte et facile campagne de 1667, Turenne vécut dans une noble simplicité à Paris, où ses fonctions de ministre d'État le rappelaient souvent, et à Fontainebleau, son séjour favori. Il se plaisait dans sa famille et dans un petit cercle d'amis choisis. Libre d'affaires, il était d'humeur assez gaie. Il aimait la conversation, riait volontiers des mots spirituels, plaisantait lui-même assez finement et prenait plaisir à raconter.

« Il savait mille contes, dit Bussy, il aimait à les faire et les faisait fort bien. Mais, comme il connaissait le ridicule de ceux qui en font souvent et qui les répètent devant les mêmes personnes, il commençait toujours par dire : « Je « ne sais si je vous ai fait ce conte-ci; mais, quand cela se-« rait, il est trop bon, il faut que je vous le redise encore. » Il aimait la lecture des livres sérieux. Les ouvrages de controverse religieuse et d'histoire étaient ceux qu'il préférait; il en faisait son profit, mais il n'en parlait pas souvent; il n'aimait pas la discussion. « Il savait quelque chose des poètes latins et mille beaux endroits des poètes français [1]; » mais ce n'était pas un lettré. Son éducation, qu'il avait interrompue à treize ans pour prendre du service, n'avait jamais été complète, et plus tard, lorsqu'il sentit le besoin de s'instruire, il tourna surtout son attention vers les études qui pouvaient lui être utiles dans le métier des armes.

On s'aperçoit de cette absence de fortes études littéraires dans ses écrits, sa volumineuse correspondance d'abord, publiée en 1782 par le comte de Grimoard, en deux volumes in-folio, et dans ses mémoires militaires, ouvrage divisé en trois livres :

1. Guerres en Allemagne,
2. Guerres en France,
3. Guerres en Flandre,

qui comprennent de décembre 1643 à janvier 1659.

Il ne faut chercher des modèles de l'art de bien dire ni

---

[1] *Mémoires de Bussy-Rabutin.*

dans ses lettres ni dans ses mémoires. Ces obscurités, que Retz lui reproche, « en tout comme en son parler, » se retrouvent dans son style, qui est lourd et manque essentiellement de clarté, de vigueur et de trait. Il faut souvent réfléchir assez longtemps pour comprendre ce qu'il a voulu dire. Mais, ce qu'on ne saurait trop admirer, tant dans ses lettres que dans le récit de ses campagnes, c'est la loyauté de l'écrivain, la véracité du récit qui éclatent à chaque page. Avec une admirable modestie et une complète franchise, Turenne n'hésite pas à avouer et à expliquer longuement ses fautes; il est plus bref pour ses succès et passe sous silence quelques-unes de ses plus belles actions. Dans ses revers, il n'accuse jamais personne. Il cherche à mettre en relief le mérite de ses officiers; il ne leur impute pas ses insuccès, même quand il a les plus justes motifs de le faire. Un signe caractéristique des mémoires de Turenne est l'absence presque totale de passion, d'émotion même, et cela dans les choses qui le touchent de plus près, ses succès, ses revers, ses espérances, ses craintes. Un calme inaltérable règne dans ces récits, où l'écrivain, en parlant de lui, semble parler d'un autre qui lui serait étranger ou indifférent. Le fait, rien que le fait dans toute son étendue, avec des détails parfois oiseux, toujours prolixes; jamais ou presque jamais un cri du cœur, une de ces réflexions profondes, une de ces idées générales que les faits inspirent, mais qui les dominent et élèvent l'âme vers une région plus sereine et plus haute.

Un défaut encore de ces mémoires, c'est le manque de précision dans les indications topographiques, l'absence de renseignements absolument certains sur la date des événements qui se déroulent sous les yeux du lecteur. Il est rare que Turenne prenne la peine d'indiquer les dates, et les formules vagues, telles que « dans ce temps-là, quelque temps, quelques jours, quelques semaines après, après avoir demeuré un peu en cet endroit, etc. », tiennent trop souvent lieu des indications précises de date et de lieu qu'on s'attendrait à trouver sous la plume d'un homme aussi méthodique. Les mémoires de Turenne sont en ce point bien différents de ceux de Bussy-Rabutin, qui, dans le récit de ses campagnes, suit les événements pas à pas et semble écrire plutôt un journal que des mémoires.

Dans le siècle de Louis XIV, Voltaire, amené à parler des mémoires de Turenne, s'est tiré avec son esprit ordinaire de cette difficulté. « Nous avons beaucoup de mémoires de nos généraux, » dit-il; puis il ajoute simplement : « mais ils n'ont pas écrit comme Xénophon et César. » Dans la correspondance de Turenne, les défauts sont peut-être un peu moins sensibles. On n'y cherche pas la précision d'un général racontant ses campagnes, et, bien qu'on n'y trouve jamais d'effusion ni de sentiments bien vifs, cependant il y a, surtout dans ses lettres intimes, moins de sécheresse et plus d'abandon. Cette correspondance, qui contient, d'ailleurs, aussi bien les lettres qu'il a reçues que celles qu'il a écrites, a été, malheureusement, tronquée par l'éditeur. Dans un très grand nombre de lettres, des lignes ponctuées indiquent que des passages ont été supprimés. Dans le corps du texte, un certain nombre de mots, surtout de noms de lieux, sont laissés en blanc; il est probable que cette lacune provient de ce que l'éditeur n'aura pu lire l'écriture du maréchal, qui est, en effet, des plus difficiles à déchiffrer. Ceux mêmes qui étaient en correspondance journalière avec lui n'en venaient pas facilement à bout. « On ne pouvait presque lire l'écriture du maréchal, dit Bussy; mais pour son seing, il fallait le deviner, on n'y pouvait pas reconnaître une lettre, et tous les mots s'y pouvaient aussitôt trouver que Turenne. »

Outre les billets doux qu'il écrivait pour le compte du roi, Turenne eut encore quelques peccadilles littéraires à se reprocher. On l'accuse d'avoir commis des vers. On a trouvé, en effet, dans la collection de chansons dite de Maurepas, à la bibliothèque nationale, le couplet suivant, « fait par M. de Turenne pour Madame, sur une éclipse qu'un ermite de Fontainebleau, dans son sermon, avait invité d'aller voir sur une hauteur, où l'on ne trouva ni l'ermite ni l'éclipse. »

> Philis m'aimoit; elle a changé,
> Son cœur est infidelle.
> Mais sa beauté m'en a vengé :
> Elle a changé comme elle.
>
> Ainsi qu'Agnez et le corps mort [1],
> Ma dame, ce me semble,
> L'éclipse et l'hermite d'accord
> S'en sont allés ensemble.

[1] Allusion à un vers de Molière (*l'École des femmes*, acte V, scène v.)

Si cette poésie est bien de Turenne, nous ne devons pas hésiter à reconnaître que ses vers ne valent pas sa stratégie, bien qu'en somme on en ait fait de pires.

Mme de Turenne mourut le 13 avril 1666, au moment où elle entrait à peine dans sa quarante-troisième année. Elle fut enterrée le lendemain à Charenton. Elle était charitable, pieuse, très aimée, et laissa de grands regrets parmi les personnes qui l'approchaient.

Turenne la regretta vivement. Mais les affaires publiques allaient bientôt réclamer toute son attention. En 1665, la guerre avait éclaté entre la Hollande et l'Angleterre. Turenne, consulté par le roi sur l'alliance à faire avec les Anglais et les Hollandais, lui conseilla le rôle de médiateur ; mais, sur ces entrefaites, le roi d'Espagne, Philippe IV, mourut le 17 septembre 1665, laissant pour successeur un enfant de quatre ans, d'une santé débile, Carlos II, qu'il avait eu d'un second mariage.

La guerre paraissait inévitable. « Il faut, disait Jean de Witt, grand pensionnaire de Hollande, que le roi de France ait une modération extraordinaire et presque miraculeuse, s'il se dépouille de l'ambition, qui est si naturelle à tous les princes, pour ne pas se servir des avantages qu'il a sur l'Espagne, puissance tellement affaiblie qu'elle ne se conserve que par sa faiblesse même. »

La tentation était, en effet, bien forte ; mais Louis XIV attendit que le moment favorable arrivât. Le 26 janvier 1666, Louis XIV déclara la guerre à l'Angleterre, et promit aux Hollandais, ses alliés, de les soutenir énergiquement. Son dessein, cependant, était de laisser la Hollande et l'Angleterre user leurs forces, tandis qu'il ménagerait les siennes, afin de se trouver seul en mesure le jour où il voudrait envahir les Pays-Bas espagnols. Il préparait des troupes, des magasins de vivres, et quand il fut prêt, il ouvrit des négociations pour terminer « l'affaire de mer », comme il appelait la guerre avec l'Angleterre. La paix fut signée le 31 juillet 1667.

Au commencement du mois de mai de cette année, Louis XIV avait adressé à tous les gouvernements d'Europe un manifeste intitulé : *Traité des droits de la reine très chrétienne sur divers États de la monarchie d'Espagne*. C'était un mémoire d'avocat, basé sur une chicane, qui paraissait ramener aux proportions d'un simple procès un conflit international.

En épousant Louis XIV, Marie-Thérèse avait expressément renoncé à tous ses droits sur l'héritage paternel ; mais l'habile Mazarin avait subordonné l'exécution de cette clause à une condition qui ne fut jamais réalisée, le payement de cinq cent mille écus, que la reine devait apporter en dot. La dot n'ayant pas été payée, la renonciation de ses droits faite par la reine était nulle. Louis XIV soutenait qu'en vertu d'une coutume désignée sous le nom de droit de *dévolution*, et qui avait cours dans les Pays-Bas, dans le Cambrésis, dans la Bourgogne et dans le Luxembourg, la reine, en qualité de fille du premier lit de Philippe IV, pouvait revendiquer dans l'héritage paternel une part dont elle était propriétaire. En effet, d'après la coutume qu'il invoquait, les biens patrimoniaux appartenaient aux enfants du premier lit, sans égard aux enfants du second. Au moment même du second mariage, la succession en était *dévolue* aux enfants nés du mariage précédent. Le père, remarié, restait seulement usufruitier de l'héritage dont ses enfants devenaient propriétaires, quoiqu'ils ne dussent entrer en possession qu'à sa mort.

On assure, mais nous n'avons trouvé nulle part la preuve de cette allégation, que cette observation sur la coutume des Pays-Bas avait échappé aux jurisconsultes français, et que ce fut Turenne qui en parla le premier au roi.

Tandis qu'on préparait de volumineux traités en Espagne pour combattre la thèse juridique de Louis XIV, les hommes de guerre français s'apprêtaient à prendre la place que la toge n'allait pas tarder à leur céder. Le ministre de la guerre, Louvois, avait, pendant les pourparlers, envoyé en quantité considérable des munitions et des vivres dans les places fortes du Nord, et réuni sans bruit, et si habilement que Colbert lui-même y fut trompé, une armée de cinquante mille hommes sur la frontière. Une fois tous les préparatifs achevés, Louis XIV annonça à l'Espagne qu'il allait faire prévaloir son droit les armes à la main si elle persistait à le méconnaître. Le 10 mai, Turenne prit le commandement général des troupes de Picardie. Le 16, Louis XIV quittait Saint-Germain, après avoir déclaré la reine régente, et venait à Amiens rejoindre Turenne, sous lequel il voulait, disait-il, apprendre le métier de la guerre. Louvois y vint aussi pour étudier de plus près l'administration militaire. « Toutes les facultés que réclame cette science, Louvois les trouvait dans sa riche nature; il les a développées jusqu'au génie; mais Turenne l'a aidé de ses leçons, de ses conseils, de sa sévérité même. Sur les esprits fiers, les reproches ont plus d'effet que les éloges; ils produisent une réaction plus vive et plus complète; malheureusement ils laissent aussi de profonds ressentiments. Il vint un temps où Louvois avait oublié les éloges de Turenne; il se souvint toujours de ses reproches [1]. »

A ce moment, l'accord de Louvois et de Turenne était complet. « L'on dit que M. de Turenne et M. de Louvois sont de bonne intelligence et admirablement bien auprès du roi, et que la fortune de M. Colbert baisse. Beaucoup sont persuadés que dans le mois d'août il doit tomber, et, quoique je ne croie pas ces imaginations, j'ai voulu les marquer [2]. »

Colbert, heureusement, ne tomba pas, mais la bonne harmonie de Louvois et de Turenne servit merveilleusement les intérêts de la France.

Ce dernier avait divisé son armée en trois corps : le corps de bataille, qui se montait à environ trente-cinq mille hommes, dont dix mille de cavalerie, se porta entre la Lys et la Meuse; le corps d'observation de la droite, de dix mille hommes, sous le marquis de Créqui, se dirigea sur Luxembourg; et le corps d'observation de la gauche, de huit mille hommes, commandés par le maréchal d'Aumont, opéra en longeant la mer.

A ces forces, véritablement immenses pour l'époque, le marquis de Castel-Rodrigo, gouverneur des Pays-Bas, n'avait à opposer qu'une faible armée de vingt mille hommes, dont une partie devait être occupée à la défense de places mal pourvues, mal approvisionnées, qui allaient successivement devenir la proie des Français. Les opérations débutèrent, le 24 mai, par la prise d'Armentières. Tandis qu'Aumont s'emparait de Bergues et de Furnes, Turenne se portait sur Binche et Charleroi. Castel-Rodrigo avait fait évacuer cette place après avoir donné l'ordre d'en faire sauter les fortifications. Les fourneaux de mines n'avaient pas produit tout l'effet désiré. Turenne jugea Charleroi d'une si grande importance, comme position offensive entre Mons et Namur, qu'il y resta quinze jours (2-16 juin), pendant lesquels il fit travailler toute l'armée

---

[1] C. Rousset, *Histoire de Louvois*.
[2] *Journal d'Olivier d'Ormesson*.

à en réparer les fortifications. Quand la ville fut remise en état de défense, Turenne y laissa une garnison de deux mille quatre cents hommes sous le marquis de Montal, et reprit sa marche. Ath se rendit sans résistance, Tournay après deux jours d'attaque (23 juin). Le 30, Douai était investi; le 6 juillet, la ville se rendait. Quelques jours après, la place et la citadelle de Courtray capitulaient (16-18 juillet). Heureux de ces rapides succès, que n'attristait aucun revers et que n'assombrissait aucune inquiétude, Louis XIV se montrait, aux yeux des populations conquises, entouré d'une splendeur inouïe. Tout le monde comparait la cour du roi aux somptueux cortèges que les monarques d'Asie emmenaient autrefois dans leurs camps.

Turenne et Louvois n'hésitèrent pas à signaler au roi les dangers de cette magnificence.

Le 31 juillet, Oudenarde fut pris; mais Turenne échoua devant Dendermonde. Cette ville, dont l'occupation eût permis d'attaquer Gand et Bruges, avait été pourvue à temps d'une forte garnison, et les environs inondés. Turenne reconnut les difficultés de l'opération. Malgré les moqueries et les persiflages des jeunes officiers, il ramena l'armée à Oudenarde, sans rien tenter contre Dendermonde. Ce petit échec, au cours d'une si heureuse campagne, fit un effet immense; on crut en Europe que le vent allait changer et que la fortune revenait aux Espagnols. A Madrid et à Vienne on se félicitait, et l'ambassadeur de France auprès de la cour autrichienne reçut, pendant plusieurs jours, d'ironiques compliments de condoléance sur une prétendue perte de six mille hommes que l'armée française aurait subie devant Dendermonde. Grémonville eut bientôt une réponse à donner, qui fit taire les malveillants. Louis XIV venait de mettre le siège devant Lille, grande et populeuse cité, que protégeaient des fortifications considérables, une double enceinte de fossés, une garnison de cinq mille hommes, une bourgeoisie riche, hostile à la France, et une population dont trente mille hommes environ pouvaient porter les armes. La place fut investie le 10 août. Le 18, les lignes de contrevallation et de circonvallation étaient achevées, et la tranchée fut ouverte. Vauban dirigeait les travaux. Le 21, la grosse artillerie ouvrit le feu contre les ouvrages avancés et les remparts. Comme les lignes étaient très étendues, Turenne avait rappelé le corps du marquis de Créqui, qui arriva le 23.

On fit alors plusieurs attaques dans les nuits du 24 au 25 et du 26 au 27. Ces tentatives réussirent, malgré l'énergique résistance de la garnison, réduite par ses pertes à deux mille quatre cents hommes. Le gouverneur, menacé d'un assaut, et sommé par le peuple de capituler, ouvrit les portes le 27 au soir.

Cependant une armée de secours de douze mille hommes s'était assemblée à Ypres sous les ordres du comte de Marsin, qui était resté au service de l'Espagne après la paix des Pyrénées; mais la capitulation précipitée de Lille vint la rendre inutile. Marsin se hâta d'envoyer son infanterie dans des places fortes, et se retira à Bruges avec sa cavalerie, huit mille hommes, qui, surpris et chargés entre Bruges et Gand par les corps de Bellefonds et de Créqui, furent mis en déroute et perdirent cinq cents hommes tués, quinze cents prisonniers, plusieurs centaines de chevaux et dix-huit étendards.

On s'attendait au siège de Gand ou de Bruges; mais ces villes, pourvues d'une bonne garnison et d'approvisionnements considérables, pouvaient opposer une résistance sérieuse. La saison était malsaine; des pluies torrentielles ne cessaient de tomber; l'état sanitaire des troupes était mauvais; il y avait des malades dans toutes les villes.

Turenne jugea qu'il était temps de cesser les hostilités. Les opérations s'arrêtèrent dès le commencement de septembre, et Louis XIV retourna à Saint-Germain.

A peine y fut-il arrivé, que l'ambassadeur de Hollande vint le voir. Les Hollandais, jaloux de leur indépendance, préféraient le voisinage immédiat de l'Espagne affaiblie à celui de la France forte et menaçante. Au début des hostilités, l'Espagne, pour obtenir des secours en argent ou en hommes, leur avait offert, en garantie, Ostende et Namur et les douanes de l'Escaut, ou Ostende, avec Bruges et les forts voisins de l'Écluse. Sans prendre ouvertement parti, les Hollandais, dès le mois de juillet, avaient pressé Louis XIV de faire connaître nettement ses intentions.

A Saint-Germain, Van Beuningen appuya par de nouveaux arguments la proposition de M. de Witt.

« Van Beuningen, échevin d'Amsterdam, ambassadeur de Hollande auprès de Louis XIV, avait la vivacité d'un Français et la fierté d'un Espagnol. Il se plaisait à choquer, dans toutes les occasions, la hauteur impérieuse du roi, et opposait son inflexibilité républicaine au ton de supériorité que les ministres de France commençaient à prendre[1]. »

Toutefois ses conseils furent écoutés en cette circonstance, et Louis XIV fit aux Hollandais une promesse connue sous le nom de l'*alternative,* qui devint, par la suite, non seulement la base, mais la teneur même des arrangements définitifs. Il déclara qu'il se contenterait des villes qu'il avait prises jusque-là, ou d'un équivalent qui serait la cession du Cambrésis, de Douai, Aire, Saint-Omer, Bergues et Furnes, avec la Franche-Comté et le Luxembourg.

Des plénipotentiaires furent envoyés à Aix-la-Chapelle, mais la guerre continua. Turenne, inquiet des préparatifs que le marquis de Castel-Rodrigo faisait à Alost, médita de s'emparer de cette ville, que les Espagnols approvisionnaient et fortifiaient afin de pouvoir s'en servir pendant l'hiver pour couper les communications des garnisons françaises, et donner asile, en cas de revers, aux partis qui battraient la campagne. Turenne ne voulut pas entreprendre un siège régulier ; le temps était affreux. Il espérait, d'ailleurs, que la garnison, découragée, céderait à une attaque de vive force, ce qui eut lieu ; mais l'assaut coûta cher. Les Français eurent cinq à six cents morts ou blessés. Louis XIV, habitué à des triomphes faciles, exprima son étonnement à Turenne. « Je suis fâché, lui écrivit-il, qu'il y ait eu tant de gens blessés devant un lieu comme celui-là. » Les maladies et le feu en eussent peut-être enlevé bien plus dans un siège régulier ; mais la perte, répartie sur un plus long espace de temps, eût paru moins considérable. A la fin d'octobre, le marquis de Bellefonds, qui commandait un détachement en Hainaut, surprit hors de la ville et mit en déroute la garnison de Mons. Ce fut le dernier engagement de la campagne en Flandre.

Vers le commencement de l'hiver, on proposa aux Espagnols un armistice, que Castel-Rodrigo refusa en disant que cette suspension d'armes serait imposée par la nature, et qu'il n'avait pas besoin de la recevoir d'un ennemi comme une grâce.

Cette imprudente fierté favorisait les secrets desseins du roi. Pendant la fin de l'année, Louvois forma en Champagne, et dans les Trois-Évêchés, une puissante armée dont

---

[1] Voltaire, *Siècle de Louis XIV.*

la destination était inconnue. Ces mouvements de troupes au cœur de l'hiver excitèrent la curiosité et l'attention de l'Europe. Tout à coup, le 2 février, le roi part de Saint-Germain. Condé, chargé du commandement de l'expédition, l'avait précédé en Bourgogne. Vingt mille hommes pénètrent en Franche-Comté; Besançon capitule. En trois semaines la province entière est soumise, moins par la force des armes que par la puissance de l'intrigue. Le gouvernement espagnol écrivit au gouverneur que le roi de France aurait dû envoyer ses laquais prendre possession de la Comté, au lieu d'y aller en personne. Louis XIV, en effet, venu pour présider à des opérations militaires, n'eut qu'à recevoir les soumissions des magistrats de la province. Cependant les nations voisines suivaient d'un œil inquiet et jaloux les rapides progrès de la France. Le roi d'Angleterre envoya en Hollande le chevalier Temple, habile politique, avec la mission de proposer un accord entre la Hollande, l'Angleterre et la Suède, afin d'obliger les deux couronnes de France et d'Espagne à faire la paix; ses propositions ayant été acceptées, Temple dressa le traité. Le projet, arrêté le 23 janvier, fut signé le 7 février, et ratifié le 25 avril.

La triple alliance, officiellement révélée à la fin de la campagne de Franche-Comté, irrita Louis XIV. Autour de lui les avis étaient partagés. Turenne, Condé, Louvois, lui conseillaient de n'en pas tenir compte; Colbert, de Lyonne étaient d'avis contraire. A l'appui de leur opinion en faveur de la paix, ils faisaient valoir un argument auquel on se rendit; c'est que rien n'était prêt pour une lutte contre une coalition. Néanmoins le parti de la guerre avait raison. La France était plus prête qu'aucune des puissances médiatrices. Les flottes d'Angleterre et de Hollande réunies ne nous auraient pas empêchés de prendre Bruxelles et Gand, et un peu d'argent eût détaché la Suède de la coalition.

Au mois d'avril, les négociations reprirent à Aix-la-Chapelle, sous la médiation du pape Clément IX. « Un nonce fut envoyé à ce congrès pour être un fantôme d'arbitre entre des fantômes de plénipotentiaires. »

Par le traité qui fut signé le 2 mai, Charleroi, Blinche, Ath, Douai, le fort de Scarpe, Tournay, Lille, Oudenarde, Armentières, Courtray, Bergues et Furnes demeurèrent au roi, avec leurs bailliages, châtellenies, territoires, prévôtés et annexes.

CHAPITRE V

Cette paix était glorieuse et profitable. Pour assurer le succès de la campagne, le roi n'avait rien négligé, il avait fait appel au dévouement de tous.

Nous avons vu Condé reprendre auprès de lui une situation prépondérante. A la paix des Pyrénées, le prince était rentré en France, mais il n'avait pu reconquérir ni l'amitié ni la confiance du roi. Au début de la guerre de Flandre, on l'avait tenu à l'écart, et il avait été réduit à demander à Louis XIV, comme une grâce, que son fils, au moins, ne fût pas exclu de l'honneur de le servir. Pendant ce temps, Turenne jouissait de la faveur du roi, qui lui avait confié la direction de la guerre, l'écoutait et déférait à ses avis. Tout à coup la situation changea. Condé, mandé de Chantilly, apprit de la bouche de Louis XIV qu'il était chargé d'organiser et de diriger l'armée d'invasion de la Franche-Comté. « Il est presque inconcevable, écrivait Lyonne, dans quels transports de joie fut ledit seigneur prince, quand Sa Majesté lui déclara qu'elle le faisait général d'une armée de vingt-cinq mille hommes effectifs sur le Rhin. »

D'où venait ce changement? D'une réaction qui se produisait en ce moment contre Turenne, et dont Louvois et le Tellier surent habilement profiter pour organiser contre lui une puissante cabale. Le maréchal, sûr de l'appui du roi, avait mécontenté des personnes qu'un esprit plus souple et moins ferme eût ménagées. « Il traita les ministres avec beaucoup de hauteur, comme aussi les plus vieux courtisans, gens, à dire vrai, indignes, pour la plupart, qu'on ait beaucoup d'égards pour eux. Cependant il devait sans doute ménager les uns et les autres [1]. » Selon Racine, dont nous savons qu'il ne faut accepter le témoignage qu'avec réserves quand il s'agit de Turenne, « il était haï de tout le monde, surtout des ministres, qu'il insultait tous les jours. »

Turenne n'insultait pas les ministres; mais, chargé de la direction suprême de son armée, il donnait à Louvois des conseils ou des ordres que cette nature altière et dominante ne subissait que parce qu'on savait Turenne maître de l'esprit du roi. Le jeune ministre aspirait au moment où il pourrait secouer le joug, joug d'autant plus pénible que Turenne, ignorant l'art de flatter, ne se faisait pas

---

[1] *Mémoires et Réflexions sur les principaux événements du règne de Louis XIV et sur le caractère de ceux qui y ont eu la principale part*, par le marquis de la Fare.

faute de lui dire, durement parfois, la vérité, et de garder nettement sa position de supérieur vis-à-vis de lui. Condé, au contraire, qui passait facilement d'une morgue excessive à une platitude outrée, sut se faire bien venir de Louvois et de son père. Ils le prirent sous leur protection, et résolurent de se servir de lui pour annihiler, ou tout au moins pour amoindrir Turenne. Ils persuadèrent donc à Louis XIV que le maréchal ne pouvait suffire à tous les travaux de la guerre dans plusieurs contrées à la fois, et qu'il serait utile de lui adjoindre Condé, dont le nom seul serait un épouvantail pour l'ennemi. L'intrigue réussit. Condé revint en faveur. « Jusqu'ici, disait le roi au duc d'Enghien, j'avais estimé votre père sans l'aimer; aujourd'hui je crois sentir que je l'aime autant que je l'estime. »

Après la campagne de 1667, la cour fit à Chambord un voyage dont Turenne ne fut pas. « Il avait fait la pluie et le beau temps à la campagne de Lille; mais, depuis la paix, sa faveur était fort baissée, et les courtisans, qui s'en étaient aperçus, n'étaient plus dans son antichambre [1]. »

Il mit à profit le temps que lui laissaient la paix et le vide qui s'était fait autour de lui. Turenne était un homme foncièrement croyant et pieux. Dans ses lettres intimes, on rencontre à chaque page l'expression de ses sentiments chrétiens.

Un esprit aussi sincèrement avide de vérité, sérieux, impartial, devait être forcément amené à étudier les questions religieuses agitées à cette époque.

En 1660, une des nièces du maréchal, fille de la pieuse Éléonore de Bergues, prit le voile au couvent des Carmélites, à Paris. Turenne, en considération de sa religion, ne crut pas devoir assister à la cérémonie, et, dans le discours que Bossuet prononça à cette occasion en présence des deux reines, le grand orateur exprime en termes éloquents et pleins d'émotion les regrets que lui faisait éprouver son absence. « Quelque illustre que soit cette assemblée, s'écria-t-il, on ne s'aperçoit que trop de ce qui lui manque. Dieu veuille que l'année prochaine la compagnie soit complète, que ce grand et invincible courage se laisse vaincre une fois, et qu'après avoir tant servi il travaille enfin pour lui-même. »

[1] *Mémoires de l'abbé de Choisy.*

Esprit droit et loyal, tolérant, modéré par nature, Turenne se plaignait « que l'on n'instruisît point les gens de bonne foi dans les deux religions, et que chacun de son côté fît voir la religion de l'autre pour en donner de l'aversion [1] ». Il n'hésitait pas, à l'occasion, à reconnaître ce qu'il trouvait de défectueux chez les protestants.

Il était effrayé et scandalisé de l'esprit d'indépendance qui soufflait dans le protestantisme. Il admirait l'unité de l'Église romaine, et considérait comme « regrettable à jamais » la scission qui s'était produite dans le sein de l'Église. Il eût désiré un rapprochement. En voyant combien était restreint le nombre des ministres protestants de bonne foi, conciliants, pacifiques, il déplorait qu' « en pensant réformer on fût allé si loin au delà de la charité. Ils ne savent donc pas, disait-il, que pour contenter un esprit il vaut beaucoup mieux assurer avouer une chose que d'esquiver une raison [2] ».

On ne saurait douter, après avoir lu la correspondance de Turenne, qu'il ne fût disposé à se réunir à l'Église catholique longtemps avant le moment où il abjura la religion protestante. Ses lettres expriment avec tant de bonne foi et de simplicité les doutes qui tourmentaient son âme; elles indiquent si bien les incertitudes de cette intelligence droite, ferme, amoureuse de la vérité, que l'on suit pas à pas les progrès de la foi catholique en elle.

Des combats intérieurs se livraient dans l'intelligence de Turenne, naturellement indécise quand il s'agissait de prendre un grand parti, et que la lumière de la vérité n'éclairait pas encore complètement. De plus, des influences opposées agissaient sur lui et venaient encore augmenter le trouble de son âme. Le duc de Bouillon avait abjuré peu de temps après son mariage. Dans leurs testaments, « le duc et sa femme demandaient à Dieu la conversion de M. de Turenne à la vérité de la sainte foi catholique, apostolique et romaine. » L'exemple de ce frère qu'il aimait et respectait tant, ses lectures, ses réflexions, faisaient pencher Turenne vers le catholicisme.

D'autre part, les impulsions de son enfance et de sa jeunesse, le souvenir de son père, les leçons qu'il avait reçues à Sedan des ministres calvinistes, ses maîtres, le rete-

---

[1] Turenne à sa femme, 10 décembre 1658.
[2] Turenne à sa femme, 16 avril et 11 juin 1660.

naient dans le sein du protestantisme. Mais les plus grands, les plus sérieux obstacles à sa conversion, Turenne les trouvait au sein de sa famille; il sentait que ce grand acte porterait la désolation dans le cœur des personnes qu'il aimait le plus. C'étaient ses sœurs [1]; entre autres, la duchesse de la Trémoille, à laquelle l'ardeur de ses convictions fit donner le nom de papesse des huguenots, mais dont le zèle n'était rien auprès de celui de Mlle de Bouillon, « l'oracle de Charenton, » femme éclairée, active, d'esprit ferme et résolu, renommée et estimée pour ses vertus de toutes les personnes qui la connaissaient, à quelque religion qu'elles appartinssent. Turenne avait en elle une confiance absolue. C'est toujours à elle qu'il fait part de ses espérances, de ses chagrins et de ses peines, qu'il confie ses secrets. Il la chargea plus d'une fois de négociations difficiles et délicates, et lui laissa prendre sur lui un tel empire, qu'on avait fini par l'appeler sa *gouvernante*. « Mlle de Bouillon, que la conversion de son frère aîné avait mortellement affligée, aurait mieux aimé voir Turenne sur un échafaud que devenir catholique [2]. »

Il faut mentionner une intime amie, la duchesse de Rohan-Chabot. Enfin le mariage de Turenne avait donné à ces femmes, si ardentes et si capables, un habile et infatigable auxiliaire. La conviction, du reste, chez Mme de Turenne, avait d'autant plus de force qu'elle était aussi désintéressée que profonde. Toutes les dignités, tous les honneurs promis à Turenne s'il abjurait la religion protestante, ne la tentèrent jamais un seul instant. Elle partageait en cela la noblesse et l'élévation de caractère de ce grand homme, qui pouvait lui écrire, sûr d'être compris à demi-mot par elle :

« J'ai reçu la lettre de ma sœur, du 9 mai, qui me mande que M. de Ruvigny lui voulait parler. Je ne sais si ce ne serait pas d'une chose qu'une personne me demanda hier en grand secret : savoir si j'avais offert de changer de reli-

---

[1] Le maréchal avait eu six sœurs, dont une était morte de bonne heure. Les cinq survivantes étaient : Marie, mariée en 1619 à Henri de la Trémoille, duc de Thouars; Élisabeth, mariée la même année à Gui Aldonce de Durfort, marquis de Duras et de Lorges; Julienne-Catherine, mariée en 1627 à François de la Rochefoucauld, comte de Roye et de Ronci; Henriette-Catherine, mariée en 1629 à Amauri Goyon, marquis de la Moussaye; Charlotte, morte sans alliance en 1662.

[2] Racine, *Fragments historiques*.

gion pour être connétable. Vous savez à peu près ce que je pense sur tout cela [1]. »

La mort de sa sœur, Charlotte de Bouillon, en 1662; celle de la duchesse de Trémoille, le dégagèrent un peu des entraves qui le retenaient; mais sa femme se multipliait. Elle faisait composer par le ministre Claude des traités en réponse aux écrits de Port-Royal, et mettait les ministres protestants les plus distingués à même de contre-balancer, par de fréquents entretiens avec son mari, l'effet que la doctrine catholique produisait en son esprit. Mme de Turenne avait une influence si considérable sur son mari, que pour arriver à lui on essaya de la convertir; Antoine Barillon, marquis de Morangis, conseiller d'État, et une nièce de Turenne s'y employèrent, mais bien inutilement. Ils se heurtèrent contre une indomptable opiniâtreté.

Après la mort de sa femme, Turenne ne revint pas immédiatement au catholicisme, et il consacra encore deux années entières aux études les plus sérieuses avant d'abjurer publiquement le calvinisme. « La qualité dominante du génie de Turenne était la réflexion. Celui qui, dans les camps, dans les armées et dans les combinaisons politiques ne voulait jamais rien accorder au sentiment trop prompt d'une première impression, devait penser qu'un acte aussi important que celui d'un changement de religion méritait d'être soumis à toutes les épreuves d'une longue méditation [2]. »

La réflexion de Turenne amenait, comme cela se voit souvent, l'irrésolution à sa suite. A force de peser le pour et le contre, on finit par ne pouvoir se décider à prendre un parti. Séduit par la spécieuse réponse que Claude avait faite à l'écrit de Nicole sur la perpétuité de l'Église catholique, touchant l'Eucharistie, et qui avait été réimprimée jusqu'à sept fois, Turenne était retombé dans les plus pénibles perplexités, hésitant entre la religion protestante, en laquelle il avait cessé de croire, et la doctrine catholique, dont plusieurs points l'arrêtaient encore. A la paix d'Aix-la-Chapelle, il reprit ses études. Il lut les ouvrages du P. Louis de Grenade, qui lui plurent et le touchèrent infiniment.

Gilbert de Choiseul, évêque de Comminges, et plus tard

---

[1] Turenne à sa femme, 18 mai 1660, à Saint-Jean-de-Luz.
[2] *Histoire de Bossuet*, par le cardinal de Bausset.

de Tournay, homme des plus instruits et d'une grande droiture; Félix Vialart de Herse, évêque de Châlons-sur-Marne, vénérable par sa vertu et sa charité; Mascaron, dont Turenne appréciait le talent et lisait les discours, eurent de fréquents et utiles entretiens avec lui. Mais c'est à l'*Exposition de la foi catholique* de Bossuet que revient l'honneur de la conversion de Turenne. C'est de cet ouvrage que Turenne disait : « Ce livre m'a fait voir la lumière [1]. »

La *Perpétuité défendue,* de Nicole, qui parut sous le nom d'Arnaud, acheva de le persuader [2], » et, dans quelques entretiens, Antoine Arnaud et Nicole levèrent les derniers doutes qui pouvaient rester dans son esprit. Turenne, selon le vœu de Bossuet, « s'était laissé vaincre. »

Aussitôt qu'il eut pris et fixé sa résolution, raconte Frémont d'Ablancourt, il se rendit (le 21 octobre 1668) à Saint-Germain, où était la cour. Il dit au roi, qui était à table, qu'il avait un mot à lui dire, dont il suppliait Sa Majesté de ne point parler : « C'est, Sire, que je veux « changer de religion. — Ah! que j'en suis aise! » dit le roi en lui tendant les bras pour l'embrasser; mais, le vicomte de Turenne se retirant un peu, le roi se souvint qu'il venait de le prier de n'en rien témoigner. Ainsi il se retint, et lui dit, après l'avoir fait entrer dans son cabinet, que le pape aurait bien de la joie de cette nouvelle, et qu'il voulait, tout à l'heure, lui dépêcher un courrier pour lui en faire part. « Ah! Sire, dit Turenne, je supplie « Votre Majesté de n'en rien faire; car, si je croyais que « cette action pût m'attirer les gants qu'elle tient, je ne « la ferais pas. »

Le 23 octobre, Turenne se rendit à l'archevêché, où l'abjuration se fit entre les mains de Péréfixe, archevêque de Paris, sans autres témoins que l'abbé duc d'Albret et un laïque très intime ami et voisin de Turenne, qui l'aimait et estimait beaucoup, et le fit son exécuteur testamentaire, Louis Boucherat, depuis chancelier de France.

La conversion de Turenne a été interprétée de diverses manières, et, comme toujours, les interprétations malveillantes dominèrent pendant un certain temps. On chercha dans de vils calculs l'explication d'une abjuration qui

---

[1] Basnage.
[2] *Journal d'Olivier d'Ormesson.*

n'était qu'un acte de conscience libre et mûrement réfléchi.

Mais ceux qui ont connu M. de Turenne, dit Saint-Évremont, n'ont attribué son changement de religion ni à l'ambition ni à l'intérêt : voilà la vérité.

La cour de Rome, heureuse de voir revenir dans le sein de l'Église un homme aussi considérable, aussi illustre que Turenne, lui fit offrir le chapeau de cardinal; il le refusa, et ce fut son neveu, le duc d'Albret, qui l'obtint sur la demande de Louis XIV.

Turenne était d'une taille moyenne et d'apparence assez vulgaire; rien dans son extérieur ne révélait le grand homme. Sa physionomie était commune et peu sympathique. Il avait la tête grosse, le nez fort, les lèvres épaisses, les yeux grands et pleins de feu, mais enfoncés dans leurs orbites, et ombragés par des sourcils épais et très rapprochés, qui donnaient à son visage quelque chose de dur, de sombre, de « mauvais » même, s'il faut en croire Mme de Maintenon, effet qu'augmentaient encore ses longs cheveux, qui lui couvraient presque le front. Ses épaules, larges et puissantes, qu'il avait l'habitude de hausser de temps en temps en parlant, dénotaient une grande vigueur de corps, qu'il conserva jusqu'à la fin de sa vie, grâce à une extrême sobriété. Il mangeait peu, et ses repas étaient fort courts.

Son esprit était naturellement irrésolu. Quand il fallait donner son avis dans un conseil, il concluait rarement. Dans les affaires ordinaires, il pesait longuement sans se décider le pour et le contre; dans les affaires graves et urgentes, au contraire, impassible, impénétrable, il s'absorbait dans ses réflexions, ne parlait que très peu et supportait difficilement qu'on lui parlât; mais il prenait son parti rapidement et avec une détermination étonnante chez lui. En général, il voyait mieux la fin qu'on devait se proposer que les moyens qu'il fallait prendre pour y parvenir, et, toujours prêt à profiter des moindres occasions que lui offrirait la fortune, il attendait les circonstances pour se décider; aussi ceux qui servaient sous lui se plaignaient-ils de ne connaître presque jamais ses desseins que dans le moment qu'il fallait agir. Sa contenance, souvent embarrassée, sa démarche et toutes ses manières étaient celles d'un homme modeste, timide même, plus à son aise dans un camp que dans un salon ou à la cour. Il était très simple de mœurs, ennemi du luxe et de l'apparat. Une des plus grandes qualités de Turenne était le mépris des richesses. « Il ne connaissait aucune sorte d'intérêt, ni dans les grandes ni dans les petites choses. Il ne savait pas s'il manquait d'argent ou s'il en avait [1]. » Cadet de famille, et n'ayant eu, dans sa jeunesse, que des ressources assez limitées, il s'était habitué, ce qui, d'ailleurs, était conforme à ses goûts et à sa nature, à une vie des plus modestes. Il était extrêmement économe; mais il était bien loin d'être avare ou cupide. Son désintéressement et sa généreuse libéralité l'empêchèrent, malgré les fonctions importantes qu'il exerça, d'acquérir jamais de grandes richesses; sa charge de colonel général de la cavalerie de France ne lui valait que sept mille deux cents livres par an, comme le prouve une quittance de ladite somme, signée de la main de Turenne, pour son traitement de l'année 1660. Aussi le roi pourvoyait-il d'habitude, au début de chaque guerre, aux frais de son entrée en campagne.

En 1667, il reçut du roi trente mille livres en louis d'or et d'argent « pour se mettre en équipage et vaquer à son service [2] ».

M. le président de Lamoignon, dans le discours qu'il prononça à la rentrée du parlement en 1675, fit l'éloge de Turenne. Après l'avoir comparé à Scipion, il ajoute : « Ce vainqueur de Carthage et de Numance, qui avait enrichi Rome des dépouilles de l'Afrique, n'augmenta ni ne diminua son patrimoine, et ne laissa chez lui en mourant que trente-trois marcs d'argent et deux marcs d'or. Le grand homme dont nous parlons n'a laissé précisément que la même somme en argent comptant. »

En effet, on trouva à sa mort une somme de cinq cents livres dans sa cassette. Sa fortune était modeste pour un homme de son rang.

« Il avait quarante mille livres de rentes en partage; et M. Boucherat a trouvé que, toutes ses dettes et ses legs payés, il ne lui restait que dix mille livres de rentes. C'est deux cent mille francs pour tous ses héritiers, pourvu que la chicane n'y mette pas le nez. Voilà comme il s'est enrichi en cinquante années de services [3]. »

[1] *Mémoires pour servir à l'histoire de M*me* de Maintenon*, par la Baumelle. — M*me* de Maintenon, ayant lu les *Mémoires du cardinal de Retz*, dicta à M*lle* d'Aumale un remarquable portrait de Turenne, qui a été retrouvé dans ses papiers, et auquel nous avons emprunté plusieurs traits.
[2] Quittance donnée par Turenne; l'original est à la bibliothèque nationale.
[3] M*me* de Sévigné, lettre à M*me* de Grignan, 28 août 1675.

Les calculs de Mme de Sévigné n'étaient pas absolument exacts. Nous avons le testament de Turenne. Cet acte, qui n'est pas daté, mais qui a dû précéder de peu sa mort, contient des renseignements très précis sur sa situation. Ses legs en argent sont considérables, ils s'élèvent à cent quatre-vingt-treize mille livres; « cinquante mille livres aux pauvres qui se convertiront à Sedan et dans les terres qui en dépendent, lequel fonds sera employé en rentes, et, après, distribué aux pauvres, ou bien il sera pris une somme pour aider chaque particulier; le tout est remis à la discrétion des exécuteurs testamentaires. » Cette somme fut consacrée à la fondation de l'hospice de la Miséricorde situé au faubourg de la Cassine. Vingt mille livres aux pauvres qui se convertiront à Negrepelisse; vingt mille livres aux pauvres qui se convertiront à Castillon; cinquante mille livres à son secrétaire du Han. Suivent plusieurs libéralités de moindre importance pour ses gens.

Sa fortune consistait en argent, en rentes, en biens-fonds: le domaine de Civray, les terres d'Oliergues, Castillon et Negrepelisse, deux maisons à Paris, et dans le revenu des aides d'Auxerre et de Vézelay. Il stipule que ses legs devront être prélevés et ses dettes payées sur les aides d'Auxerre et de Vézelay, sur ses maisons de Paris, sur le domaine de Civray et sur ses meubles; « ce qui, dit-il, sera plus que suffisant pour les payer, suivant le calcul exact que j'en ai fait; et même il me reste, de ce que j'ai dit ci-dessus, deux cent cinquante-deux mille livres. »

« Turenne laissa en mourant beaucoup moins de bien qu'il n'en avait reçu de sa maison, quoiqu'il eût commandé les armées du roi pendant plus de trente ans, et qu'il eût vécu dans un siècle fécond en grandes fortunes. Quelques-uns de ses amis, s'entretenant avec lui de ces fortunes rapides et immenses, lui faisaient à cette occasion des railleries obligeantes et flatteuses. « Je n'ai jamais pu com-
« prendre, leur dit-il, le plaisir qu'on peut trouver à gar-
« der des coffres remplis d'or et d'argent. S'il me restait à
« la fin de l'année des sommes considérables, j'en aurais
« mal au cœur, comme si, au sortir de table, on me ser-
« vait un grand repas [1]. »

Pendant une de ses campagnes en Allemagne, les habi-

---

[1] *Mémoires de Langlade.*

tants d'une ville riche et importante envoyèrent des députés lui porter cent mille écus, à la condition qu'il voudrait bien se détourner de sa route et ne pas faire passer ses troupes par chez eux. Turenne renvoya les députés avec leur argent, et se borna à répondre qu'il n'avait pas à se détourner de sa route, parce que leur ville ne se trouvait pas sur le chemin qu'il avait dessein de suivre.

De pareils traits abondent dans sa vie; mais il ne se contentait pas d'apporter le désintéressement le plus complet dans l'exercice de ses fonctions; il donnait libéralement, et sans que la main gauche sût ce que donnait la droite.

A la fin de juillet 1674, la dysenterie s'étant mise dans son armée, il ne se passa point de jour qu'il ne visitât les malades, et il subvenait autant qu'il le pouvait à leurs besoins. Dans ces occasions, lorsque l'argent lui manquait, pour ne pas refuser, il empruntait au premier officier qu'il rencontrait, en le priant de se faire payer par son intendant. Celui-ci, soupçonnant que l'on exigeait quelquefois plus qu'on avait prêté à son maître, lui représenta qu'il fallait, à l'avenir, donner des billets de ce qu'il emprunterait. « Non, non, dit le vicomte, donnez tout ce qu'on vous demandera, il n'est pas possible qu'un officier aille vous redemander une somme qu'il n'a point prêtée, à moins qu'il ne soit dans un extrême besoin, et dans ce cas il est juste de l'assister. »

Sa charité s'exerçait souvent d'une manière délicate et obligeante. En 1674, au camp de Dettviller, un gentilhomme de l'arrière-ban avait un cheval si vieux et si usé, qu'il pouvait à peine faire son service, et il était si pauvre, qu'il ne pouvait en acheter un autre. Turenne, ayant appris sa situation, l'arrêta un jour qu'il le rencontra, et feignit d'admirer sa monture, à laquelle il prêta des qualités imaginaires. Il soutint qu'avec un peu de repos on en ferait une bête excellente et douce d'allure, ce à quoi il tenait beaucoup, disait-il, et finit par exprimer le désir de l'avoir. Le gentilhomme y consentit volontiers et l'échangea contre un des meilleurs chevaux de l'écurie du maréchal, en s'applaudissant fort de son marché. Une autre fois, il entendit un officier, qui avait eu ses deux chevaux tués dans une affaire, se plaindre de ne pouvoir en acheter de nouveaux; il lui donna à choisir deux des siens en lui recommandant bien de n'en parler à personne, de peur, lui dit-il, qu'il n'en vienne d'autres pour m'en demander, et en ajoutant qu'il n'avait pas le moyen d'en donner à tout le monde.

La simplicité de ses vêtements l'exposa quelquefois à des méprises dont il était le premier à rire.

Après sa conversion, il allait souvent entendre la messe, à pied, de bon matin, et au sortir de l'église il se promenait seul sur le rempart. Un jour, dans sa promenade, il passa près d'une troupe d'artisans qui jouaient à la boule, et qui, sans le connaître, l'appelèrent pour juger un coup. Il prit sa canne, et, après avoir mesuré les distances, se prononça en faveur d'un des joueurs. Celui auquel sa décision faisait perdre la partie se mit à lui dire des injures; le maréchal sourit et se prépara à mesurer une seconde fois. A ce moment, plusieurs officiers qui le cherchaient vinrent l'aborder; l'artisan demeura confus et lui demanda pardon. Le vicomte répondit simplement: « Mon ami, vous aviez tort de croire que je voulais vous tromper. »

Son flegme était extraordinaire; dans les circonstances les plus imprévues, dans les surprises les plus brusques, il se possédait tout entier. Personne n'a poussé plus loin l'oubli ou le mépris des injures. Nous avons vu sa conduite vis-à-vis du maréchal d'Hocquincourt, à Bléneau. D'Hocquincourt et la Ferté, qui le jalousaient, s'efforçaient en vain, par des taquineries mesquines, de le faire sortir de son sang-froid; ils n'y parvenaient pas. Au siège d'Arras, son corps d'armée n'ayant point les outils nécessaires pour ouvrir la tranchée, il en envoya demander par un de ses lieutenants au maréchal de la Ferté. Celui-ci les refusa, et accompagna son refus de paroles fort désobligeantes pour Turenne, que l'aide de camp répéta au maréchal devant un groupe d'officiers. « Puisqu'il est si fort en colère, dit le maréchal, nous tâcherons de nous passer de ses outils. »

Une autre fois, il fit spirituellement rougir le même maréchal d'un autre accès de colère. La Ferté, en se promenant, rencontra un soldat hors du camp. Le reconnaissant pour un des gardes de Turenne, il lui demanda brusquement ce qu'il faisait là, et, sans attendre sa réponse, il lui donna une volée de coups de canne. Le soldat vint se plaindre à Turenne des mauvais traitements de la Ferté, en lui disant que s'il n'avait pas eu l'honneur de lui appartenir, pareille chose ne lui serait pas arrivée. Après avoir réfléchi un instant, Turenne fit venir le lieutenant de ses gardes, lui ordonna de conduire à la Ferté le soldat qu'il

9*

avait si bien battu, et de dire à son collègue que cet homme devait avoir des torts bien graves envers lui, puisqu'il l'avait obligé à le traiter si durement, ajoutant qu'il le lui envoyait pour savoir s'il n'y aurait pas lieu de lui infliger une sévère punition militaire. La Ferté renvoya le soldat en s'écriant avec un juron : « Cet homme sera donc toujours sage, et moi toujours fou. » Quelques officiers de l'entourage de Turenne s'étant, à ce sujet, exprimés assez vertement sur le compte de la Ferté, le maréchal les fit taire en leur rappelant le respect qu'ils devaient à un maréchal de France.

Turenne allait quelquefois au spectacle, mais rarement; de mauvaises langues ont prétendu qu'il n'aimait pas beaucoup à payer sa place. Un jour, il se trouva dans une loge avec quelques provinciaux qui, ne le connaissant pas, voulurent l'obliger à leur céder le premier rang. Comme il le refusa, l'un d'eux eut l'impertinence de jeter son chapeau et ses gants sur le théâtre. Sans s'émouvoir, Turenne pria un jeune seigneur de la première qualité de les lui ramasser. Ceux qui l'avaient insulté s'étonnèrent, et, s'étant enquis de son nom, voulurent se retirer quand ils surent à qui ils avaient affaire; mais il les retint avec bonté, et leur dit tranquillemnt qu'en se serrant un peu il y aurait place pour tout le monde.

Son carrosse s'étant trouvé arrêté, un jour, dans les rues de Paris par un embarras de voitures, un jeune homme qui ne le connaissait pas, et dont le carrosse suivait le sien, mit pied à terre et vint donner des coups de canne au cocher de Turenne, qui n'allait pas assez vite à son gré. Un marchand, qui avait reconnu le maréchal, sortit de sa boutique en criant : « Comment! on maltraite ainsi les gens de M. de Turenne! » Le jeune homme, confus, vint à la portière du carrosse du maréchal lui faire ses excuses. Turenne le reçut avec courtoisie et se borna à lui dire ironiquement, en le congédiant : « Vous vous entendez fort bien à châtier mes gens, Monsieur; quand ils feront des sottises, ce qui leur arrive fort souvent, je vous les enverrai. »

Il était bon et indulgent pour ses domestiques. Un matin, dans son hôtel, un de ses gens entre dans une pièce et voit, accoudé à une fenêtre et prenant le frais, un homme qu'il croit reconnaître pour un de ses camarades. Il s'approche sur la pointe du pied, et, d'une main qui n'était pas légère, lui applique un grand coup sur les fesses.

L'homme se détourne, c'est Turenne. Le domestique, atterré, se jette à genoux en s'écriant : « Pardon, Monseigneur, j'ai cru que c'était Georges. — Et quand c'eût été Georges, répondit Turenne, il ne fallait pas frapper si fort. »

Ses gens abusaient parfois de sa bonté. A la fin de la guerre de Flandre, en 1658, Hasset et du Han, ses secrétaires, lui firent signer un certain nombre de laissez-passer avec le nom en blanc et trafiquèrent de ces permis. « ... Il n'est pas croyable les plaintes que j'ai d'eux, écrit Turenne à sa femme le 23 novembre, ayant signé assez librement les passeports, et, comme ils prennent partout sans mesure l'intérêt n'a pas de bornes... J'ai appris comme l'on a donné des passeports où le nom n'était pas, disant qu'on les allait remplir; ils s'offraient, dans les villes ennemies, au plus offrant. J'ai chassé Hasset et dirai à du Han que, s'il continue, je ne pourrai pas le garder; il changera assurément son procédé. »

Il revint d'ailleurs sur sa décision. « M. Brevin m'a parlé d'Hasset, et je l'ai gardé, mais j'y prendrai garde, » écrit-il, quelques jours après, à sa femme. Un de ses gens étant allé à son insu, comme s'il venait de sa part, demander un emploi à Colbert, le ministre, ravi de trouver une occasion d'être agréable au maréchal, signa aussitôt la nomination et s'empressa d'aller lui porter lui-même la commission, afin que Turenne pût la remettre à l'intéressé. Turenne ne laissa rien paraître de sa surprise, remercia vivement Colbert, et, après son départ, fit appeler le domestique en lui demandant ce que signifiait l'abus qu'il avait fait de son nom. Le pauvre homme se jeta à ses pieds en lui demandant pardon, et lui expliqua que, chargé de famille, il ne pouvait suffire à ses besoins avec ses gages. « Pourquoi ne m'avez-vous pas dit cela ? reprit Turenne, je suis très content de vos services et j'aurais été heureux de vous aider. » Il lui remit sa commission et lui fit donner une somme assez ronde pour lui permettre de s'installer convenablement dans ses nouvelles fonctions.

Pour prouver la fidélité de Turenne à sa parole, Ramsay raconte qu'il tomba, une nuit, entre les mains d'une troupe de voleurs qui arrêtèrent son carrosse. Sur la promesse qu'il leur fit d'une somme de cent louis d'or pour conserver une bague d'un prix beaucoup moindre, ils la lui laissèrent, et l'un d'eux osa bien aller le lendemain chez lui, au milieu d'une grande compagnie, lui demander l'exécution de sa parole. Le vicomte lui fit donner l'argent, et, avant de raconter l'aventure, laissa au voleur le temps de s'éloigner, en ajoutant qu'il fallait garder inviolablement ses promesses, et qu'un honnête homme ne devait jamais manquer à sa parole, quoique donnée à des fripons même. On raconte la même aventure du maréchal de Créqui. Elle n'est peut-être pas plus vraie de l'un que de l'autre; mais cette anecdote est si connue, que nous avons cru devoir la rapporter.

Il était d'une grande bravoure, et cependant son courage fut mis en doute par Condé, par Bussy, qui le traite de « circonspect »; quelquefois même par les soldats, comme le prouve l'anecdote suivante. Un jour qu'il se promenait au quartier général, il entendit deux soldats parler de lui dans une tente où ils buvaient. L'un disait que le vicomte eût été un parfait général s'il avait eu autant de bravoure que de prudence. Quelques jours après, il fallait reconnaître une place; Turenne fit appeler ce soldat, dont il avait demandé le nom, et, sans lui dire autre chose sinon qu'il eût à l'accompagner, il le mena, au petit pas, au milieu d'une grêle de balles, jusqu'au bord du fossé de la place assiégée. Le soldat avait la peur peinte sur le visage. Quand Turenne eut examiné tout à loisir les défenses de la place, il revint tranquillement et congédia le soldat en lui disant: « Retourne boire avec tes camarades, mais à l'avenir ne parle pas mal d'un homme qui est au moins aussi brave que toi. »

Cette fausse opinion sur la valeur de Turenne provenait uniquement de la nature de son courage. Un trait le peint au vif. On raconte qu'un jour, voyant un enfant passer derrière un cheval de façon à pouvoir être estropié par une ruade, il l'appela et lui dit: « Mon bel enfant, ne passez jamais derrière un cheval sans laisser entre lui et vous l'intervalle nécessaire pour que vous ne puissiez en être blessé. Je vous promets que cela ne vous fera pas faire une demi-lieue de plus dans le cours de votre vie entière, et souvenez-vous que c'est M. de Turenne qui vous l'a dit. »

Tout le caractère de Turenne est dans ce conseil. Jamais il n'a reculé devant un danger; il savait toutefois que la guerre ne consiste pas à se faire tuer, mais à tuer les autres. Il s'exposait, sans hésiter, quand il le fallait; mais il ne jugeait nullement nécessaire de courir au-devant d'une mort inutile. Son sang-froid, le calme qui faisait le fond de son carcatère l'empêchaient de paraître brave aux yeux de l'impétueuse et folle jeunesse française, qui, dans tous les temps, confondant le courage avec la témérité, a toujours volé sans réflexion au-devant du danger. Que de désastres, dans notre histoire nationale, se fussent changés en triomphes, si, au lieu de cette ardeur inconsidérée, notre noblesse eût possédé un peu de ce courage froid, réfléchi, patient et tenace !

« Il prenait des aversions dont il ne revenait pas facilement, et d'ordinaire il les prenait sur l'air et sur les manières des personnes, plus que sur les personnes mêmes; par exemple, quelque brave que fût un homme, il ne le pouvait souffrir s'il usait à la guerre de quelque précaution extraordinaire contre les injures du temps. Pour ceux qu'il méprisait entièrement, de quelque qualité qu'ils pussent être, ce n'était qu'avec une extrême peine qu'il se réduisait à leur parler et à garder avec eux les bienséances nécessaires; et le moyen le plus assuré pour attirer son mépris était d'être fanfaron et de parler trop facilement de soi-même[1]. »

Puységur, Bussy-Rabutin et quelques autres officiers distingués ont eu à se plaindre de lui sous ce rapport.

Nous allons reprendre l'étude de la vie publique de Turenne. On peut voir par ce qui précède que, sauf quelques fautes que nous n'avons ni dissimulées ni atténuées, cet illustre capitaine sut joindre aux talents militaires qui en ont fait un grand homme la bonté, le désintéressement, la modération, toutes ces vertus privées qui constituent la gravité de la vie, et qui font l'honnête homme, le sage et le chrétien.

CHAPITRE VI

Campagne de Hollande. — Campagne de Westphalie.
(1672-1673.)

La république hollandaise, justement fière de sa nationalité, conquise les armes à la main sur l'Espagne, et

[1] Histoire manuscrite de Turenne. — Papiers de Fleury.

reconnue par cette puissance le 12 avril 1609, avait rapidement atteint un haut degré de prospérité. Elle possédait de riches colonies : ses vaisseaux marchands couvraient les mers[1] ; sa flotte de guerre tenait tête à la marine anglaise, et avait porté, en 1666, la terreur jusque dans Londres. Cette riche et industrieuse nation avait fait d'Amsterdam l'entrepôt du commerce de l'Europe et du monde. Le grand développement de la Hollande excita la jalousie des peuples rivaux, parmi lesquels devait naturellement se trouver la France. La formation d'une puissance maritime riche, protestante, gouvernée d'après le régime républicain, et accusée de faire de la propagande en faveur de ce mode de gouvernement dans les monarchies qui l'avoisinaient, devait inspirer des inquiétudes à Louis XIV. A cela s'ajoutèrent des questions d'amour-propre. L'orgueil des Hollandais, enivrés de leur fortune, ne ménagea pas le roi, qui en revanche ne parlait qu'avec le plus grand mépris de ces marchands, qui n'étaient, disait-il, que des usurpateurs, et qui prétendaient intervenir dans les affaires des plus grands monarques de la chrétienté.

En représailles d'une élévation de tarifs imposée aux vaisseaux hollandais qui fréquentaient nos côtes, les Hollandais mirent, en 1670, des surtaxes sur les marchandises françaises, et en particulier sur les vins. Dès ce moment, la guerre fut décidée en principe ; mais il fallait commencer par rompre la triple alliance. Louis XIV résolut d'en détacher d'abord le roi d'Angleterre. N'ignorant pas le crédit dont jouissait Turenne auprès de Charles II, il le chargea de conduire cette importante négociation, de concert avec Mme la duchesse d'Orléans, Henriette d'Angleterre, sœur de Charles II. Le roi changea entièrement de conduite avec Madame, qu'il avait souvent négligée, et elle devint tout à coup puissante à la cour. Turenne, appelé à voir fréquemment cette princesse, rencontrait chez elle une jeune femme belle et spirituelle, la marquise de Coaquin, sœur de Mme de Soubise. Il eut la faiblesse de se laisser, malgré son âge, séduire par les charmes et la coquetterie de la jeune marquise, qui, fière de se voir distinguée par un tel homme, ne négligea rien pour se l'at-

---

[1] En 1669, nous n'avions pas six cents navires pour la grande pêche, lorsque les Hollandais en avaient seize mille, comme le prouve une dépêche de M. de Pomponne, ambassadeur en Hollande.

tacher. Sur ses instances, Turenne lui révéla les secrets de l'État, essayant en vain de se dissimuler à lui-même sa faute, sous le prétexte que la situation de Mme de Coaquin auprès de Madame pourrait la rendre un utile intermédiaire dans le cours des négociations. La jeune marquise répondit d'abord à cette confiance; mais le duc d'Orléans, ayant eu vent de l'intrigue et désirant savoir le motif du crédit singulier dont sa femme jouissait à la cour, chargea le chevalier de Lorraine de découvrir le mystère. Le chevalier était un des gentilshommes les plus aimables et les plus spirituels de la cour. Il entreprit d'arracher son secret à Mme de Coaquin, qui, paraît-il, « ne résista pas longtemps [1], et lui révéla les secrets cachés de Madame et de Turenne. Le duc d'Orléans, aussitôt instruit de tout, se plaignit vivement à Louis XIV d'être ainsi tenu en dehors des affaires. Le roi, qui ne s'était ouvert qu'à Turenne et à Louvois, se demandait d'où pouvait venir l'indiscrétion. Turenne lui avoua sa faute, et rompit tout commerce avec la marquise; mais il fut fort humilié de cette aventure.

« Il en a toute sa vie été si honteux, dit la Fare, que M. le chevalier de Lorraine m'a conté que longtemps depuis, lorsqu'ils furent parfaitement raccommodés ensemble, ayant voulu parler à M. de Turenne de cette aventure, il lui répondit fort plaisamment, selon moi: « Nous en parlerons quand il vous plaira, Monsieur, pourvu que nous éteignions les bougies. »

Malgré cette indiscrétion, la duchesse d'Orléans continua les négociations entamées. Quand elles furent assez avancées, Louis XIV, sous prétexte de visiter ses nouvelles conquêtes en Flandre, partit de Saint-Germain, vers le commencement de mai 1670, avec toute sa cour. A Lille, Henriette d'Angleterre feignit de ne pouvoir résister au désir d'aller rendre visite à ses frères, le roi Charles et le duc d'York; elle s'embarqua à Calais et arriva à Douvres, où elle vit Charles II. Elle conclut et signa, dans le courant de juin, en qualité de plénipotentiaire de France, un traité avec l'Angleterre. Elle revint à Paris à la fin de juin, et mourut à Saint-Cloud quelques jours après son retour, non sans soupçon d'empoisonnement.

La décision prise par l'Angleterre ne fit pas interrompre

---

[1] *Mémoires de la Fare.*

les relations diplomatiques avec la Hollande ; mais la cour de France employa l'année 1671 en négociations avec les principales puissances européennes. L'Empereur, assailli par les Turcs et les Hongrois, lié par son traité relatif à la succession d'Espagne, peu sympathique d'ailleurs à la Hollande protestante et républicaine, s'engagea à ne point assister les états généraux, pourvu que le roi n'entreprît rien sur les terres de l'Empire ni sur celles de l'Espagne. Cette puissance elle-même, bien qu'intéressée à cette lutte par la proximité de ses provinces belges, promit de rester neutre. La Suède, protestante et dévouée à la Hollande, mais entravée par les embarras de la minorité de Charles IX, fit plus de résistance. Cependant la promesse d'un subside de cinq cent mille livres par an décida le conseil de la régence à rompre avec la Hollande, et à aller même jusqu'à stipuler que la Suède, si l'Empereur ou quelque autre prince de l'Empire voulait secourir la république, enverrait dans le cœur de l'Allemagne des troupes qui se joindraient aux armées de France pour contraindre ces princes, par la force, à l'observation de la paix de Westphalie.

Le duc de Lorraine, qui prenait une attitude de plus en plus hostile à mesure que les bruits de guerre s'accentuaient, fut prévenu. On envoya brusquement dans son duché le maréchal de Créqui et vingt-cinq mille hommes, qui faillirent le surprendre dans son château de Nancy, et lui laissèrent à peine le temps de passer en Allemagne. Les princes allemands, divisés et désireux de se mettre du côté du plus fort, se laissèrent gagner. Les ducs de Hanovre, de Neubourg, de Brunswick, de Mecklembourg, l'évêque de Mayence, l'électeur palatin, dont Monsieur, à peine veuf de Madame Henriette, demandait la fille, s'unirent ouvertement à la France.

Pour obtenir ces résultats, Louis XIV jetait l'or à pleines mains. « Je peux me vanter, dit-il au sujet de la guerre de Hollande, d'avoir fait voir ce que c'est que la France, ce qu'elle peut faire seule. Il en est sorti des millions pour mes alliés, j'y ai versé des trésors[1]. »

Christophe Van Gaalen, évêque de Munster, prélat remuant et ambitieux, redoutait le voisinage des Hollandais. Il sema le bruit qu'ils avaient des vues sur différents comtés et sur plusieurs places de ses États, qu'ils fomen-

---

[1] *Mémoires de Louis XIV.*

taient la révolte parmi ses sujets, et pensaient à renverser les princes ecclésiastiques et à détruire les États monarchiques et catholiques. Il engagea l'électeur de Cologne à s'unir avec lui à la France. L'électeur de Cologne y consentit, et le roi signa avec ces deux princes un traité qui lui ouvrait les portes de la Hollande sur la Meuse et sur le Rhin, lui fournissait des magasins et des places dans un pays éloigné de ses États, et lui facilitait la retraite en cas d'insuccès.

L'électeur de Brandebourg, Frédéric-Guillaume, surnommé le Grand Électeur, fut le seul prince qui resta fidèle à la Hollande. Il promit de lui envoyer une armée de secours de vingt-cinq mille hommes. Mais ses offres n'étaient pas entièrement désintéressées, s'il faut en croire Ramsay, dont la *Vie de Turenne* parut en 1735.

Le passage suivant fait bien voir quelle était déjà l'ambition de la Prusse: « Les provinces que possédait l'électeur de Brandebourg, les troupes qu'il avait sur pied, sa cour pleine de princes, de seigneurs et d'officiers de toutes les nations, lui faisaient méditer sans cesse les moyens d'augmenter sa gloire et sa puissance. La paix de Westphalie l'avait empêché d'étendre ses conquêtes en Allemagne, et de reprendre la Poméranie sur les Suédois; mais il aspirait depuis longtemps à la charge de stathouder en Hollande; et quoiqu'elle eût été supprimée depuis plus de six ans, il se flatta de pouvoir s'en faire revêtir, de la perpétuer dans sa maison, et de mettre les Hollandais sous son joug ou par force ou par adresse. Dans cette vue, il dissimulait depuis longtemps leurs usurpations sur le pays de Clèves, ne demandait point les grandes sommes d'argent qu'ils lui devaient, leur laissait plusieurs de ses places, s'intéressait aux démêlés qu'ils avaient avec leurs voisins, refusait les propositions de plusieurs princes de l'Empire et même celles de la France, et tâchait, par toutes sortes de voies, de s'acquérir l'amitié et la confiance des états généraux. »

Pendant que Louis XIV poursuivait activement ses négociations, rien n'était négligé pour assurer à la France, au moment où elle se déciderait à tirer l'épée, une invincible supériorité. La guerre de 1667, à laquelle l'histoire a donné le nom de guerre de dévolution, avait jeté la terreur dans les pays voisins de la France en révélant sa force et la faiblesse de l'Espagne; mais la situation avait encore bien changé en cinq ans. Par son indomptable fermeté, son travail patient et soutenu, Louvois était parvenu à mettre l'armée française sur le pied le plus formidable.

Tout ce que la prudence et l'habileté humaines, servies par les ressources d'une nation puissante, peuvent combiner pour assurer le succès d'une entreprise, avait été réuni. Ne pouvant plus se dissimuler le but de ces formidables armements, les Hollandais s'efforcèrent d'apaiser le grand roi, auquel ils adressèrent, le 10 décembre 1671, une lettre solennelle pleine de soumission. Louis XIV feignit de ne voir dans cette lettre qu'une manœuvre destinée à exciter contre lui l'opinion publique en Europe, et répondit que rien ne l'empêcherait de châtier, au printemps suivant, la Hollande, « ennemie commune des monarchies. »

Malgré cette menace positive, les Hollandais doutaient encore et ne prirent aucune mesure pour se mettre en état de résister. Ce ne fut que lorsque Louis XIV leur eut déclaré la guerre qu'ils cherchèrent à opposer à leur puissant agresseur une résistance improvisée. Ils n'avaient en tout que vingt-cinq mille hommes de mauvaises troupes, mal disciplinées, sans officiers, sans chefs capables. Ils ordonnèrent des levées dans tous les pays. Mais, bien qu'on eût armé toutes les milices des Provinces-Unies, leurs forces n'étaient pas en état de faire tête à l'armée française. La faiblesse des Hollandais apparut encore plus clairement lorsqu'il s'agit de donner un chef aux troupes; car on vit éclater à ce moment, plus que jamais, les dissentions intestines qui déchiraient la république. Deux partis se disputèrent la prédominance en Hollande : l'un, dirigé par Jean de Witt, grand pensionnaire ou magistrat suprême de la Hollande, était composé de la vieille bourgeoisie, et partisan des formes et de la liberté républicaines; l'autre voulait rétablir le stathoudérat au profit des princes d'Orange. Les partisans de la famille d'Orange demandèrent l'annulation de l'édit perpétuel qui avait, en 1650, aboli le stathoudérat, et la nomination du prince à la dignité de stathouder; les partisans des Witt s'y opposèrent, mais ils ne purent empêcher le jeune Guillaume III, qui n'avait que vingt-deux ans, d'être nommé *capitaine général* et *grand amiral,* comme avaient été ses prédécesseurs. Il voulut d'abord retirer les garnisons de beaucoup de places incapables de résister, mais il se heurta contre une résistance obstinée. On ne voulait abandonner aucune ville. Il dut se borner à rassembler quatorze régiments de cavalerie et sept d'infanterie, et arma une flotte de soixante-douze navires, dont Ruyter eut le commandement.

Au commencement de 1672, Louis XIV tint un conseil de guerre pour arrêter le plan des opérations de la campagne. Condé proposa d'attaquer Maëstricht, place forte située sur la Meuse, à l'extémité méridionale de la Hollande, et qui en défendait l'entrée ; mais Turenne représenta que la place était très forte, que, sa garnison montant à treize mille hommes, le siège pourrait être difficile, décourager les troupes, et donner aux Hollandais le temps de trouver des soldats ou des alliances. Il ajouta qu'il fallait se contenter de la bloquer pour que sa nombreuse garnison ne pût inquiéter les opérations des Français, traverser les duchés de Limbourg et de Juliers, et attaquer quelques villes, comme Rhinberg, Orsoy, Burick et Wesel, dont la conquête découvrirait le pays ennemi. Cet avis prévalut.

Avant l'ouverture de la campagne, le roi fixa la hiérarchie militaire. Louis XIV se réservait le commandement en chef. Au-dessous de lui, Monsieur, qui devait donner le mot à Condé, Condé à Turenne, et Turenne aux autres maréchaux. Cette disposition, qui avait pour objet de prévenir des conflits d'autorité, nuisibles au bien du service, en souleva un tout d'abord. Les maréchaux d'Humières, de Créqui et de Bellefonds refusèrent d'obéir à Turenne, « quoiqu'il leur eût appris le peu qu'ils savaient [1]. » Louis XIV n'hésita pas. Il exila les récalcitrants dans leurs terres, et leur manda que, s'ils voulaient reprendre du service, ils auraient à se rendre pendant quinze jours au quartier de Turenne pour exercer sous ses ordres les fonctions de lieutenants généraux. Les maréchaux hésitèrent longtemps. Enfin d'Humières s'exécuta; les autres l'imitèrent.

L'armée était partagée en deux grands corps : l'un sous les ordres de Condé ; l'autre, le plus fort, l'armée du roi, avait le duc d'Orléans pour généralissime, et Turenne pour capitaine général. Les troupes étaient réunies à Viset, entre Liège et Maëstricht, sur la rive droite de la Meuse. Au commencement de mai l'armée s'ébranla. Le 9, Tu-

---

[1] Lettre de Bussy-Rabutin à Mme de Sévigné, 1er mai 1672.

renne, précédé d'un détachement de dragons, partit du camp de Chasselet avec les comtes de Soissons et de Lorges, lieutenants généraux, vingt mille hommes d'infanterie, trois mille de cavalerie, trente pièces de canon, un grand nombre de voitures chargées de munitions de guerre et de bouche, et presque tous les gros bagages de l'armée. Il passa la Sambre, marcha sur Tongres, où il fit entrer huit cents hommes d'infanterie et cent de cavalerie (13 mai), parce que cette ville était nécessaire pour resserrer Maëstricht et pour établir une communication entre Charleroi et Maseick, que les Français voulaient occuper. Le 15, Turenne partit de Tongres pour Bilsen, où il fit entrer des troupes. Il alla ensuite camper à Grimmen, et fit prendre Maseick par le comte de Chamilly. Maseick était une petite ville située dans l'évêché de Liège, et dépendant de l'électeur de Cologne. Turenne, après l'avoir examinée, la trouva « un lieu très propre à fortifier ». Il y laissa Chamilly avec quatre à cinq mille hommes, qui, sous la direction de Vauban, la mirent promptement en état de défense. Vauban l'environna de sept bastions, fit élever un grand fort pour servir de citadelle, et traça, à la droite de la Meuse, vis-à-vis de la ville, un ouvrage à cornes pour assurer l'usage d'un pont volant qui fut construit sur le fleuve. Chamilly resta à Maseick pour soutenir les détachements disséminés dans Tongres, Bilsen, Reckem et Stockhem. Toutes les troupes assuraient les communications avec Charleroi et Liège, surveillaient et bloquaient Maëstricht à la gauche de la Meuse. L'occupation de Maseick empêchait cette grande place de communiquer avec les Provinces-Unies, et permettait d'observer de près les dispositions des Espagnols.

Le 19 mai, le roi tint conseil pour régler définitivement les opérations de la campagne. Condé fit observer de nouveau que la prudence ne permettait pas de laisser derrière soi une place comme Maëstricht, et proposa de l'assiéger; mais Turenne maintint par de si bonnes raisons le plan qu'il avait déjà proposé, que Louis XIV se détermina à le suivre.

En conséquence, au lieu de s'attarder à faire le siège de Maëstricht, le gros des troupes longea la rive gauche du Rhin, pendant que Condé passait sur la rive droite, à Kaiserswart.

Louis XIV, qui aima toujours les guerres de siège, allait

accomplir un exploit dont il fut très fier. L'orgueil et la joie débordent dans une lettre écrite à Colbert quelques jours plus tard. « J'ai estimé plus avantageux à mes desseins, et moins commun pour la gloire, d'attaquer tout à la fois quatre places sur le Rhin, et de commander actuellement, en personne, à tous les quatre sièges. J'ai choisi pour cet effet Rhinberg, Wesel, Burick et Orsoi... J'espère qu'on ne se plaindra pas que j'aie trompé l'attente publique. » Les quatre places capitulèrent en quatre jours. Rées et Emmerick, quelques autres encore se rendirent sans résistance. Cette occupation si rapide de quatre villes en quatre jours ne méritait pas l'orgueil qu'elle inspirait au roi. «... Burick, dit Basnage, ne méritait pas d'être assiégée par le maréchal de Turenne; le commandant eut beau faire boire du vin de la Moselle aux bourgeois pour les engager dans la résistance, l'insuffisance de la garnison le réduisit à poser les armes. »

A une douzaine de lieues au-dessous de Wesel, le Rhin se divise, et son cours se détourne du nord vers l'ouest. L'un de ses bras, large et profond, le Wahal, se rapproche de la Meuse; l'autre bras, le Rhin ou Lech, coule un peu plus au nord. Le lit du Rhin est encore large et imposant, mais ses eaux sont plus tranquilles et moins profondes que celles du Wahal. Avant Arnheim, l'Yssel s'en détache pour aller se jeter, au nord-est, dans le Zuyderzée. Entre le Wahal et le Lech se trouve une vaste contrée, l'île de Bétau, riche et fertile pays, où le roi résolut de pénétrer pour prendre à revers les places de la Meuse et du Wahal et éviter d'avoir à traverser l'Yssel, fortifié d'une levée de terre, et défendu par une armée sous les ordres du prince d'Orange.

Après la prise de Wesel, l'armée française tout entière était passée sur la rive droite du Rhin, afin de pouvoir le traverser de nouveau entre la naissance du Wahal et celle de l'Yssel.

Louis XIV était à Emmerick, près du fort de Schenck, qui se trouve à la pointe orientale du Bétau, quand on vint le prévenir qu'il existait dans le Rhin un passage guéable un peu au-dessous de ce fort, vis-à-vis de Tolhuys. On envoya pour vérifier cette assertion le comte de Guiche, jeune homme entreprenant, qui n'hésita pas à la confirmer, bien qu'il existât en réalité au milieu du fleuve, à l'endroit où le courant était le plus rapide, un espace de trente à quarante pas à franchir à la nage. Le 12 juin, au point du jour, l'armée se porte sur la rive droite du Rhin, devant Tolhuys. Il y avait dans ce village onze à douze cents hommes commandés par Montbas, réfugié français. La maison du roi et les meilleures troupes de cavalerie se jettent dans le Rhin et le passent sans difficulté, sous la protection de l'artillerie. Les Hollandais ne tinrent pas. La perte des Français eût été insignifiante sans l'ardeur inconsidérée du jeune duc de Longueville, qui poussa les Hollandais au désespoir en refusant de leur donner quartier; il fut tué, et Condé eut le poignet brisé d'un coup de pistolet.

Le roi fit immédiatement établir un pont de bateaux sur lequel passèrent l'infanterie et l'artillerie. Il craignait que le prince d'Orange, posté à Arnheim, ne profitât, pour attaquer son armée, du moment où elle était coupée en deux par le fleuve.

La blessure de Condé le mettait momentanément hors d'état de continuer la campagne. Turenne reçut le commandement de l'armée du prince, qui laissa son fils dans les troupes que conduisait le duc d'Orléans. Le roi ordonna que, si les armées se réunissaient, Turenne prendrait le mot de M. le duc, « de quoi Turenne ne fit nulle difficulté. » Le 15 juin, on mit le siège devant Arnheim; on perdit un peu de monde à la tranchée, que l'on fit en plein jour. Une balle abattit une oreille à *la Pie,* cheval fameux que Turenne montait ordinairement. Le 16, Turenne partit d'Arnheim avec cinq mille six cents hommes d'infanterie et une brigade de cavalerie pour assiéger le fort Knotsembourg, situé vis-à-vis de Nimègue. La première nuit les ennemis firent, des frégates qu'ils avaient sur le Wahal, de la ville et du fort, un feu très vif qui tua ou blessa près de quatre cents hommes aux assiégeants, et se défendirent assez bien; mais cette belle résistance ne dura pas longtemps. Verschor, le commandant, obtint les honneurs de la guerre et se retira, avec les quinze cents hommes qui lui restaient, à Groningue.

Le 18, Turenne partit pour attaquer le fort de Schenck. Cette place est la clef de Bétau. Le commandant, nommé Terhoff, n'avait que dix-neuf ans. Il ne résista pas, et capitula, le 19, avec deux mille soldats qu'il avait sous ses ordres, livrant sans combat une place qui avait coûté autrefois plus de sept mois de siège et de nombreuses pertes à l'armée du prince d'Orange Frédéric-Henri. Après la reddition de Schenck, Turenne retourna à Nimègue pour en achever le siège. Depuis la prise du fort de Knotsembourg la ville était bloquée.

On est étonné de la facilité avec laquelle les garnisons des forts et des villes fortifiées s'étaient rendues jusqu'alors à l'approche des troupes françaises. En général, il suffisait d'envoyer un détachement de dragons demander les clefs des portes. A Saint-André, la garnison trouva que les forces qui avaient sommé la place de se rendre n'étaient pas suffisantes. M. d'Apremont, qui commandait le détachement, revint sur ses pas ; il rencontra Turenne avec cinq cents mousquetaires. « M. d'Apremont s'y en retourna avec quelques-uns de cette infanterie, et, à leur vue, ils rendirent aussi le fort de Saint-André. » Maseick était un lieu neutre ; il n'y avait dedans que des habitants ; mais, en leur qualité de neutres, « ils croyaient qu'ils devaient se faire forcer à ouvrir leurs portes en laissant tirer quelques coups de canon. » On fit venir quelques pièces, et, après une décharge inoffensive, les portes s'ouvrirent. A Nimègue, les choses changèrent. La garnison résista vigoureusement. Turenne dirigea lui-même le siège de cette ville, « place bien grande, qui a beaucoup de gens dedans, et où il peut venir de Gueldre, Venloo et Ruremonde, un corps d'Espagnols dont je ne peux pas être averti [1]. » La tranchée fut ouverte le 3 juillet, bien qu'il n'y eût que la moitié de l'infanterie d'arrivée [2]. Le 9 juillet, la garnison capitula ; Turenne entra le lendemain à Nimègue. « Je crois, écrit-il le 10 à Louvois, qu'il y avait près de quatre mille hommes en comptant tout... Il y avait quatre vieux régiments d'infanterie ; on ne peut voir de meilleurs hommes, ni des officiers mieux faits. Il est certain qu'ils ne pouvaient tenir un jour de plus qu'ils n'ont fait. » Sauf quelques officiers, la garnison fut faite prisonnière.

La terreur régnait en Hollande. Les états généraux, affaiblis par leurs dissensions intestines, agitèrent les résolutions les plus extrêmes. On proposait de percer toutes les digues, de rendre à la mer le territoire qu'on avait conquis sur elle, et de transporter la nation entière dans les possessions des îles de la Sonde. On calculait que la marine hollandaise pouvait transporter en un seul voyage cinquante mille familles.

[1] Turenne à Louvois, 23 juin 1672.
[2] Id., 4 juillet 1672.

On se résolut néanmoins, sur les instances de Jean de Witt, à faire une démarche auprès de Louis XIV afin d'obtenir la paix.

Le 29 juin, des conférences s'ouvrirent. La Hollande, décidée aux plus grands sacrifices, offrait la cession de Maëstricht, qu'on n'avait pas encore prise, des places sur le Rhin, de tout le Brabant et de toute la Flandre hollandaise, plus une indemnité de guerre de dix millions. Turenne, Colbert, Pomponne, voulaient qu'on acceptât. Le bon sens le commandait. Comment Louis XIV put-il refuser de pareilles propositions qui réalisaient, en les dépassant, les rêves les plus hardis de Henri IV et de Richelieu, qui portaient notre frontière jusqu'au Rhin, assuraient, dans un avenir prochain, la réunion à la France des Pays-Bas espagnols, isolés et englobés dans les territoires français? C'est ce que l'orgueil de Louis XIV et la hauteur de Louvois peuvent seuls expliquer.

Le roi répondit (1er juillet) en exigeant le Wahal pour frontière, vingt millions d'indemnité, l'abolition de toute espèce de taxe établie en Hollande sur les sujets français, sans réciprocité en France, le rétablissement du culte catholique dans toutes les villes hollandaises, et l'entretien du clergé par l'État. La Hollande devait, en outre, lui faire remettre solennellement, chaque année, une médaille d'or en témoignage de sa soumission.

A de pareilles conditions la Hollande répondit par un immense cri de guerre. Un sentiment unanime de défiance contre l'ambition de Louis XIV se répandit en Europe, et l'hésitation se montra même chez nos alliés. Les hostilités continuèrent. Utrecht fut pris le 5 juillet. Le siège de Coevorden, commencé le 4, fut achevé le 12. La conquête de cette place, qui passait pour imprenable, répandit une grande consternation dans le pays. Louis XIV, « pour nettoyer tout à fait la Meuse et couper la communication de Bois-le-Duc avec le reste de la Hollande, » donna l'ordre à Turenne de prendre Crèvecœur, qui couvrait l'île de Bommel, et de s'emparer de cette île. En trois jours (16-19 juillet) le maréchal se rendit maître de Crèvecœur et des forts Orten et Engelen, qui dominaient le canal de Bois-le-Duc. Il attaqua ensuite Bommel, passa la Meuse sur un pont de bateaux, et établit son camp à Nivalen, petit village sur le bord du Wahal. Les assiégés lancèrent, le lendemain au matin, une frégate armée de cinq pièces de canon qui s'arrêta vis-à-vis du camp, et fit, à travers les tentes, une décharge meurtrière de mousqueterie et d'artillerie chargée à cartouches. L'infanterie française se rangea le long du fleuve; la frégate s'éloigna, rechargea les canons et les mousquets, et revint faire encore plusieurs décharges. On amena enfin sur la rive quelques pièces de canon qui la forcèrent à s'éloigner; la ville capitula le 22.

Le 24 eut lieu un conseil de guerre très important. Turenne proposa au roi de déclarer sans délai la guerre à l'Espagne, qui avait secrètement fourni aux Provinces-Unies des secours en troupes et en argent, et qui se préparait ouvertement à faire la guerre. Le roi eut le tort de ne pas suivre cet avis; il s'en repentit bientôt, car l'Espagne se déclara contre la France dès qu'elle eut achevé ses préparatifs; il eût fallu la prévenir et profiter de sa faiblesse. Turenne conseilla encore d'envoyer une armée dans l'Empire pour obliger à rester dans la neutralité les princes qui se préparaient à secourir les Hollandais. Louis XIV, ne voulant pas passer pour l'agresseur, et persuadé d'ailleurs que l'Empereur ne violerait pas son traité avec la France, s'y refusa également. Peu de temps après, Léopold se déclara pour la Hollande.

La guerre, qu'il semblait naturel de continuer par la prise du Brabant hollandais, se trouva tout à coup suspendue. Les Espagnols, sans déclaration de guerre, avaient jeté quelques régiments dans Breda et dans Bois-le-Duc. Le roi « ne voulait pas mêler l'Empereur ni l'Empire à la guerre contre les Hollandais », il s'arrêta; pendant ce temps, l'occasion perdue s'échappait pour toujours. Maître de Naerden et d'Utrecht, on devait marcher sur Amsterdam. On hésita; l'inondation envahit la Hollande et paralysa l'invasion. La résistance devenait plus énergique. Le mauvais vouloir des nations étrangères se laissait voir. Comme la campagne devenait difficile et menaçait de se prolonger, Louis XIV partit, le 26 juillet, pour Paris. Turenne, à la tête « de l'armée capitale », demeura dans l'inaction auprès de Grave et de Bois-le-Duc. Inquiet des nouvelles d'Allemagne, il vint camper, le 10 août, à Bakel, le 12 à Oerle, où il attendit des avis certains de la décision que prendraient les Impériaux.

En Hollande, les passions étaient arrivées à leur plus haut point d'excitation. Le stathoudérat fut rétabli en faveur du prince d'Orange (8 juillet). Jean de Witt, qui avait conseillé la paix avec la France, fut assassiné à la Haye avec son frère, Cornélius de Witt, vice-amiral de Ruyter, par une populace en furie, non sans soupçon de complicité de la part de Guillaume de Nassau (20 août).

Le 25 août, l'électeur de Brandebourg, Frédéric-Guillaume, quittait Postdam; Montecuculli, de son côté, partait d'Egra, en Bohême, et tous deux se mettaient à la tête de leurs armées, comme s'ils voulaient, disait Louvois, « se venir faire battre sur les bords du Rhin, » mais sans toutefois faire connaître leurs intentions.

Le 23 août, Louis XIV donna des instructions à Turenne. « Mon intention, dit-il, est qu'avec tout le corps de troupes que vous commandez, l'artillerie et l'équipage des vivres que vous jugerez à propos de mener, vous vous acheminerez vers Wesel, où, après que la plupart des troupes dont j'ai résolu de composer cette armée s'y seront rendues, vous vous avancerez au lieu que vous croirez le plus propre pour être en état d'empêcher que l'armée de cette ligue ne puisse prendre aucun poste sur le Rhin. »

Le roi désigne Essen comme l'endroit qu'il juge le plus favorable.

Le même jour, Louvois écrit à Turenne : « Je ne vous répète point ce que vous verrez dans la lettre du roi ci-jointe, où les pensées de Sa Majesté sont si nettement expliquées que je n'ai rien à y ajouter; je dis les pensées de Sa Majesté, parce qu'elle n'a rien voulu vous prescrire; mais, après vous avoir fait entendre ce qu'elle croit être de mieux, elle vous laisse la liberté tout entière d'exécuter ce que vous jugerez le plus à propos pour la conservation de ses conquêtes et pour maintenir le cours du Rhin libre, qui sont les deux principaux motifs qui ont porté Sa Majesté à vous donner ordre de vous avancer par delà le Rhin. »

Turenne exécuta, mais avec cette « liberté entière » que lui laissaient Louis XIV et Louvois, les ordres qu'il avait reçus. Il refusa de partir immédiatement.

Les alliés pouvaient secourir la Hollande de trois manières : en réunissant leurs troupes à celles du prince d'Orange, pour l'aider à chasser les Français de la Hollande; en faisant une diversion dans les États de l'électeur de Cologne et de l'évêque de Munster; enfin, en entrant en France par la Lorraine et par l'Alsace; dans ces trois cas, il fallait nécessairement qu'ils traversassent l'Yssel ou le Rhin. Turenne ignorait quel parti les ennemis prendraient; c'est pourquoi il forma un plan de campagne au moyen duquel il pût s'opposer à toutes leurs entreprises. Le 1er septembre, l'armée se mit en mouvement; le 4, elle passa la Meuse; le 10, elle traversait le Rhin à Wesel. Le maréchal, avant de passer ce fleuve, écrivit à tous les princes de l'Empire dont les États avoisinent le Rhin, pour les rassurer sur son entrée en Allemagne. Il leur faisait savoir qu'il n'en voulait pas à l'Empire, mais seulement à ceux qui, sans être provoqués, menaçaient les alliés du roi. Ce manifeste ne changea pas les dispositions bien arrêtées des ennemis. Turenne, qui avait dessein de pénétrer dans le comté de la Marck, vint camper à Essen, dont il s'empara, et ensuite à Steil (23 septembre). Il se proposait de couvrir le Rhin de Wesel à Coblentz. Condé était en Alsace avec dix-huit mille hommes, et le duc de Duras sur la Meuse avec un corps d'observation.

Au commencement d'octobre, les alliés s'approchèrent du Rhin; Turenne couvrit et surveilla particulièrement Cologne et Coblentz. Les ennemis firent mine de vouloir remonter vers l'Alsace et la Lorraine. La cour s'inquiéta. Louis XIV, Louvois, Condé, étaient persuadés que les forces allemandes n'en voulaient qu'à l'Alsace. Condé, sur l'ordre de Louvois, lança quelques barques chargées de poudre sur le Rhin, et fit sauter le pont de Strasbourg. Le 13 octobre, le roi envoyait à Turenne l'ordre de poursuivre l'ennemi et de le combattre. Turenne, convaincu que l'électeur et Montecuculli avaient surtout en vue de réunir leurs troupes à celles du prince d'Orange, se bornait à leur barrer obstinément le passage du Rhin, près des Provinces-Unies, et ne bougeait des environs de Cologne. On ne s'expliquait pas à la cour son inaction apparente. Louvois et le roi avaient le tort de vouloir diriger eux-mêmes la guerre. Ne se bornant pas à préparer, d'une manière générale, les plans de campagne, ils avaient encore la prétention de régler de leur cabinet toutes les opérations, mouvements de troupes, marches, étapes, campements, etc. Les généraux ordinaires obéissaient. Condé connaissait trop la guerre pour se soumettre; mais quand il avait dû, ce qui arrivait souvent, ne pas exécuter les ordres du roi, il expliquait humblement et longuement les motifs de sa conduite. Turenne ne pouvait se plier à ses exigences. Il revendiquait le droit de diriger lui-même son armée, et même quand il était disposé à exécuter les volontés du roi, il se réservait de choisir son moment et de modifier ses instructions selon les circonstances, ne se donnant pas la peine d'adresser à Louvois de longs rapports. Cette indépendance blessait Louvois et le roi. « Je sais qu'il est inutile de vous dire deux fois une chose, » écrit Louvois à Condé; mais pour Turenne il n'en était pas de même. Dans de nombreuses dépêches de Louvois, la même observation revient sous différentes formes. « Le roi s'attendait que vous lui manderiez ce que vous feriez... » — « Le roi attend des nouvelles du pays où vous êtes avec la dernière impatience... » — « Vous jugerez facilement que Sa Majesté attend avec quelque inquiétude de vos nouvelles... »

Le plus souvent, Turenne ne tenait nul compte des observations de Louvois; quelquefois il lui répondait ironiquement. Le 6 octobre, par exemple, il lui écrit : « Vous me mandez que le roi eût souhaité que je lui eusse écrit plus au long... Je vous dirai qu'il est vrai que, quoique je n'eusse pas trop bu, nous avions demeuré longtemps à table, et, comme je partais de grand matin pour l'armée, j'omis assez de choses que je devais écrire. » Quelquefois il avoue ses torts et promet d'être plus exact à l'avenir. « Je ne manquerai plus, une autre fois, de rendre un compte bien exact de ce qui m'empêchera de faire ponctuellement ce que le roi commande; car il est vrai que je fais cette faute-là, qui est que, quand je crois qu'une chose ne se peut ou ne se doit pas faire, et que je suis persuadé que le roi, qui me la commande, changerait de pensée s'il voyait la chose, je n'en dis pas les raisons. J'y aurai plus de précaution à l'avenir. » (18 novembre.)

Enfin le moment que Turenne attendait pour agir étant arrivé, le maréchal se décida. Le 25 octobre, les ennemis étaient campés à Hochstbourg, sur le Mein, à trois lieues de Mayence. Le maréchal se rapprocha d'eux. Il passa le Sieg et campa à Ramersdorf, vis-à-vis de Bonn, et le lendemain à Espel. Il fit avancer des farines à Andernach, car les magasins de Cologne et de Bonn commençaient à s'épuiser, et il fallait, d'ailleurs, se pourvoir de subsistances pour passer la Lahn.

Le 3 novembre, l'électeur de Brandebourg jeta un pont sur le Rhin à une lieue de Mayence, passa sur la rive gauche et entra dans le Luxembourg. Ce jour-là même il y eut un premier engagement d'avant-garde entre les troupes de Turenne et celles de l'électeur de Brandebourg. Le jeune comte de Dohna, de ces dernières, y fut tué. Le 8 novembre, l'électeur écrit à Turenne. Il s'étonne que les troupes françaises aient attaqué les siennes, qu'il avait envoyées « dans les terres de l'Empire, et bien loin des limites de la France, pour reconnaître quelques passages ». Turenne lui répondit très nettement le 10 : « Après ce que le roi vous a fait dire sur la marche de votre armée, je ne doute pas que vous n'ayez toujours posé comme un fondement certain que les choses ne se pouvaient pas passer autrement. » Il ajoutait qu'il était « bien marri de la mort du comte de Dohna, qui appartenait à une illustre famille. »

Cependant le prince d'Orange s'approchait pour joindre les alliés. Turenne repassa le Rhin sur le pont d'Andernach, laissa Réveillon pour défendre cette ville, et, le 27 novembre, distribua l'armée en quartiers près de Wittlich, bourg de l'électorat de Trèves, situé sur le chemin de Liège et de Maëstricht à Mayence, où il resta jusqu'au 16 décembre. Cette position était d'autant plus avantageuse, que le prince d'Orange ne pouvait joindre les Allemands ni ceux-ci marcher sur la Meuse sans rencontrer le général français.

Une attaque hardie du prince d'Orange sur Charleroi (15 décembre), attaque qui remplit Louis XIV et Louvois d'inquiétude, échoua. Les alliés renoncèrent à se maintenir sur la rive gauche du Rhin; ils repassèrent le fleuve, puis le Mein, près de Goldstein (15 décembre), entre Francfort et Hochst, et tentèrent de s'établir dans le pays de l'électeur de Cologne et de l'évêque de Munster. Dès que les alliés eurent repassé le Mein, Turenne partit de Wittlich, s'établit à Wesel, et pendant la fin du mois de décembre il maintint son armée sur les bords du Rhin et de la Meuse, surveillant les mouvements et épiant les desseins de l'ennemi. Il avait d'abord cru que les troupes de l'Empereur iraient hiverner vers l'abbaye de Fulda, entre la Franconie et la Hesse, et celles de l'électeur dans les États de Brandebourg. Voyant que les troupes allemandes ne s'éloignaient pas et comptaient séjourner pendant quelque temps aux environs de Lippstadt et dans l'évêché de Paderborn, prendre ensuite des quartiers d'hiver dans le pays de Munster et pénétrer en Frise, que les Hollandais avaient surpris Coevorden et que ces événements effrayaient l'évêque de Munster, il se disposa à secourir ce prince pour faire échouer les desseins des confédérés.

Il craignait que l'évêque de Munster, menacé et foulé par les alliés, ne se décidât, pour sauver son pays, à renoncer à l'alliance française. « Quand on sait l'état d'Allemagne, écrivait-il (19 janvier 1673), et celui d'un prince ecclésiastique dans son pays, on ne doute point de cette vérité-là, quand ses États sont menacés de si près et que le nom de l'Empereur y entre. » Le 7 janvier il avait écrit à Louvois :

« Je crois très important pour le service du roi que je passe le Rhin assez fort pour empêcher les Allemands de s'élargir dans la Westphalie, et même de les faire repasser, si l'on peut, au delà du Weser. Dans l'ébranlement de M. de Munster, et vu la perte de Coevorden, cela attirerait, à mon avis, de fort méchantes suites, si on leur laissait prendre leurs quartiers d'hiver en repos, et on ne les en peut faire sortir qu'en corps d'armée. »

Ce projet hardi d'une campagne d'hiver effrayait Louvois et Louis XIV.

Louvois pensait qu'avec de bonnes armées en Flandre, en Hollande, en Roussillon et en Lorraine, il empêcherait les Allemands de se joindre aux Hollandais et les Espagnols de faire aucun progrès [1]. Mais le maréchal, persistant dans son idée, répondit qu'il « ne fallait pas faire une demi-guerre. — Si vous étiez sur les lieux, lui disait-il, vous verriez que si M. de Munster n'était soutenu il serait dans quatre jours avec les Impériaux ; il ne faudrait qu'un trompette de l'Empereur pour faire rendre tout le pays ». (9 et 23 janvier, 14 février.) Louis XIV et Louvois cédèrent, et Turenne entra en pays ennemi avec une armée peu nombreuse, mais excellente. Ses bataillons n'étaient que de quatre cents hommes en moyenne ; mais tous ses hommes étaient aguerris, robustes, « frais comme en entrant en campagne. » Il avait eu le soin de laisser derrière lui les malades et les souffreteux.

Turenne s'était mis en marche vers la fin de janvier ; il passa le Rhin à Wesel, le 25 et le 26 janvier, avec quinze à seize mille hommes. L'électeur Frédéric-Guillaume assiégeait la ville de Verle, située dans le duché de Westphalie, et qui appartenait à l'électeur de Cologne. Le marquis de Renel, envoyé par Turenne en avant avec douze cents chevaux seulement, feignit de vouloir attaquer Frédéric-

---

[1] Louvois à Turenne, 25 janvier 1673.

Guillaume. Cette démarche audacieuse fit croire qu'il était soutenu. L'électeur leva le siège et retourna à Bilefeld ; il avait renvoyé le général Spaen à Lippstadt et fait entrer des troupes dans Kamen et Unna. Turenne envoya un corps d'infanterie renforcer le marquis de Renel, posté sur le flanc gauche des ennemis, de manière que, s'avançant lui-même de front vers Kamen et Unna, les Allemands risquaient d'être enveloppés s'ils ne quittaient leurs quartiers pour se rapprocher du Weser.

Montecuculli était à Paderborn malade ou feignant de l'être. On soupçonna que ce général, n'ayant eu jusque-là que du désavantage avec Turenne, ne voulait pas compromettre davantage sa réputation.

Dans la nuit du 1er au 2 février, le maréchal conduisit une partie de son armée de Luinen à Unna, petite place du comté de la Marck, qui couvrait les cantonnements de l'ennemi et qu'occupaient huit cents Brandebourgeois aux ordres du colonel Remsdorf. La saison était rigoureuse. La terre était si durcie par la gelée, qu'on ne put ouvrir la tranchée. Le général Spaen vint avec cinq mille hommes pour dégager la place; mais Turenne prit de si bonnes dispositions, que Spaen n'osa pas l'attaquer et se retira. Remsdorf se rendit prisonnier de guerre. Cette conquête coûta peu de monde aux Français, qui s'emparèrent en même temps de Kamen, où ils postèrent un bataillon (5-6 février).

Quelques jours après, on se trouva tout près des ennemis. Le prince d'Anhalt conseilla à l'électeur de Brandebourg de barrer, les armes à la main, le chemin aux Français. Le grand électeur fit ranger son armée en bataille; mais Turenne, qui espérait, sans combattre, obliger les alliés à s'éloigner, resta sur la défensive. C'était un dimanche. Quelques personnes, peu curieuses de voir une bataille, engagèrent le chapelain de l'électeur à allonger l'office; il prêcha environ trois heures, et, à la fin du sermon, le duc de Bournonville prétendit qu'il était trop tard pour livrer bataille. Les Allemands continuèrent leur mouvement de recul. On raconte qu'un aventurier, nommé Villeneuve, proposa à ce moment à l'électeur de Brandebourg d'assassiner ou d'empoisonner Turenne; mais Frédéric-Guillaume envoya un trompette au général français pour l'avertir de se tenir sur ses gardes, ajoutant que l'estime qu'il avait pour son mérite n'était point altérée par le mal que la guerre l'obligeait de faire à ses États (18 février).

Le lieutenant général Foucault s'empara de Ham, le 20 février, sans résistance. Turenne y envoya mille hommes. L'ennemi était démoralisé; les Français, au contraire, pleins d'ardeur et d'entrain. Les traits de bravoure et d'audace se succédaient sans interruption. Cent hommes du régiment du roi enlèvent le château de Birkenbaum, gardé par deux cents ennemis. Cinquante dragons et quelques officiers mettent en fuite un régiment [1].

Pendant une marche, Turenne, accablé de fatigue, s'était endormi au pied d'un arbre. En se réveillant il aperçut au-dessus de sa tête une sorte de tente formée de manteaux appuyés sur des branches, et un groupe de soldats qui causaient à voix basse à quelques pas de lui. Il demanda à ces soldats ce qu'ils faisaient là : « Nous voulons, répondirent-ils, conserver notre père, c'est notre plus grande affaire. Si nous venions à le perdre, qui donc nous ramènerait dans notre pays? »

Turenne avait fait investir Sœst le 4 février. Les alliés l'évacuèrent le 24. Turenne y arriva le 26. L'électeur de Brandebourg avait la veille envoyé Vangelin, ministre de Suède à sa cour, à Turenne, pour lui proposer un accommodement. Le maréchal répondit qu'il ne pouvait cesser les hostilités sans en recevoir l'ordre du roi. Les troupes de l'électeur de Brandebourg et de l'Empereur reculaient sans cesse devant Turenne, qui écrivait à Louvois, le 4 mars 1673 : « Je pense que si ce bonheur-ci continue, les affaires d'Allemagne prendront un train que l'on ne pouvait guère s'imaginer il y a deux mois, et dont la Hollande pâtira beaucoup. »

Paderborn fut évacué, et les ennemis repassèrent le Weser avec la plus grande précipitation à Minden, Hœxter et Vlothau. Le 7 mars, le marquis de Renel en informa Turenne et lui fit connaître en même temps la vivacité de leurs inquiétudes. Le maréchal profita de cet avis, passa le Weser à Hœxter et poursuivit l'armée du grand électeur avec rapidité.

Le 17 mars, Turenne informe Louvois de la marche des ennemis dans leur retraite et il ajoute : « On peut juger en quel état est une armée qui marche beaucoup de jours

---

[1] Le marquis de Renel à Louvois, 7 mars.

de suite en cette saison...; il n'est pas croyable le dégoût et le chagrin qu'il y a dans ces armées-là : quantité d'officiers demandent et prennent leur congé, et j'ai des avis certains que, depuis qu'ils sont par delà le Weser, c'est une confusion dans leurs troupes qui n'est pas croyable... Ceci paraît si extraordinaire à toute l'Allemagne, qu'ils croient que c'est un songe... Sa Majesté pourra, à mon avis, faire prendre à peu près le train qu'elle voudra aux affaires, lesquelles, si je ne me trompe, sont bien changées depuis trois mois. »

Le 13 mars, Frédéric-Guillaume se décida à la paix. Il envoya le baron de Stratman, son conseiller intime, à Louis XIV pour la traiter. Le même jour, ayant obtenu le passage sur les terres du duc de Hanovre, il partit des environs de Minden pour retourner dans ses États.

Les négociations pour la paix, si courtes qu'elles pussent être, devaient durer quelques semaines. Louvois, enchanté du « bon état où Turenne avait mis les affaires », l'engagea à entreprendre encore « tout ce que pourraient permettre la saison et la conservation des troupes du roi ». Le maréchal, prenant avec lui quelques dragons et deux régiments, entra dans l'évêché d'Hildesheim. Le 4 avril, l'évêché d'Hildesheim était libre d'Impériaux. L'armée ennemie était partie se dirigeant vers la Thuringe. La paix fut conclue le 10.

Cette longue campagne d'hiver avait été menée avec tant de prudence et d'habileté, qu'elle n'avait pas épuisé l'armée. « Je vous assure, écrivait Turenne à Louvois le 20 mars, que l'armée du roi, en comparaison (des troupes allemandes), est comme si elle s'était rafraîchie depuis longtemps. » L'effectif était un peu diminué; mais les troupes étaient aguerries et solides, leur moral était excellent. Le matériel était en bon état, et c'est en toute vérité que Turenne pouvait écrire à Louvois, à la fin de la campagne, le 9 mai : « Toute l'armée du roi qui est ici sera prête dans huit jours; la plupart, tant cavalerie qu'infanterie, en aussi bon état qu'au commencement de l'année passée, et en meilleur, de ce qu'ils sont plus aguerris. »

Turenne organisa ses quartiers dans les villes prises et donna du repos à ses troupes. Il fit rentrer les paysans dans leurs villages pour labourer, leur fournit du grain de semence et ne leur infligea pas de trop fortes contributions. Il acheta des chevaux et « fit faire des justaucorps » pour ses hommes, qui se remirent de leurs fatigues.

Satisfait des brillants résultats de cette campagne d'hiver à laquelle il s'était tant opposé, Louvois redevint bienveillant à l'égard de Turenne ; mais nous devons dire que le maréchal, aigri par la résistance que ses plans avaient trouvée auprès de ce ministre, accueillit assez mal ses avances. L'intendant Charuel ayant été envoyé à l'armée qu'il commandait, il crut voir là une preuve de mauvais vouloir et de méfiance de la part de Louvois. « M. Charuel, écrivait-il à Louvois, passe pour un homme dont les écritures sont fort dangereuses ; j'ai une façon de vie qui ne me met pas à couvert de cela quand on n'agit pas de bonne foi. » (9 avril 1673.) Et il demanda un autre intendant. Louvois retira Charuel et lui envoya Camus de Beaulieu, homme d'un caractère plus conciliant ; mais, dans les instructions qu'il donna le 6 juillet au nouvel intendant, le ministre à son tour laisse percer sa défiance. « Il faut, disait-il à l'intendant, avoir beaucoup de respect pour M. de Turenne et exécuter ponctuellement les ordres qu'il vous donnera ; » il ajoutait : « Il faut me tenir averti de tout ce qui se passera, de quelque nature que ce puisse être. »

Les trente-deux mille hommes que le roi s'était réservés dans la répartition des troupes [1] ne lui paraissant pas suffisants pour assurer le succès du siège de Maëstricht, qu'il avait résolu, il demanda au maréchal de lui envoyer quelques détachements de son armée, pour se joindre à l'armée de siège. Comprenant l'importance de la conquête de Maëstricht, Turenne envoya sans difficulté tout le monde qu'on lui demandait. Il demeura avec le reste sur les terres de l'Empire. Il séjourna longtemps à Sœst, à Corbach et à Vetzlar (du 1er avril au 12 août), et répartit son armée aux environs de Francfort et dans le comté de Hanau. » La diète germanique fut avertie que les dispositions menaçantes de l'Empereur contraignaient le roi à cette précaution [2]. » Tout ce que Louvois croyait pouvoir accorder aux

---

[1] Louis XIV pouvait disposer, pour la campagne de 1674, d'environ quatre-vingt-seize mille hommes d'infanterie et de vingt-huit mille cavaliers. Huit mille hommes devaient rester en Roussillon, sept mille en Lorraine, quelques milliers dans les places fortes. Le reste était ainsi réparti : si l'Empereur voulait continuer la guerre, on lui opposerait trente-quatre mille hommes ; trente-cinq mille étaient destinés à contenir le prince d'Orange. Le roi s'en réservait trente-deux mille pour frapper quelque grand coup soit contre la Hollande, soit contre les Pays-Bas espagnols.

[2] Déclaration de Louis XIV, à la date du 22 mai 1673.

Allemands, c'était d'inviter Turenne à ménager les alliés de la France, à ne « pas les ruiner absolument [1] » pour le besoin de ses troupes, et à leur faire voir que les Français étaient moins ravageurs que les Allemands eux-mêmes. « Ce moment est capital dans l'histoire de Louis XIV. Cette occupation prolongée au delà du Rhin va lui ravir la confiance des Allemands, dissiper ce prestige de protection qui depuis longtemps les ralliait à sa cause, et, en trahissant ses projets de domination, renverser tout ce que Richelieu et Mazarin avaient édifié. La Hollande y gagnera ce que la France doit y perdre [2]. »

« La France n'est pas moins pernicieuse à ses amis qu'à ses ennemis, est-il dit dans un violent pamphlet qui parut en Allemagne, un peu plus tard, en 1675. Le seul avantage que puissent espérer ses amis et qui doit bien les toucher, c'est celui que Polyphème promit à Ulysse, de ne le dévorer que le dernier [3]. »

Turenne attendit ainsi en Vétéravie, pays riche et abondant, que Maëstricht fût pris et que l'Empire se fût décidé, ce qui eut lieu dans le courant d'août.

Investi le 5 juin, Maëstricht capitula le 30, et la ville fut livrée aux Français le 2 juillet. Le siège avait été conduit par Vauban, qui y fit pour la première fois usage des parallèles. L'armée française avait perdu quinze à seize cents hommes, les assiégés deux mille.

Le 9 août, Turenne écrivait à Louvois : « Ayant eu confirmation par les lettres de Vienne, du 28 du mois passé, comme tous les officiers généraux partent et que l'Empereur doit être le 11 à Égra, je vais m'approcher du Mein, et, faisant avancer les troupes, je serai lundi prochain à Assenheim. Je fais marcher l'artillerie plus avant. Je ferai visiter de là le lieu le plus commode pour le pont entre Hanau et Aschaffenbourg, pour me gouverner ensuite suivant les avis qui me viendront de la marche de l'Empereur. »

Les informations de Turenne étaient exactes. Dans les premiers jours du mois d'août, l'Empereur quitta Vienne pour aller passer en revue ses troupes réunies en Bohême.

---

[1] Louvois à Turenne, 21 mai.
[2] Gaillardin.
[3] *Deutschlandes wahrhafte Interesse*, 1675, cité par Gérard, bataille de Turckheim.

Le 28, à la diète de Ratisbonne, il fit lire un manifeste violent contre la France, mais ce ne fut que le 16 septembre que l'ambassadeur français, M. de Grémonville, reçut ses passeports.

Turenne se préparait à prendre hardiment l'offensive. Il se rendit à Marienthal par une marche forcée. Son projet était de s'avancer jusqu'à Nuremberg pour refouler l'ennemi dans les montagnes de Bohême; mais pour cela il lui fallait des renforts, et le roi se refusait à les lui fournir. Il s'attendait à une déclaration de guerre de l'Espagne, et il voulait avoir sous la main une armée puissante qu'il pût jeter en quelques jours dans la Franche-Comté; aussi retenait-il inutilement à Nancy des troupes nombreuses.

Louvois voyait bien l'avantage des projets offensifs de Turenne; mais, ne pouvant lui envoyer des renforts, il l'engagea à se contenter de prendre une position défensive sur le Tauber, entre Philippsbourg et Nuremberg, de manière à barrer à Montecuculli le chemin de la Hollande, tout en menaçant l'Allemagne. En communiquant à Turenne son plan de campagne, Louvois l'entoura de précautions oratoires peu habituelles chez lui : « Voilà, écrivait-il au maréchal le 9 septembre, ce que Sa Majesté pense sur l'action de l'armée que vous commandez, et ce que, à tout autre qu'à vous, elle enverrait l'ordre positif d'exécuter; mais, vu la confiance qu'elle prend en vous, et que souvent ce qui paraît de loin difficile et ruineux pour une armée paraît tout contraire à ceux qui sont sur les lieux, Sa Majesté vous laisse une entière liberté de faire ce que vous jugerez plus à propos. »

Turenne, irrité de voir qu'on lui refusait des renforts avec lesquels il eût pu s'assurer le succès, prit fort mal les conseils de Louvois et ne les suivit pas. « Je vois bien, répondit-il le 15 à Louvois, les intentions du roi et ferai tout ce que je pourrai pour m'y conformer; mais vous me permettrez de vous dire que je ne crois pas qu'il fût du service de Sa Majesté de donner des ordres précis de si loin au plus incapable homme de France. » Il indique sa position à Louvois, lui dit que si l'ennemi veut envoyer de la cavalerie à Coblentz, il ne saurait l'en empêcher : « S'il vous plaisait sur tout cela de considérer la carte du pays, je ne crois pas que l'ennemi ose s'affaiblir devant moi, car nous sommes à deux heures l'un de l'autre du même côté du Mein, à moins qu'il ne voulût se retirer ensuite. Je suis trois heures plus haut que Wurtzbourg, le Mein à ma gauche, ayant la tête tournée du côté de l'ennemi, où on ne saurait faire de pont à cause des montagnes. »

Turenne, en effet, n'avait pas attendu les instructions du ministre pour commencer son mouvement. Il s'était emparé de tous les ponts sur le Mein, jusqu'à celui de Wurtzbourg, que le prince-évêque se chargea de garder. Il avait fait fortifier le pont d'Aschaffenbourg et s'était établi en deçà du Mein, de manière à pouvoir couvrir à la fois le cours inférieur et le cours supérieur du Rhin. Montecuculli s'avança. Le 2 septembre, les deux armées étaient en présence. Turenne aurait désiré une bataille. Ses troupes, qui s'attendaient au combat, étaient pleines d'ardeur. « Dans le moment, écrit Camus de Beaulieu (12 septembre), toute l'armée fut en bataille, et marcha avec une fierté qui ne saurait s'imaginer. J'observais tout le monde ; c'était une gaieté qu'on n'a jamais vue, et si l'on avait pu en venir aux mains, le bon succès en était assuré. »

Montecuculli se déroba et prit une bonne position. Le 13, Turenne écrit à Louvois : « Aujourd'hui, comme j'ai marché vers Ochsenfurt, j'ai trouvé toute leur armée campée sur les bords du Mein dans un lieu très avantageux et d'où on ne pouvait pas approcher, même ayant affaire à une armée bien inférieure. » Le 14, il y eut quelques engagements d'avant-garde. Une attaque eut lieu sur un poste français de trois cents hommes établi sur les bords du Mein. Cette attaque ne réussit pas. Les huit cents hommes qui l'avaient tentée reculèrent. Montecuculli les fit soutenir. De son côté, Turenne envoya du renfort aux siens. L'action allait devenir générale, quand Montecuculli donna l'ordre de ramener en arrière les troupes engagées, ce qui se fit avec tant de précipitation que quelques bagages demeurèrent aux mains des Français.

La défection imprévue de l'évêque de Wurtzbourg vint changer la face des choses et compromettre l'armée de Turenne. Ce prince s'était engagé par traité à rester neutre. Il devait laisser préparer le pain des Français dans sa ville et ne pas y admettre d'Allemands. Des magasins de farine et des fours furent en conséquence installés à Wurtzbourg. Mais, dès qu'il vit Montecuculli près de lui, le 18 septembre, l'évêque reçut une garnison d'Impériaux, leur laissa prendre les approvisionnements des Français, leur donna libre passage sur son pont, ce qui leur livrait la Franconie, le pays d'Allemagne le plus fertile en blés; il engagea de plus ses paysans à courir sus aux Français isolés.

Turenne, confiant dans la bonne foi du prélat, ne faisait escorter ses convois que par de faibles détachements. L'ennemi profita de cet excès de confiance et de la perfidie de l'évêque. Le colonel Dunevalt passe le Mein à Wurtzbourg avec mille chevaux (18 septembre), s'avance sur le chemin de Wertheim, où Turenne avait une boulangerie et des approvisionnements en grains et farines. Il rencontre cinquante chariots chargés de pain destiné pour l'armée française; l'escorte, qui ne consistait qu'en cinquante cavaliers, fut aisément dissipée et le convoi enlevé. En même temps que Dunevalt passait le Mein à Wurtzbourg, un détachement d'infanterie descendait cette rivière en bateau, entrait dans Wertheim, y enlevait ou détruisait environ deux mille trois cents sacs de blé et se retirait sans être inquiété... Un autre détachement des Impériaux enleva à Rottingen six mille rations de pain. Turenne était menacé de la disette. Il détacha alors les comtes de Guiche et du Plessis avec les dragons, quatre cents cavaliers et deux pièces de canon, pour aller établir dans les villes, le long du Tauber, des garnisons qui devaient empêcher les ennemis d'entreprendre dorénavant sur les subsistances et les fourrages des Français. Il recula et porta son camp à Winckleim. « Cet événement seul, qui changea la constitution de la guerre en Allemagne, obligea dans la suite le roi d'abandonner les places de Hollande et donna le moyen à l'armée de l'Empereur de prendre ses quartiers d'hiver entre le Rhin et la Meuse, et de se joindre, la campagne suivante de 1674, aux armées d'Espagne et de Hollande, qui, par ce renfort considérable, crurent avoir changé la constitution de la guerre et être en état de la faire offensive de leur part contre la France.

« On voit, par cet exemple d'une faute faite par un des plus grands capitaines que la France ait eus, de quelle conséquence il est à un général de veiller à la sûreté de ses convois de vivres [1]. »

A partir de ce moment la campagne fut malheureuse

[1] *Mémoires de Feuquières.*

pour Turenne. Montecuculli passa le Mein à Wurtzbourg, longea la rive droite et se dirigea sur Francfort, et de là sur le Rhin. Turenne reconnut la nécessité d'abandonner Aschaffenbourg; il ne s'y était maintenu jusqu'à la dernière extrémité que pour gagner du temps et empêcher Montecuculli de se rendre maître de tout le cours du Mein; mais il était à craindre que l'hiver, qui approchait, ne fermât aux Français les chemins de leurs frontières.

L'électeur de Mayence ayant fait dire à Turenne que s'il voulait abandonner Aschaffenbourg il resterait strictement neutre entre les deux armées, le vicomte profita de ce prétexte pour sortir honorablement d'un mauvais poste et fit évacuer la ville.

La disette était telle dans l'armée française que les soldats allèrent jusqu'à piller leurs magasins. Louvois écrit, le 9 octobre, une lettre fort dure à Turenne à ce sujet. La valeur des pertes devra être retenue sur le montant des soldes et remise au sieur Jacquier, intendant à l'armée, et on devra « en user ainsi toutes et quantes fois que pareilles choses arriveront ». Sa Majesté m'a ordonné d'ajouter « qu'elle serait très mal satisfaite si cela arrivait plus, et qu'elle ne peut pas s'imaginer qu'il y ait aucune discipline dans une armée capable de piller ses propres magasins ».

Dans toute cette campagne Turenne se montra hésitant, embarrassé, et ses préoccupations étaient bien justifiées. Il était en face d'une armée puissante, bien approvisionnée, commandée par Montecuculli, loin de France, dans des pays franchement ennemis ou d'une neutralité malveillante, et dont les habitants, hostiles aux Français, tuaient les fourrageurs, donnaient aux éclaireurs de faux avis sur la marche des Impériaux, auxquels au contraire ils servaient de guides. Quelques-unes de ses troupes, les régiments étrangers surtout, peu habitués aux fatigues et aux privations d'une campagne aussi rude, diminuaient peu à peu; les soldats désertaient. En quelques jours, auprès de Francfort, Turenne constate cinq cents désertions, et tous ces déserteurs étaient Français.

Parvenu sur les bords du Rhin, Montecuculli fit travailler à un pont un peu au-dessus de Mayence; il profita d'une île qui partage le fleuve en deux bras, et, en attendant qu'il fût achevé, il fit passer en barque, de l'autre côté du Rhin, quatre mille fantassins, quinze cents chevaux et six pièces de canon. Le passage du Rhin par l'armée de l'Empereur eut lieu les 23, 24 et 25 octobre. L'abbé de Gravelle, représentant de la France auprès de l'électeur de Mayence, homme intelligent, dévoué et hardi, d'une des tours de la ville où il montait à la dérobée, étudiait ses mouvements et en donnait avis à Turenne, qui envoya M. de Clar à Trèves avec quatre cents chevaux et cent dragons et hâta sa marche vers le Rhin. Il savait du reste qu'il arriverait trop tard. Il avait onze cents malades, mais il ne laissait pas un homme en arrière. « M. de Villiers, qui a fait l'arrière-garde de tout, a fait ramasser tous les traîneurs très soigneusement, et je puis vous dire qu'en toute l'armée il y a une charité à cet égard qui n'est pas concevable. Je l'attribue à ce que tout le monde est bien aise de plaire à M. de Turenne, et qu'on sait bien qu'on ne peut pas mieux lui faire sa cour [1]. » — « J'ai reçu la lettre que vous m'avez fait l'honneur de m'envoyer le 16 de ce mois, écrit Louvois le 26 octobre, par laquelle le roi a connu que ses affaires en Allemagne ne sont pas en un état aussi avantageux que Sa Majesté le pourrait souhaiter. Il est fâcheux que l'on se soit avancé si avant pour avoir l'affront de reculer si loin qu'il est impossible que la réputation des armes de Sa Majesté ne souffre de cette retraite, qui servira fort à donner aux armes de l'Empereur un crédit qu'elles étaient sur le point de perdre. Sa Majesté voit ces choses et fait les réflexions susdites sans vous en rien imputer, et est très persuadée qu'il n'a pas été possible de mieux faire et que vous avez pris en tout le bon parti. »

Bien que prévenu de tous les mouvements des Impériaux, Turenne était dans l'incertitude de ce qu'ils entreprendraient et ne pénétrait pas leurs desseins. A peine Montecuculli fut-il sur la rive gauche qu'il fit mine de vouloir remonter en Alsace et de menacer Philippsbourg. Turenne prit le change. Après avoir renforcé la garnison de Trèves, il se rapprocha en toute hâte de Philippsbourg. Turenne prêtait ainsi les mains au dessein de son habile adversaire, dont le plan était de rejoindre les Hollandais et les Espagnols, qui venaient de se déclarer contre la France. « Cette faute fut un nuage pour sa gloire; c'est la

[1] *Journal de M. de Beaulieu.*

plus grande qu'ait commise ce grand capitaine 1. » Turenne éloigné, Montecuculli était libre; les Impériaux purent sans difficulté descendre le Rhin jusqu'à Coblentz pour aller joindre les Espagnols et les Hollandais. Montecuculli partagea sa cavalerie en trois corps; les bagages et une partie de l'infanterie suivirent la route de Lahnstein ou descendirent le Rhin en bateau. Le point de réunion de toutes ces colonnes était la forteresse d'Hermanstein.

Le 31 octobre, Turenne, complètement informé de la marche et du dessein des ennemis, écrit à Louvois. Le désordre de son style trahit son désappointement, sa profonde humiliation d'avoir été trompé par son adversaire et d'avoir laissé réussir le plan formé par Montecuculli de descendre dans l'électorat de Cologne, d'emporter Nuitz et Bonn, et de soutenir le prince d'Orange.

En quelques lignes il répète trois ou quatre fois : « Je vois très bien l'importance de la chose et ce que l'ennemi peut faire, et l'avantage qu'il a. » Et il ajoute : « Mais je crois qu'il ne faut pas que la tête m'en tourne. » Il cherche ce qu'il y a à faire; les chemins défoncés, le mauvais temps, le manque de vivres, le petit nombre de ses troupes, la crainte de les ruiner le rendent hésitant et incertain. Il constate le succès des ennemis; mais, toujours prévoyant, après avoir laissé transpirer ses sentiments, il envisage l'avenir et recommande à Louvois ce que M. le prince et Luxembourg pourraient exécuter pour remédier à la marche des Impériaux.

L'électeur de Trèves avait promis de garder la neutralité, mais il désirait trop ardemment se venger des Français pour tenir parole. Il permit à Montecuculli de se servir des ponts de Coblentz sur le Rhin et sur la Moselle. Cet avantage était capital pour les Impériaux. L'armée allemande descendit vers Bonn, et entreprit, le 3 novembre, le siège de cette ville, qui appartenait à l'électeur de Cologne. Cette entreprise, que le mauvais état de la place et l'éloignement des armées françaises rendaient assurée, devait avoir les plus grandes conséquences; car elle coupait les communications des Français avec leurs conquêtes de Hollande, qu'il fallait abandonner, et enlevait à Louis XIV deux alliés essentiels, l'électeur de Cologne et l'évêque de Munster, qui allaient être obligés de se ré-

1 Napoléon.

concilier avec les Hollandais et de se joindre à l'Empereur.

Le 13 novembre, les alliés entraient dans Bonn après une résistance énergique de Réveillon, qui n'avait que peu de Français sous ses ordres, et que les troupes allemandes des alliés de la France ne secondèrent pas.

Turenne, averti du siège de Bonn, se voyait en frémissant dans l'impossibilité de secourir cette ville. Il reprochait à Louvois d'avoir négligé Bonn et l'électorat de Cologne. « Si Bonn avait été un peu en meilleur état, disait-il, les ennemis n'auraient jamais pensé à l'attaquer. » (14 novembre.) « Tout cela, écrivait-il à Louvois le 30 novembre, est une suite de leur entrée dans le pays de Cologne, où ils n'ont pas trouvé de places fortes et où il n'y avait pas de troupes pour les défendre; et l'hiver venant là-dessus, je crois qu'on ne peut pas empêcher qu'ils n'en soient les maîtres. »

Louvois, que les succès de l'année précédente avaient fait revenir de ses préventions contre les campagnes d'hiver, pressait Turenne d'entrer dans l'électorat de Cologne par une marche hardie. Il y avait à cela un intérêt politique et un intérêt militaire. L'électeur, dont le territoire était occupé par les alliés, menaçait de passer à l'ennemi; mais Turenne jugeait cette marche impossible. Ses troupes étaient affaiblies, fatiguées et démoralisées; les vivres manquaient, la saison était mauvaise, les chemins défoncés. Louvois céda. Il écrivait, le 19 décembre, à Courtin : « Personne ne doute de l'avantage qu'il y aurait de pouvoir tomber présentement sur les Impériaux, mais ceux qui commandent les armées disent que vingt lieues de marche en cette saison détruiraient plus une armée que la perte d'une bataille; sur quoi personne n'étant en état de répliquer, il faut remettre la partie au printemps prochain. »

Les ennemis ayant pris leurs quartiers d'hiver, Turenne partit pour la cour le 14 décembre. Une partie des troupes resta dans l'électorat de Trèves et sur la Sarre; deux autres corps allèrent s'établir en Lorraine et en Alsace, et quatre mille chevaux prirent la route de la Bourgogne et furent dispersés sur les frontières de cette province et de la Franche-Comté. La conservation de Hœxter sur le Weser devenant désormais inutile aux Français, le bataillon qui gardait cette place en rompit le pont et se retira à Wesel.

CHAPITRE VII

Campagnes de Turenne en Alsace (1674-1675). — Sa mort. — Ses obsèques.

Turenne était revenu de sa campagne assez mécontent de lui-même et très irrité contre Louvois, qui avait contrecarré ses plans et ne lui avait pas envoyé les renforts qu'il demandait et dont il avait un réel besoin. Il unit son ressentiment à celui de Condé, qui avait, lui aussi, à se plaindre de l'orgueilleux et intraitable ministre. Ils s'assurèrent du concours de Colbert et de Pomponne, et résolurent de demander au roi l'éloignement de Louvois, dont la position fut sérieusement compromise. Heureusement pour le ministre de la guerre, l'intrigue s'ébruita, et l'habile le Tellier sauva son fils. Il gagna Condé par d'adroites flatteries, par des promesses pour la campagne suivante, surtout par la crainte de voir Turenne, son rival, profiter seul d'un triomphe commun, et le détacha de la ligue.

Turenne, qui commençait à vieillir et que cette lutte persistante irritait et lassait, eut alors, paraît-il, la pensée de quitter le monde. D'après Ramsay et Raguenet, bien placés pour le savoir, il était de tradition constante de leur temps, dans la maison de Bouillon et dans l'ordre des oratoriens, que Turenne avait exprimé l'intention de se retirer dans la maison des pères de l'Oratoire. Le saint-siège, ayant appris cette résolution, envoya à Paris un délégué pour confirmer Turenne dans ces pieuses pensées et pour lui promettre le chapeau de cardinal s'il y persévérait. On raconte que Louis XIV fut obligé d'user de son autorité pour faire revenir le maréchal sur cette détermination qui eût été un malheur public au moment où son génie était plus que jamais nécessaire à la France.

La situation avait, en effet, changé. Bien loin de pouvoir attaquer ses ennemis, Louis XIV allait être réduit à se défendre. Une coalition s'était formée contre le grand roi. L'Angleterre protestante s'était alliée à la catholique Espagne ; l'Empire, la Hollande, tous les princes allemands, même l'évêque de Munster et l'électeur de Cologne, s'étaient déclarés contre Louis XIV. Le grand électeur avait violé sans hésitation le traité qu'il avait signé l'année précédente. Seuls le duc de Bavière et l'électeur de Hanovre restaient dans la neutralité.

Le roi de France prit son parti avec résolution. Il donna l'ordre d'évacuer toutes les places tenues par ses troupes sur le Rhin et la Meuse, à l'exception de Grave et de Maëstricht; puis, apprenant que l'électeur palatin s'était engagé par un traité à joindre ses armes à celles des Impériaux, il fit occuper par les marquis de Vaubrun et de Rochefort la ville de Germersheim.

Tout à coup, le 18 mars, six mille Allemands, sous le commandement de Caprara, passèrent le Rhin. Le marquis de Beauvezé, en ayant eu nouvelle, sortit de Landau, avec six cents chevaux, pour aller reconnaître l'ennemi; il fut attaqué et blessé. Louis XIV jugea que les confédérés n'avaient quitté leurs quartiers d'hiver avant la saison que pour assiéger Philippsbourg, dont les fortifications n'étaient pas encore achevées, ou pour pénétrer en Alsace. Il donna à Turenne l'ordre de partir immédiatement.

Le maréchal se prépara à une guerre défensive. Cependant Louis XIV méditait une de ces campagnes comme il les aimait, brillante, rapide et sûre. L'Espagne s'était déclarée contre lui, il se tourna avec décision contre elle.

A la fin d'avril, prenant avec lui vingt-cinq mille hommes et Vauban, il se porta sur la Franche-Comté. Besançon fut prise en neuf jours. Les Allemands voulurent la secourir, mais Turenne couvrit les opérations. Laissant la majeure partie de son armée à Vaubrun, pour protéger l'Alsace contre une tentative de l'électeur palatin et de Caprara, campés près de Philippsbourg, il s'opposa en personne au duc de Lorraine. Établi dans les montagnes de la forêt Noire, ce prince avait conçu le dessein de franchir le Rhin à Rhinfeld, de soulever les Suisses, très portés en faveur de la Comté, et d'empêcher la conquête de cette province. Turenne quitta Saverne le 20 avril, arriva à Brisach le 24, et se rendit avec quelques compagnies seulement à Helsingen près de Bâle. Il fallait intimider les Suisses, pour les obliger à garder strictement la neutralité. Dès son arrivée à Helsingen, le maréchal envoya ses gens à Bâle, avec des charrettes et des pourvoyeurs chargés d'acheter et d'enlever à grand bruit, « pour M. de Turenne et son armée, » tout ce qui se trouverait sur les marchés. Cette manœuvre réussit. Les magistrats de Bâle, intimidés et croyant arrivée toute l'armée de Turenne, qui ne le rejoignit que plusieurs jours après, observèrent la neutralité et refusèrent le passage au duc de Lorraine, qui resta assez longtemps dans l'inaction auprès de Rhinfeld. « M. de Lorraine est derrière les villes frontières, écrivait Turenne à Louvois (15 mai); le bruit commence à courir qu'il s'en veut retourner vers le Palatinat. Il peut, si je n'étais ici, être en huit heures de Rhinfeld dans l'entrée de la vallée de Delmont, d'où on ne peut plus l'empêcher d'aller en Comté, et les Suisses ne gardent pas cela. »

La conquête était achevée avant que le prince eût rien pu faire. Turenne, qui avait passé près d'un mois à le surveiller, n'avait cependant pas pu pénétrer le plan de campagne des alliés. Le 19 mai, il écrit à Louvois qu'il est « dans l'incertitude si les ennemis tourneront du côté de Flandre ou bien s'ils croiront pouvoir emporter aisément Trèves, pour ensuite secourir la Comté, ou bien passer le Rhin et la Moselle à Coblentz, pour venir en Alsace ». Le 28 mai, la diète germanique se prononça contre la France. L'armée lorraine décampa et descendit de la forêt Noire, du côté d'Heidelberg, où se trouvait Caprara, qui commandait l'armée des Cercles. Les généraux, réunis, attendirent le duc de Bournonville, qui s'y rendait d'Égra avec les troupes de l'Empereur.

Turenne, qui était revenu à la fin de mai à Hochfeld, près de Saverne, résista aux demandes réitérées de Louvois, qui le pressait d'envoyer à Condé, en Flandre, une partie de ses forces, en qualifiant ses ordres « d'imprudents ». Il résolut de prendre hardiment l'offensive et de battre la partie des forces des coalisés qui étaient à sa portée, avant leur jonction avec Bournonville. Il fit établir en trois jours un pont de bateaux à Philippsbourg, rassembla ses troupes et partit sans bagages avec une rapidité extraordinaire. Cette longue marche, donnée par Feuquières dans ses Mémoires militaires comme un bel exemple à suivre, avait été, dit cet écrivain, « si capablement et si secrètement préparée par M. de Turenne, qui avait successivement avancé des troupes sur la route de Philippsbourg, que l'ennemi fut attaqué et battu sans avoir eu aucune connaissance précédente des mouvements que ce général avait faits pour rendre sa marche plus vive. »

Turenne passa le Rhin le 14 juin, à midi, prit à Philippsbourg six pièces de canon et des vivres pour trois jours, emmena une partie de la garnison et alla camper à Hockenum, après avoir eu à Brückhausen un petit engagement d'avant-garde. Le soir, en se promenant dans le camp, il entendit quelques jeunes soldats qui se plaignaient de la fatigue de la marche. Un vieux soldat qui avait été blessé le matin les reprit : « Vous ne connaissez pas notre père, leur dit-il. S'il nous expose à tant de fatigues, c'est qu'il a des vues que nous ne pouvons pénétrer encore, mais que nous saurons bientôt. — Alors, buvons à la santé de notre général ! » s'écrièrent les conscrits. Turenne disait qu'il avait rarement éprouvé un plaisir aussi vif que celui que l'expression de la confiance de ce vieux soldat lui avait causé.

Le lendemain 15, Turenne s'assura que le corps de Bournonville n'était pas arrivé, et se dirigea par de longs défilés dans les bois vers Wisloch, petite place que défendaient quelques soldats et de nombreux paysans qui y avaient cherché un asile. Turenne ne l'attaqua point et laissa reposer pendant toute la nuit ses troupes, qui avaient fait près de trente lieues en quatre jours et qui devaient se battre le lendemain.

Le 16, au point du jour, il continua sa route vers Epinghen ; vers sept heures du matin, on découvrit l'ennemi déjà posté sur une hauteur, derrière la petite ville de Sintzheim. A neuf heures on était près de lui. La position était tout à l'avantage des Allemands. Le duc de Lorraine, arrivé à Sintzheim avant Turenne, avait pris de bonnes dispositions. Il avait garni d'infanterie la ville, dont les murailles avaient été récemment rétablies, et jeté des dragons dans les jardins bordés de haies qui l'entouraient. En arrière, sur un plateau bordé de hauteurs escarpées, il avait mis en bataille, sur un front assez étroit, sa cavalerie, que couvrait l'Elsatz, ruisseau très encaissé et non guéable. Les armées étaient à peu près égales en force, neuf mille hommes de chaque côté ; mais Turenne n'avait que cinq mille chevaux, Caprara en avait sept mille.

Après avoir embrassé d'un coup d'œil l'ensemble du champ de bataille, Turenne prit ses dispositions pour combattre immédiatement, malgré le désavantage évident de sa position. Il fit avancer son canon, et, tout en rangeant ses troupes, balaya les jardins qui protégeaient les abords de la ville. Ses dispositions n'étaient pas encore tout à fait achevées lorsqu'il passa devant le front des Anglais [1]. Ceux-ci jetèrent leurs chapeaux en l'air et l'acclamèrent. Ce fut le signal du combat. Turenne engagea l'infanterie et les dragons contre les avant-postes allemands, qui se replièrent bientôt dans la ville. « On se saisit de quelques maisons qui formaient une espèce de faubourg, et pendant qu'on consultait sur la manière dont on attaquerait la ville, les dragons de M. de Turenne, se coulant vers la gauche, le long de la petite rivière, remarquèrent une porte que les ennemis avaient laisée ouverte pour communiquer à leur armée. Ils se jetèrent brusquement dans l'eau et se saisirent de cette porte avant qu'elle pût être fermée. Les ennemis en ouvrirent une autre pour s'enfuir vers leur armée. Ceux qui étaient sur la hauteur s'avancèrent pour recueillir les fuyards, mais le canon les fit retirer [2]. »

La ville était prise, mais ce n'était que le prélude de la victoire. L'armée allemande restait intacte et dans une excellente position. Pour arriver à elle, « il fallait passer un défilé de plus de quatre cents pas de long et gagner la hauteur occupée par les ennemis; c'était un grand chemin creux qui partait du faubourg et allait en montant jusqu'à une colline, dont la droite était occupée par un clos de vigne assez spacieux : la gauche aboutissait à un grand fond, dont les bords supérieurs étaient escarpés et bordés de haies; le fond formait une gorge. Il y avait aussi sur cette gauche une église fermée de murailles [3]. » Turenne fit traverser la ville à son infanterie et la posta derrière quelques obstacles naturels, à droite et à gauche du chemin creux, en lui recommandant de rester à couvert tout en entretenant un feu des plus vifs pour troubler la cavalerie ennemie. Pendant ce temps il faisait passer son artillerie, puis sa cavalerie, qu'il rangeait en bataille au débouché du chemin, à mesure qu'elle arrivait, dans la zone couverte par le feu de son infanterie et sur un espace qui avait environ douze cents pas de largeur. Pendant qu'il

---

[1] Un des régiments anglais au service de la France était commandé par Churchill, qui devint plus tard lord Marlborough. Le gouvernement anglais, lorsqu'il rompit avec la France, envoya aux régiments qui servaient sous Turenne l'ordre de le quitter : ils s'y refusèrent.
[2] *Mémoires de Saint-Hilaire.*
[3] *Ibid.*

rangeait ses troupes, son artillerie faisait un feu violent sur les ennemis, qui s'éloignèrent pour se mettre en sûreté et laissèrent le passage libre.

Cependant l'ennemi, voyant la cavalerie française se former peu à peu et se déployer en bon ordre, résolut d'attaquer avant qu'elle fût entièrement en position.

Les cuirassiers de l'Empereur s'ébranlèrent les premiers et firent une charge furieuse. Une mêlée terrible eut lieu, dans laquelle il se produisit quelque confusion parmi les Français. Quatre pièces de canon qu'on avait fait avancer un peu témérairement, et qui étaient encore attelées, reculèrent au milieu des troupes et y causèrent du désordre. La cavalerie française chargea à son tour et ramena les Impériaux; mais Saint-Abre avait fait une faute en étendant trop son front, et en laissant son flanc découvert devant un ennemi qui occupait une ligne bien plus étendue que la sienne. Le duc de Lorraine, en homme expérimenté, saisit l'occasion. Il fit charger en flanc la droite française, qui fut mise en désordre; Saint-Abre fut tué. Pendant ce temps une seconde ligne de cavalerie française s'était formée derrière la première. Elle rétablit le combat. Chacun recula pour se reformer, et, lorsque la poussière tomba, on vit l'ennemi en bataille à cent pas. Le régiment d'Armagnac, M. de Foucault à la tête, étant comme en potence à l'aile gauche, chargea si à propos les ennemis en flanc, qu'il les renversa. A la troisième charge, quelques escadrons français furent encore ébranlés; mais, appuyés de l'infanterie, les autres les soutinrent avec vigueur.

A ce moment toutes les troupes étaient passées; Turenne, désireux de s'assurer la victoire et voyant qu'il avait un front égal à celui des ennemis, mit l'épée à la main et chargea lui-même à la tête du régiment colonel. Alors la déroute commença. Les Allemands avaient été si maltraités à cette charge qu'ils songèrent à faire leur retraite avec le moins de confusion qu'il leur serait possible. « Ils avaient derrière eux de grands bois coupés par plusieurs chemins qui conduisaient vers Heilbron. Pour se ménager le temps de les traverser, ils envoyèrent à la charge les troupes qui devaient faire leur arrière-garde. Elles se présentèrent seulement devant la ligne des Français, sur lesquelles elles firent leur décharge. Elles tournèrent ensuite le dos en se débandant et gagnèrent les bois à toutes jambes. La poussière qui s'était élevée et la fumée de la poudre que le vent poussait sur nos troupes, les empêchèrent d'abord de bien distinguer cette manœuvre; mais, dès que cette espèce de brouillard fut dissipé, elles poursuivirent les ennemis, qui se rallièrent et se rangèrent en bataille derrière la petite ville de Verbstadt, distante environ d'une lieue et demie de l'endroit où l'on avait combattu. On posta du canon dans un champ près du grand chemin, et l'on fit sur eux des décharges à toutes volées. Ils reprirent brusquement leur course sur Heilbron et ne s'arrêtèrent plus qu'ils n'eussent passé la rivière du Necker[1]. »

Turenne décampa le lendemain matin de Verbstadt et retourna à Sintzheim.

Les Allemands avaient perdu le quart de leur effectif; la perte de Turenne ne dépassait pas le dixième du sien. Il fallut au maréchal une grande audace et toute la confiance qu'il avait dans ses troupes pour risquer ce combat.

Le désarroi des vaincus était grand; mais l'armée de Turenne, peu nombreuse et fatiguée, avait besoin de quelques renforts et d'un peu de repos. Elle repassa le Rhin le 20 juin et se porta, sur la rive gauche, à Neustadt, petite ville du Palatinat, en face de Philippsbourg; « poste d'où, en mangeant, on pouvait observer à l'aise les mouvements de l'ennemi[2]. » Quand il eut été rejoint par les quelques régiments qu'il avait laissés en Alsace, Turenne, informé que Bournonville avait rallié les vaincus avec cinq mille hommes de troupes fraîches et de l'artillerie, se décida à aller chercher l'ennemi campé à Ladembourg, entre Heidelberg et Mannheim, à l'abri du Necker. Son armée comptait environ seize mille hommes.

Le 30 juin, il fait part de son dessein à Louvois. « Comme l'ennemi, qui est avec toute son armée derrière le Necker, dit-il, a peu d'infanterie, je peux rencontrer quelque chose de fort considérable à faire et qui serait assez décisif. » Mais craignant de s'être trop avancé: « souvent, ajoute-t-il avec sa modestie habituelle, on trouve les choses si différentes de ce que l'on croit, qu'il n'y a pas de plaisir à donner des espérances. »

[1] *Mémoires de Saint-Hilaire.*
[2] Lettre de Frischmann au grand Condé, 25 juin.

Le 3 juillet, il repassa le Rhin près de Philippsbourg et se dirigea immédiatement droit au Necker. L'ennemi l'attendait à Lademhourg, et avait fait établir en cet endroit des retranchements et des batteries qui commandaient le passage de la rivière. Turenne, arrivé à Wiblingen, petit village à une heure au-dessous de Heidelberg, fit dresser un pont de bateaux où l'infanterie et le canon défilèrent, et ordonna à la cavalerie de passer le gué. Les défenses de l'ennemi étaient tournées. A peine le passage était-il commencé que les Allemands, découragés, renoncèrent à le disputer, et prirent le parti de se retirer derrière le Mein, à dix lieues en arrière. Ils « firent défiler leur bagage sur le chemin de Francfort, renvoyèrent leur canon et suivirent eux-mêmes le chemin qu'ils avaient fait prendre à leurs équipages [1] ». Turenne lança à leur poursuite le comte de Roye avec deux mille hommes; mais la poursuite, si rapide qu'elle fût, ne put égaler la promptitude des fuyards. « Il y avait dans leurs troupes, écrivait Turenne, une épouvante qui n'est pas croyable. »

L'infanterie se dispersa dans les bois et les montagnes. La cavalerie fit, en une marche de quatorze heures, la distance qui la séparait de Francfort. Quelques coureurs français rencontrèrent huit escadrons ennemis; ils les chargèrent impétueusement. L'épouvante était telle chez les Allemands que les huit escadrons se débandèrent devant cette attaque. On ne put ramasser que des traînards et quelques fantassins isolés. Le bagage, parti douze heures avant la cavalerie, était rentré à Francfort sans accident. Turenne, « voyant qu'il était impossible de joindre les ennemis, ne s'opiniâtra point à suivre leur marche [2]. — Une si honteuse retraite décria fort les affaires des confédérés. » La victoire de Sintzheim avait des suites considérables; Louvois le comprit, et il envoya à Turenne des renforts que réclamait Condé.

L'Allemagne préparait des forces imposantes et annonçait hautement son intention de prendre bientôt la revanche de Sintzheim. Des levées d'hommes, des concentrations de troupes inquiétaient Louis XIV, qui s'en préoccupa jusqu'à demander à Turenne si, en cas d'une invasion heureuse des Allemands, il ne faudrait pas abandonner l'Al-

---

[1] Relation de la poursuite des ennemis jusqu'à Francfort, 6 juillet.
[2] Lettre au marquis de Rochefort, 6 juillet.

sace et en raser les places, en se bornant à conserver seulement Philippsbourg et Brisach.

Le 8 août, Turenne répond au roi. Il s'oppose de toute son énergie, même en cas de revers, au plan éventuel dont le roi l'a entretenu. « Si l'ennemi était maître de l'Alsace, ayant Strasbourg derrière, il y demeurerait tant qu'il lui plairait, porterait la guerre en Lorraine et en Champagne, et dans peu de jours on songerait à soutenir Toul... Je dirai à Votre Majesté que je suis persuadé qu'il vaudrait mieux, pour son service, que j'eusse perdu une bataille que si je repassais les montagnes et que je quittasse l'Alsace. Elle sait le nombre qu'elle a de troupes ; je la supplie, dans ces trois mois qui feront le bon ou le mauvais état de ses affaires, de ne les envoyer qu'aux lieux où elles pourront servir à quelque chose de capital. Pourvu qu'on ait un nombre raisonnable de troupes, on ne quitte pas un pays, encore qu'un ennemi soit plus fort ; mais il faut être soutenu par des secours et avoir ses derrières assurés. »

Il y a loin de cette lettre sage et mesurée à la dépêche hautaine et tranchante que Ramsay a prêtée à son héros. S'il fallait en croire cet historien, Turenne aurait répondu au roi par une lettre dont la date est omise, non sans motif, et qui se terminerait ainsi :

« Je connais la force des troupes impériales, les généraux qui les commandent, le pays où je suis, je prends tout sur moi et je me charge des événements. »

Cette lettre est apocryphe. Elle a été composée avec des fragments de la lettre précitée du 8 août et d'une dépêche du 13 septembre. Jamais le modeste Turenne, avec sa profonde connaissance de la faiblesse humaine et des hasards de la guerre, en face d'un ennemi double en force, ne se fût « chargé des événements » d'une manière si outrecuidante.

En présence de la menace d'invasion qui pesait sur la France, le maréchal s'efforçait de rendre impossible le séjour des bords du Rhin à une armée ennemie.

Au XVIIe siècle, tous les mémoires militaires, tous les ouvrages les plus autorisés et les plus graves en font foi, le droit de la guerre était encore rigoureux et cruel. Dans les pays envahis, les villes et les villages, les habitations isolées étaient soumis à la contribution. En cas de refus de subsistances, l'ennemi avait le droit de se venger par le feu du mauvais vouloir des populations : droit barbare et sauvage, nous n'y contredisons pas, mais droit incontestable que l'électeur palatin lui-même reconnaît dans une lettre adressée par lui à Turenne, le 27 juillet 1674.

Louvois, naturellement inflexible et dur, ne devait pas hésiter à user de ces droits, et il donnait, en conséquence, l'ordre de faire contribuer les habitants du Palatinat.

Les paysans cachèrent d'abord leurs vivres et refusèrent de contribuer; on découvrit leurs cachettes, et en représailles on brûla quelques maisons et même quelques villages. Poussés à bout, ils se soulevèrent, s'organisèrent, et, s'étant procuré des armes, massacrèrent des soldats isolés. Une de leurs bandes passa même le Rhin, et les *schnapans* (c'est ainsi qu'on appelait les paysans armés et réunis en troupes) vinrent mettre le feu à un village du bailliage de Haguenau. Des soldats, c'étaient des Anglais, dit-on, ayant trouvé horriblement mutilés les cadavres de quelques-uns de leurs camarades qui avaient été tués par les schnapans, mirent, dans leur colère, le feu aux villages voisins.

L'électeur palatin, qui avait supporté sans se plaindre les incendies pour refus de contribution, qui lui paraissaient conformes au droit des gens, se plaignit de ces incendies dus à la vengeance. Il écrivit à Turenne, le 27 juillet, une lettre de défi où il le provoquait à un combat singulier. Turenne répondit par un refus.

Les cruelles nécessités de la guerre furent d'ailleurs adoucies par l'humanité des Français.

« La famine fut si grande en Palatinat, que la commission des vivres pour l'armée du roi fut émue de pitié et distribua du pain de munition aux sujets palatins aussi bien qu'aux soldats [1]. »

En résumé, une dévastation voulue, mais incontestablement autorisée par le droit de la guerre, eut lieu dans le Palatinat par les ordres de Louvois et de Turenne. Des incendies allumés par des soldats dont les camarades avaient été tués par trahison et odieusement mutilés, vinrent ajouter leur horreur à la ruine du pays. Ces faits sont profondément regrettables, et peut-être Turenne eût-il pu en empêcher au moins une partie s'il eût maintenu dans son armée une discipline plus rigoureuse.

« Qu'il y ait à cela quelque utilité stratégique et passa-

---

[1] Frischmann au grand Condé, 3 août.

gère, dit Michelet, je ne le nie point; mais j'affirme que les choses qui créent des haines durables entre les nations sont mauvaises et impolitiques. » Pour nous, voilà la vérité.

Les mois d'août et de septembre se passèrent sans combat, chacun se préparant à une lutte décisive.

Le marquis de Rochefort, campé entre la Moselle et la Meuse, se tenait prêt à se porter en Flandre ou en Allemagne, sur les points menacés. Vers le milieu d'août, il reçut l'ordre de rejoindre le prince de Condé, mais d'envoyer une bonne partie de ses troupes à Turenne.

Pendant que Turenne faisait subsister son armée dans le Palatinat, les troupes des cercles de l'Empire, des princes de Zell, de Wolfenbuttel, de Lunebourg, de Munster, se réunirent aux environs de Francfort. Le 23 août, un conseil de guerre, auquel assista Lisola, eut lieu dans cette ville, et les généraux résolurent de marcher immédiatement à la rencontre de Turenne, sans attendre les vingt mille hommes que l'électeur de Brandebourg se disposait à amener en personne à l'armée de la coalition. Les 28 et 29, trente mille Allemands, avec trente pièces de canon, passèrent le Rhin à Mayence.

Turenne se disposa à leur faire tête. Son armée était heureusement plus forte que les ennemis ne le supposaient. Il prit une excellente position entre Wissembourg et Landau, derrière Vinden et Hergerswiller, son front couvert par ces villages et par un ruisseau, et sa droite appuyée à des bois marécageux. L'armée, étant ainsi également éloignée des passages de Rhinzabern et de Berzabern, les seuls par où on pouvait l'aborder, avait la facilité de se porter en peu de temps à l'un ou à l'autre, c'est-à-dire vers le Rhin ou les montagnes.

Louvois craignait pour la Lorraine, et aurait voulu que Turenne se retirât dans cette province pour la couvrir. Turenne ne s'en mettait pas en peine. « Une armée comme celle de l'ennemi, écrivait-il à Louvois, le 13 septembre, et en la saison où l'on est, ne peut songer qu'à chasser l'armée du roi d'Alsace, n'ayant ni vivres ni moyens d'aller en Lorraine, que je ne sois chassé du pays. »

Il était satisfait des dispositions de son armée.

« Je me promenai fort hier par les endroits par lesquels je croyais que M. de Zell pouvait le plus aisément marcher en avant. L'armée du roi est dans une disposition merveilleuse, et je pense que l'ennemi se croit si supérieur en nombre, que cela donne beaucoup de hardiesse à ses gens pour avancer [1]. »

Malgré toute leur hardiesse, les ennemis n'osèrent pas passer entre Turenne et le Rhin, pour remonter en Alsace par un pays dévasté. « Après avoir demeuré quinze jours dans leur camp, à quatre heures de l'armée du roi, avec beaucoup de disette de fourrages et de vivres, et très mal huttés [2], » voyant que Turenne ne bougeait de sa position, ils se décidèrent à rétrograder. Le 20 septembre, Bournonville repassa le Rhin et remonta rapidement la rive droite, afin de pouvoir profiter du pont de Strasbourg pour passer en Alsace.

Turenne, qui devina son dessein, fit marcher aussitôt vers Strasbourg un fort détachement sous les ordres du marquis de Vaubrun, pour inviter les magistrats à observer la neutralité. Au lieu d'agir avec vigueur et sans délai, Vaubrun entra en pourparlers avec les bourgeois, et manqua l'occasion de se saisir d'un fort important.

Quand Turenne arriva, il était trop tard. Les magistrats se déclarèrent dans l'impossibilité de résister à la populace, portée en faveur des Allemands, qui entrèrent dans la ville le 24 février.

La déclaration de Strasbourg en faveur des confédérés amenait les Allemands au cœur de l'Alsace, leur assurait une place d'armes, et leur donnait les moyens de mettre derrière eux la haute Alsace, assez abondante pour subvenir presque toute seule aux besoins de la guerre. Turenne ordonna de former à Saverne des magasins de subsistances : il avait résolu de se maintenir opiniâtrément en basse Alsace ; c'était, pensait-il, le seul moyen d'empêcher l'ennemi de pénétrer en France.

Turenne s'établit avec son armée au village de Wantznau, à une lieue et demie au-dessous de Strasbourg. La situation était inquiétante. Les Impériaux, au nombre de quarante mille hommes, étaient maîtres de la haute Alsace, pays riche et fertile, qui n'avait pas été épuisé par la guerre. Turenne, au contraire, avec une armée inférieure de moitié, se trouvait dans un pays sans ressources, et il avait à couvrir plusieurs places qui n'auraient pas résisté

---

[1] Turenne à Louvois, 10 septembre 1674.
[2] Turenne à M. de Persode, 23 septembre.

à un siège un peu long et sans lesquelles il ne pouvait se maintenir en Alsace.

Après avoir reçu quatre à cinq mille hommes de renfort, qui portèrent son armée à vingt-deux mille combattants, il forma le dessein de combattre les ennemis avant que l'électeur de Brandebourg, qui s'avançait avec vingt mille hommes et trente-deux pièces de canon, les eût joints. Informé qu'ils traversaient la rivière d'Ill et marchaient sur Molsheim, il partit de son camp de Wantznau, le 3 octobre, à minuit, à travers un marais sur lequel il avait fait faire des ponts, et marcha droit au village de Holtzheim, le long duquel coule la Bruche. Cette rivière, venant de Molsheim, se divise en deux bras et forme une île, puis elle va se jeter dans l'Ill au-dessus et près de Strasbourg.

Des partis que M. de Turenne avait envoyés lui rapportèrent que les ennemis étaient campés en trois corps séparés, vers le village d'Entzheim, de l'autre côté de la Bruche. Il observa d'une hauteur la situation de ces camps, et pensa qu'en se hâtant il pourrait passer les deux bras de la Bruche avant que les ennemis eussent le temps de se ranger en bataille. Toute l'armée se mit aussitôt en mouvement pour passer le premier bras, où il y avait peu d'eau. Comme le défilé, pour arriver à l'autre bras, était long et difficile, elle n'arriva sur le bord de la rivière qu'à la nuit. Turenne rangeait ses troupes, à mesure qu'elles arrivaient, dans un terrain fort serré, ayant la rivière devant elles; mais il fit passer sur le pont d'Holtzheim, que les ennemis n'avaient pas rompu, une partie considérable de son infanterie, qui entra dans le village et s'y fortifia. On n'était qu'à un quart de lieue des Allemands.

Le 4 octobre, au point du jour, l'armée acheva de passer la rivière et se mit en bataille, l'artillerie en tête, et, en cet ordre, elle marcha aux ennemis par une pluie épouvantable qui dura tout le jour. Après cinq à six cents pas de marche, Turenne s'aperçut que la gauche des ennemis, qui l'attendait en bataille, débordait de beaucoup la droite de son armée. Il s'étendit alors à droite, afin de se trouver en front parallèle aux ennemis. Leur gauche occupait un bois dont le flanc extérieur était bordé par la Bruche; le village d'Entzheim était à peu près dans leur centre, et leur armée formait une espèce de demi-cercle. Leur droite s'étendait vers le village de Gueschpy, qu'ils laissèrent un peu derrière eux. Le terrain où se trouvait l'ennemi était ferme et avantageux, tandis que les Français étaient dans un lieu bas et rempli de terres labourées, qui devinrent bientôt impraticables à force d'être foulées par les troupes et détrempées par la pluie.

Turenne, voyant qu'il ne pouvait pas être pris en flanc, résolut d'engager un combat d'infanterie. Il prit les dragons et toute son infanterie de la droite, soutenus de la cavalerie de la même aile, et fit attaquer vigoureusement par le marquis de Boufflers le bois que les Impériaux tenaient par leur gauche. A la première décharge, les ennemis plièrent; mais, étant secourus à propos, ils reprirent poste et se soutinrent sans que l'avantage se déclarât d'aucun côté. « On s'opiniâtra à l'attaque du bois, qui avait une grande importance, les ennemis ayant devant eux beaucoup de bons postes, où ils s'étaient mis avec bon nombre d'artillerie, et l'armée du roi voulant voir ce qui arriverait de l'attaque du bois avant de prendre une autre disposition. »

L'action fut meurtrière; on combattait de près, et pendant cinq heures « il a fallu demeurer à la portée du mousquet et du canon à cartouches de l'ennemi »; pendant ces cinq heures, « on n'a jamais vu d'impatience à aucun régiment, de cavalerie ou d'infanterie, d'en sortir, quoiqu'on leur tuât beaucoup de gens. »

Enfin, après un combat acharné, les ennemis furent entièrement chassés du bois et on leur prit dix pièces de canon. Turenne les fit suivre jusqu'au village d'Entzheim, où ils se retirèrent; mais comme ils avaient de l'infanterie fraîche et que celle de Turenne était fort fatiguée, il se borna à faire occuper le bois qu'il avait pris et s'y maintint le reste du jour. Il fallut en demeurer là... « La pluie continuelle et la lassitude des soldats, par leur marche et par la boue dans laquelle ils étaient jusqu'à mi-jambes, ayant été d'une conséquence non pareille dans cette action [1]. »

Tandis que la bataille était à peu près gagnée à sa droite, Turenne vit, vers la fin de la journée, le moment où, sur sa gauche, « la chose allait, dit-il, prendre un autre train. » Il n'avait, en effet, rien voulu engager par sa gauche, mais il l'avait peu à peu dégarnie pour secourir l'autre aile. Les Impériaux, s'en étant aperçus, voulurent

---

[1] Relation de la bataille d'Entzheim.

Mort de Turenne, d'après Prevost.

profiter du vide qu'avait produit ce déplacement de troupes et concertèrent d'attaquer en même temps la gauche et le centre. Tout à coup deux masses de cavalerie s'ébranlèrent à la fois; heureusement elles n'agirent pas de concert. Bournonville, ne considérant pas que le duc de Lorraine et Caprara, qui conduisaient la droite des Impériaux, avaient bien plus de chemin à faire que lui pour joindre les Français, partit en même temps qu'eux; il arriva le premier, renversa quelques escadrons, qui se jetèrent sur les bagages, où se répandit une véritable panique; mais l'infanterie, « à laquelle M. de Foucault faisait faire des évolutions aux bataillons pour faire tête de tous côtés avec un silence non pareil, » tint ferme. Habilement commandée, elle ne se laissa pas entamer. Les cuirassiers de l'Empereur tourbillonnaient en vain autour d'elle; ils finirent par se rejeter sur notre cavalerie, dont la seconde ligne soutint bien leur effort et les obligea à reculer. Le duc de Lorraine, arrivant seulement alors avec Caprara et voyant la première attaque manquée, hésita un instant. Ce retard lui fut fatal; son attaque fut facilement repoussée, et on lui tua trois à quatre cents cavaliers ou chevaux à coups de canon. Il était environ quatre heures après midi, la nuit approchait, et le combat joint au mauvais temps avait beaucoup affaibli les troupes; on se prépara à la retraite de part et d'autre. « Le champ de bataille fut laissé aux morts et aux mourants, qui furent en grand nombre dans les deux partis, » disent les Mémoires de Saint-Hilaire, auxquels nous avons emprunté les principaux traits de ce récit.

La bataille d'Entzheim fut acharnée. « Je fais assembler le peu de prisonniers qu'il y a. Dans les charges de cavalerie on n'a guère donné de quartier. Tous les paysans du pays avaient de la paille au chapeau pour signal de courir après les Français, » écrit Turenne à Louvois (6 octobre).

Les pertes durent être assez considérables de part et d'autre, mais surtout du côté des Allemands, qui s'avouèrent vaincus en se retirant, sous le canon de Strasbourg, derrière l'Ill. La fatigue empêcha les Français de les poursuivre; ils n'avaient cessé, pendant quarante-huit heures, de marcher ou de se battre. Ils se contentèrent de ramasser le lendemain, sur le champ de bataille et sur la ligne de retraite des Allemands, quantité d'armes qui y avaient été jetées.

Cette bataille, bien que peu décisive, intimida les ennemis et les obligea à demeurer dans l'inaction jusqu'à l'arrivée des renforts qu'ils attendaient; mais Turenne se replia dans la direction de Saverne et Haguenau pour y recevoir les troupes qu'on lui envoyait des Pays-Bas, où la campagne était finie.

Le 7 octobre, Turenne alla camper à Marlenheim, position excellente qui couvrait Saverne et Haguenau. Il fit occuper le château de Wasselonne (Wasselenheim), qui commande le défilé de Kronthal, par une centaine d'hommes, et en confia la garde au chevalier de la Roncière. Sa gauche s'étendait le long des montagnes jusqu'à Kuttolsheim et touchait au Kokesberg; sa droite, appuyée à Dachstein, était couverte près de Kirchheim par la Mossig, qui sort du Kronthal. Devant lui s'étendait une plaine ouverte. Le 15 octobre, le maréchal de Créqui amenait à Turenne trois mille gentilshommes de l'arrière-ban convoqués le 16 août par le roi.

Du 13 au 15 octobre, les troupes de l'électeur de Brandebourg défilèrent sur le pont de Strasbourg. Frédéric-Guillaume avait amené avec lui l'électrice et sa cour. Les alliés étaient pleins de confiance et sûrs du succès; les princesses disaient « qu'elles allaient faire connaissance avec les dames françaises pour apprendre les manières de la nation polie [1] ».

Le 16 octobre, toutes les forces de la coalition, soixante mille hommes environ, dont vingt-cinq mille de cavalerie, se trouvaient sur la rive gauche du Rhin.

Louvois venait de tomber malade, mais il recommanda à Louis XIV et à son père de renforcer l'armée du Rhin. Le 16 octobre, Turenne demanda à le Tellier des renforts et des vivres. « Ce qui vient tous les jours de troupes aux ennemis ne se peut exprimer, dit-il; il faut qu'il y vienne (à l'armée du roi) des farines et des avoines, et des troupes pour les escorter et pour renforcer l'armée. »

Le même jour, le Tellier écrivait à Turenne : « Le roi, se confirmant de plus en plus dans la pensée qu'il est très important de vous fortifier puissamment, envoie à M. le prince, » qui séparait alors des troupes de son armée pour les mettre dans des places, « l'ordre de faire marcher vers vous d'importants renforts, en tout quatre-vingts escadrons de cavalerie et vingt bataillons d'infanterie. »

Les alliés tinrent à Strasbourg un grand conseil de

---

[1] Ramsay.

guerre, et, dans leur confiance, ils décidèrent qu'on attaquerait Turenne sans délai, afin de pouvoir s'établir fortement en Alsace et préparer la prochaine campagne.

Bournonville partit aussitôt avec seize escadrons, et ses avant-gardes parurent à une demi-lieue du camp de Turenne le 17 vers midi. L'armée allemande arriva peu à peu et s'étendit dans la plaine. Turenne crut à une feinte. Il pensa que l'ennemi voulait l'amuser et se jeter sur Haguenau. Il envoya en toute hâte le comte de Roye avec huit cents hommes au secours de la place, et fit faire des reconnaissances, dont le résultat fut qu'on voulait réellement l'obliger à combattre.

Turenne ne jugeait pas le moment opportun. Toutefois, pour tromper l'ennemi, pour mettre les chances de son côté s'il était contraint de livrer bataille avec des forces aussi inférieures, il fit hérisser son front de retranchements et de défenses de toutes sortes.

En visitant les travaux dans la journée du 18, il aperçut un vieux fantassin regardant, les bras croisés, ses camarades qui travaillaient avec ardeur. Il le tira à part et lui demanda pourquoi il ne faisait pas comme les autres. « Mon général, lui répondit le vétéran, c'est que vous ne demeurerez pas longtemps ici. » Ce vieux soldat avait deviné les projets de Turenne, qui, étonné de sa perspicacité, le fit nommer lieutenant quelque temps après [1].

Turenne, en effet, avait d'autres vues. A la tombée du jour il fit faire tous les préparatifs de départ. A huit heures, les bagages et l'artillerie passaient par le Kronthal et un autre défilé plus à gauche. A minuit, l'avant-garde partit sous les ordres du comte de Lorges, et l'armée, divisée en deux colonnes, suivit par les défilés. Quelques escarmouches sans conséquence eurent lieu dans la journée du lendemain. L'armée, marchant lentement,

---

[1] Ramsay. — Ce trait, qui démontre l'avantage des soldats exercés et aguerris sur les conscrits, peut être rapproché du suivant, qui avait vivement frappé Napoléon. Pendant la campagne de 1655, Bussy, qui commandait l'escorte d'un fourrage de quinze cents hommes de cavalerie d'élite, dépassa un défilé pour aller fourrager dans une belle plaine; il y fut surpris par un corps de cavalerie triple du sien. Son détachement aurait probablement été détruit, si les vieux cavaliers, d'un commun accord, ne se fussent écriés : « Au défilé ! » — « En opérant ce mouvement rapidement et de sang-froid, dit Napoléon, le général a sauvé sa division. Voilà l'avantage des vieilles bandes; elles prévinrent l'ordre; elles firent la seule chose qui pouvait les sauver. »

mais avec beaucoup d'ordre, arriva sans accident sur la Zorn, entre Dettwiller et Hochfeld, vers dix heures du soir.

Les confédérés s'étaient mis immédiatement à la poursuite des Français; ils passèrent par le camp abandonné de Marlenheim, et suivirent le même chemin qu'eux. Ils faillirent, grâce à un épais brouillard, surprendre l'arrière-ban, qui se trompa de route. Le duc de Lorraine voulait lancer dix mille chevaux sur ces escadrons, qui eussent été taillés en pièces. Les princes tinrent conseil. Ce corps, formé de la noblesse française, imposait à l'ennemi; en outre, on le croyait plus nombreux qu'il n'était réellement. On craignit un piège, et pendant ces hésitations l'occasion échappa; quelques dragons disséminés dans des haies assurèrent la retraite.

L'armée passa la nuit entière sous les armes, et, dès qu'il fit jour, Turenne reconnut et fortifia son camp.

Le plan de Turenne était d'éviter une bataille immédiate, de couvrir Haguenau et Saverne, et de s'assurer les routes conduisant en Lorraine. Il réussit.

Le 21 octobre, l'ennemi vint camper à Hoatzenheim, menaçant Saverne à droite, Haguenau à gauche. Turenne, pour protéger ces deux villes et pouvoir facilement se porter où besoin serait, occupa quelques points stratégiques, Steinbourg, Brumath, Hochfeld. C'était une ligne de trois lieues à défendre devant une armée triple en nombre. Les précautions redoublèrent. Jour et nuit des éclaireurs, des espions battaient la campagne; les troupes étaient toujours prêtes à prendre les armes. On avait rompu les ponts et gâté les gués de la Zorn jusqu'à Geudertheim.

L'électeur de Brandebourg fit assiéger le château de Wasselonne par une division d'infanterie et dix pièces de canon. Cette forteresse, qui n'avait plus que trois tours sur vingt-deux qu'elle avait eues autrefois, et qui s'émiettait sous le feu de la batterie allemande, tint trois jours, grâce à l'énergie de la Roncière. La garnison refusa de se rendre prisonnière de guerre et rejoignit l'armée avec armes et bagages. Cette perte resserrait un peu Turenne, mais n'avait pas une grande importance.

Le 27 octobre, les Allemands tinrent conseil, et, au lieu de livrer bataille comme on s'y attendait, ils se décidèrent à reculer pour se rapprocher de Strasbourg, leur centre d'approvisionnements. Deux jours après, ils campaient à quatre lieues des Français, entre Achenheim et Eckbolsheim, après avoir incendié en passant le bourg de Truchtersheim.

Le château de Wasselonne fut, d'un commun accord entre les belligérants, déclaré neutre.

Turenne, cependant, recevait incessamment des renforts tirés de l'armée des Pays-Bas. Du 30 octobre au 3 novembre, cinquante escadrons arrivèrent au camp. Sur l'ordre de Turenne, trente escadrons qui devaient rejoindre, et que commandait le comte de Saulx, s'arrêtèrent aux environs de Saarbrück pour s'y refaire; vingt bataillons le rejoignirent.

Le 5 novembre, à Bénaménil, six cents gentilshommes de l'arrière-ban d'Anjou, escortant deux cents chariots de farine, furent surpris par mille cavaliers lorrains commandés par le colonel du Puy. Le convoi fut enlevé, le village brûlé et presque tous les gentilshommes furent pris ou tués.

La convocation de l'arrière-ban n'avait pas eu d'heureux résultats; le temps de la chevalerie était passé; il fallait des troupes régulières et exercées. Cette cohue de nobles habitués à leurs aises, ne voulant pas se plier aux exigences de la discipline et du service, fut plutôt embarrassante qu'utile; Turenne sollicita et obtint du roi qu'on les licenciât, et peu de jours après l'échec de Bénaménil ce corps fut congédié.

Fidèle au plan qu'il avait conçu, Turenne se contenta de se maintenir en Alsace. Lorsque les ennemis se furent éloignés, il renvoya toute sa cavalerie de Dettwiller, où il n'y avait plus de fourrages, et le 6 novembre il lui donna de nouveaux quartiers derrière la Moder, à Ingwiller et dans quelques autres localités. Puis il répandit son infanterie dans les villages sur la rive gauche de la Moder, et il établit son quartier général à Ingwiller. Comme il importait au plus haut point à ses desseins ultérieurs d'avoir un passage assuré à travers les Vosges, il acheta du prince de Lutzelstein, de la maison palatine, le droit de mettre garnison dans sa ville de la Petite-Pierre (Lutzelstein), et y plaça trois cents hommes d'élite, ce qui lui assurait une communication avec la Lorraine.

Les ennemis, trompés par l'inaction de Turenne, pensaient qu'il n'avait disposé ses troupes dans les villages que pour leur permettre d'y passer commodément l'hiver. Ils ne s'inquiétaient pas des renforts qui arrivaient de Flandre et qui paraissaient uniquement destinés à couvrir la Lorraine, et ils se décidèrent à entrer en quartiers d'hiver ; ils le firent de manière à bloquer Brisach et Philippsbourg, qu'ils avaient le dessein d'assiéger au commencement du printemps, avant que Turenne pût avoir une armée capable de s'opposer à l'exécution de leurs projets.

Le général Sporck, qui commandait l'armée impériale dans les Pays-Bas, donnait seul de l'inquiétude à Turenne. Il pouvait, en effet, remonter vers l'Alsace et placer le maréchal dans une situation difficile ; mais ce général, après avoir pris Dinant, qui capitula le 21 novembre, mit à son tour ses troupes en quartiers d'hiver sur le bas Rhin. Turenne alors se décida à exécuter le grand dessein qu'il mûrissait depuis longtemps en silence.

Dès le 9 novembre, voyant l'ennemi s'étendre dans la haute Alsace, il écrivait à le Tellier qu'il se proposait d'aller de ce côté quand il en serait temps... « Si je vois, disait-il le 13, que les ennemis voudront s'établir dans la haute Alsace, j'y marcherai avec l'armée[1]. »

Le 27, Turenne s'explique ouvertement, pour la première fois, du plan dont il n'avait parlé jusque-là qu'à mots couverts : « Un de ces jours, écrit-il à le Tellier de son camp d'Ingwiller, toute l'armée de l'ennemi demeurant où elle est, je laisserai beaucoup d'infanterie dans Haguenau, ferai avancer toutes les troupes qui se sont reposées sur la Sarre de trois à quatre journées en delà des montagnes, pour être en état de revenir avec la cavalerie française, et je repasserai avec les troupes par la Petite-Pierre, pour ensuite, si l'ennemi marche dans la haute Alsace, y aller par les montagnes de Lorraine ou par Belfort. »

Trois jours après, sa résolution est irrévocablement prise. « Je m'en vais marcher, comme je vous l'ai mandé, par les montagnes de Lorraine pour voir l'endroit le plus aisé à descendre en Alsace, ayant remarqué, il y a plus de six semaines, que je ne pouvais pas marcher par le bas des montagnes... »

Cependant les troupes de Flandre arrivaient peu à peu en Lorraine, et s'y refaisaient ; elles s'arrêtaient sur la Sarre. Le jeune marquis de la Fare, qui arriva avec ses

---

[1]. Lettre à le Tellier.

troupes, se rendit auprès de Turenne; il relate ainsi, dans ses mémoires, un entretien qu'il eut avec le maréchal.

« M. de Turenne ne voulut pas que nous joignissions son armée, parce que, dans le dessein qu'il avait de repasser dans la Lorraine pour aller rentrer dans l'Alsace par Belfort, il voulut nous laisser rétablir parfaitement, afin que nous pussions faire l'avant-garde de son armée et donner le temps aux troupes qu'il avait avec lui de se refaire dans la Lorraine; et, en vérité, on ne peut trop admirer sa conduite...

« M. de Turenne, qui avait beaucoup de bonté pour moi, quoique je fusse encore jeune, et qui m'en avait donné des marques essentielles, me demanda comment je croyais que finirait cette campagne. »

La Fare s'excusa sur son peu d'expérience, et, Turenne s'opiniâtrant à lui demander son opinion, le jeune officier répondit « qu'il pensait qu'on laisserait l'ennemi mettre garnison dans les grandes villes, Mulhouse, Colmar, Schelestadt et autres, et qu'ensuite, selon les ordres de la cour, on mettrait les troupes en quartiers d'hiver ».

Il lui répondit : « La cour est quelquefois contente quand elle ne doit pas l'être, et elle ne l'est pas quand elle le doit. Pour moi, je vais au mieux que je m'imagine qu'on puisse faire, et fiez-vous à moi : il ne faut pas qu'il y ait un homme de guerre en repos en France tant qu'il y aura un Allemand en deçà du Rhin en Alsace. Remettez seulement vos troupes en bon état, j'en ferai mon avant-garde... »

Le 29 novembre, Turenne commença à faire passer les Vosges à ses troupes par le défilé de la Petite-Pierre. Le temps était mauvais, la neige tombait abondamment; les soldats, chargés de trois jours de vivres, n'avançaient qu'à grand'peine dans ces passages glissants. Le lendemain, l'arrière-garde passa à son tour, et Turenne la suivit. Il se reposa à la Petite-Pierre, dont il augmenta la garnison. Le 2 décembre, le maréchal passa à Hirschland. Le 4, il traversa la Sarre à Sarrebourg, et s'établit à Lorquin. Turenne, qui « n'avait besoin que de gens en bon état[1] », choisit ses soldats. Il renvoya les malades, les hommes fatigués ou incapables de supporter une longue et pénible campagne, puis il s'occupa de « voir les endroits, par Re-

---

[1] Lettre à le Tellier, 30 novembre.

miremont, ou plus áu delà, par où il pourrait plus aisément descendre vers l'Alsace [2] ». A Lorquin, Turenne dressa et remit à chaque chef de corps son itinéraire. Ce journal des marches et campements règle et prévoit tous les détails de l'opération. Rien n'est laissé au hasard, à l'imprévu. Les mouvements de troupes sont combinés de manière à ce que l'armée tout entière puisse, en cas de besoin, se trouver sous la main du général en chef, bien que les différents corps suivent des routes différentes. Belfort était désigné comme le rendez-vous général de toute l'armée.

Le 5 décembre, il quitta Lorquin et passa à Blamont. Le 6, il s'établit à Domptail, où il séjourna jusqu'au 9.

Les généraux allemands avaient envoyé en Lorraine six mille hommes, qui s'établirent à Épinal et à Remiremont. Une démonstration, faite le 8 décembre sur Épinal, suffit pour faire évacuer la place. Remiremont, petite ville sans défense d'elle-même, mais située sur la Moselle, au pied de cette partie des montagnes qui séparent la Lorraine de la Franche-Comté, était un passage absolument nécessaire à Turenne. Les ennemis y avaient quatre cents hommes et pouvaient y faire arriver facilement d'autres troupes, parce que la vallée de la Moselle ouvre à travers la montagne un passage jusqu'en Alsace; ils y avaient fait quelques travaux de défense. La garnison lorraine n'osa pas tenir devant l'armée française, et Turenne entra sans coup férir dans la ville abandonnée.

Il alla ensuite établir son camp à Longuet, où il resta longtemps, se préoccupant avant tout du service des subsistances, organisant des boulangeries, faisant établir des dépôts de grains et de farines sur sa route.

Pour mieux dissimuler ses projets, Turenne fait faire des démonstrations de différents côtés. Le marquis de Bourlemont menace le passage de Sainte-Marie-aux-Mines; le marquis de Boufflers se porte au col du Bonhomme; la brigade de Sourdis occupe les défilés qui font communiquer la vallée de la Moselle avec celle de Thann.

Le 23, de grand matin, le mouvement en avant commença. Depuis la fin de novembre jusqu'au 20 décembre, le temps avait été contraire. La température était douce. La neige, qui tombait en abondance, fondait, faisait

---

[1] Lettre à le Tellier, 4 décembre.

déborder les rivières, effondrait les chemins et rendait impossible la marche de l'armée. Le 20, une belle et claire gelée succéda à cette mauvaise saison. L'armée se mit en marche. Elle fit étape à la Rochotte, à Melissey, à Champagney, trouvant partout un gîte et des approvisionnements. Le 27, elle arriva à Valdogne, village situé à une demi-lieue de Belfort.

La marche de Turenne devait alors cesser d'être un mystère. Voulant, au contraire, faire impression sur l'ennemi, il donna l'ordre de tirer le canon pour lui faire connaître qu'il était arrivé. Le 28, il dépassa Belfort d'une lieue, et campa à Brun.

La nouvelle de l'arrivée de Turenne au milieu d'eux frappa les Allemands d'épouvante. Personne n'avait cru possible une marche dans cette saison : les généraux se hâtèrent de rappeler leurs corps d'armée dispersés. Le 29, Turenne parut devant Mulhouse, où était établie la cavalerie de l'Empereur, de Lorraine et de Munster. Il aperçut une longue file d'équipages qui se dirigeaient vers Ensisheim, quartier général de Bournonville, et que couvrait un gros de cavalerie.

L'entrain des troupes était tel, que l'on pouvait risquer un coup d'audace. Le marquis de Montauban, qui était maréchal de camp du jour, traversa avec deux escadrons la rivière d'Ill, qui couvrait les ennemis. Ceux-ci détachèrent six escadrons pour le charger. Montauban prit les devants; « voyant que les ennemis venaient à lui, avant que les autres troupes eussent passé. Il chargea au milieu de ces escadrons, et les mit tous en confusion. C'était une résolution à laquelle on doit tout le succès du combat[1]. »

Turenne n'avait que son avant-garde, quatre régiments de chevau-légers et de la gendarmerie. Il cacha aux ennemis l'insuffisance de son effectif par une ruse de guerre. Il se porta sur une hauteur et fit manœuvrer les régiments de Boncour et de Câteux, de manière à faire croire qu'il lui arrivait incessamment de nouvelles troupes.

Il fut habilement secondé par Montauban, fait prisonnier au milieu de l'action.

Conduit devant le prince de Bade, Montauban lui annonça que Turenne était là; qu'il était vrai que l'avant-garde seule avait donné, mais que l'armée tout entière la

---

[1] Relation du combat de Mulhouse.

suivait et arrivait sur le champ de bataille. Ce récit, que confirmait la manœuvre de Turenne, jeta le désarroi dans l'armée allemande, qui se replia précipitamment sur Ensisheim, où l'infanterie et les bagages avaient eu le temps d'arriver pendant le combat de cavalerie.

Malgré leur supériorité numérique, les Impériaux avaient été battus. Quatorze étendards, sept à huit cents prisonniers, le champ de bataille, restaient aux Français. La démoralisation, l'épouvante, augmentaient dans l'armée ennemie, tandis qu'au contraire l'espoir et la confiance du succès enivraient les Français. Turenne ne poursuivit pas les fuyards. Le peu de troupes qu'il avait sous la main était épuisé.

Le 30, un parti de cavalerie, envoyé du côté de Bâle, ramassa beaucoup de prisonniers. « On prit, assez près du quartier de Turenne, des Cravates qui marchaient sans défiance et qui ne se doutaient pas qu'on fût si près d'eux. »

Bientôt dix-huit escadrons, puis l'armée tout entière, rejoignirent Turenne. Le 1er janvier 1675, toutes ses troupes étaient réunies auprès de son quartier général de Fontaine. L'ennemi avait évacué Ensisheim, que Turenne occupa, et s'était massé autour de Colmar. Le régiment d'infanterie de Portia, qui comptait environ mille hommes, rejoignait l'armée, quand il fut prévenu de l'arrivée des Français; il se jeta dans le château de Brunstatt, que Turenne fit aussitôt investir. Les ennemis n'ayant voulu se rendre qu'après avoir été soumis par le canon, on tira sur eux quelques volées; alors ils battirent la chamade et se rendirent prisonniers de guerre avec armes et bagages.

Turenne poursuivit sa marche vers Colmar. L'armée, en avançant, rencontrait grand nombre de traînards qui fuyaient devant elle. On se contentait de les désarmer, parce que leur nombre était trop grand et qu'on ne pouvait s'en charger sans beaucoup d'embarras.

Le samedi 5 janvier, Turenne, ayant toute son armée sous la main, leva avant le jour le camp de Pfaffenheim. Il forma son armée en trois colonnes parallèles, l'infanterie en tête; laissa derrière lui, sans s'en inquiéter, trois cents dragons ennemis dans le château de Rouffach, comptant bien qu'ils ne lui échapperaient pas, et marcha droit à Colmar, où l'électeur de Brandebourg avait ses vivres et ses munitions, et où il s'était efforcé de rallier les troupes de la coalition, afin de livrer une bataille décisive. Trente à quarante mille hommes se trouvaient réunis entre Colmar et Turckheim. Le poste était bien choisi. Les ennemis, qui avaient eu quelques jours devant eux, avaient élevé différents travaux de défense et préparé le terrain; leur situation était bonne. Leur front était couvert par un canal, dit des Moulins (Muhlbach), aujourd'hui le Logelbach, unissant le Fecht à l'Ill. Vingt-quatre pièces d'artillerie, protégées par des épaulements, défendaient le passage de la Muhlbach. Un corps d'infanterie de Zell et sa garde bourgeoise gardaient Colmar. Leur gauche s'appuyait fortement à cette ville; mais comme leur ligne avait plus d'une lieue de développement, ils avaient négligé Turckheim, où, contre l'avis du vieux duc de Lorraine, ils n'avaient jeté que deux bataillons. Un intervalle de quinze cents pas environ séparait cette ville de l'extrémité de leur droite.

« Turckheim est une petite ville assise au pied de la chaîne des Vosges, à l'entrée de la vallée de Munster. Elle était une des dix villes libres impériales d'Alsace, mais la moins importante de cette association célèbre qui lutta si obstinément contre la France pour la conservation de ses privilèges. Quoique munie d'une bonne muraille, et couverte du côté de la plaine par le torrent de la Fecht, elle était incapable d'une résistance sérieuse[1]. » Les deux bataillons qui l'occupaient au début de la bataille s'étaient retirés, lorsqu'à la vue des troupes françaises, déployées devant Wintzenheim, les généraux allemands jugèrent que Turenne les attaquerait de front par la plaine.

Le vieux duc de Lorraine avait compris l'importance de cette ville, qui dominait un peu la plaine, et avait voulu y envoyer des forces plus considérables; mais il ne fut pas écouté. Les Allemands ne se préoccupaient que du danger d'être coupés de Colmar.

Turenne marcha droit à l'ennemi, comme s'il voulait aborder de front l'attaque du canal qui le couvrait; mais, arrivé à quelque distance, il donna l'ordre à sa cavalerie de se déployer sur un vaste front. Derrière ce rideau, une partie de l'infanterie fila rapidement à gauche vers la montagne. Arrivée au pied des premières pentes, elle s'engagea dans de mauvais chemins et d'étroits défilés. Turenne conduisait lui-même cette colonne, composée de quatorze

---

[1] Gérard, *la Bataille de Turckheim*.

bataillons de vieille infanterie, de quelques escadrons et de quatre canons.

Il déboucha à l'improviste sur Turckheim, et s'en empara sans difficulté; on y fit une trentaine de prisonniers. Les dragons français traversèrent la ville, allèrent fermer la porte qui regardait la plaine, occupèrent quelques avant-postes et s'établirent dans les maisons. Turenne se trouvait sur le flanc droit des ennemis; leurs défenses devenaient inutiles; leur artillerie menaçait vainement la plaine, où la cavalerie de Turenne s'était arrêtée hors de portée.

Comprenant alors toute la valeur de la position de Turckheim, les Allemands firent effort pour reprendre ce poste; ils formèrent deux fortes colonnes d'infanterie, appuyées par une batterie de six pièces et soutenues par quelques escadrons, et les lancèrent sur Turckheim. Cette attaque fut d'abord assez heureuse. Bien que tenu au courant des mouvements de l'ennemi « par un homme que l'on avait fait monter sur un arbre », Turenne ne pouvait prendre les mesures nécessaires pour résister à cet effort. Son artillerie n'était pas encore arrivée. Les mousquetaires, postés dans les vignes, étaient gênés par les échalas pour le maniement de leurs armes, tandis que les ceps dépouillés ne les cachaient pas aux coups de l'ennemi. Le régiment de la marine, qui avait été engagé le premier, avait beaucoup souffert. Les régiments de la reine, des vaisseaux, d'Orléans, d'Anjou, se maintenaient difficilement. Les avant-postes qui couvraient Turckheim avaient été pris par les Allemands, puis repris; Foucault, habile lieutenant général qui, à Entzheim, avait si bien fait manœuvrer ses troupes, venait d'être tué : la lutte était indécise, quand enfin quelques bataillons, las de se faire décimer, sortirent des vignes, se formèrent en bataille dans la plaine, au bas du coteau, en face de l'ennemi, et commencèrent un feu terrible. Turenne réunit alors tout ce qu'il avait d'infanterie sous la main, et appuya le mouvement des bataillons engagés. Ses troupes s'avancent sur le bord de la Fecht. Les gardes françaises débordent l'ennemi et le prennent en flanc. Le désordre commence à se remettre dans les rangs allemands. Deux régiments s'élancent alors, la pique à la main, franchissent la Fecht; ils allaient charger, quand Turenne fit sonner la retraite. Ses troupes étaient fatiguées; il comptait livrer, le lendemain, une grande bataille, et de plus il craignait que, si ses régiments s'aventuraient trop dans la plaine, la nombreuse cavalerie ennemie, en bataille à quelque distance de là, ne vînt dans ces vastes prairies les envelopper et les prendre.

Le combat finit à sept heures. Les troupes engagées s'étaient admirablement battues. « Toute l'infanterie n'a pas témoigné le moindre refroidissement; il a fallu seulement céder quelquefois au plus grand feu, » dit Turenne.

Le maréchal, qui n'hésitait pas à employer à l'occasion quelques ruses de guerre, augmenta l'effroi de l'ennemi par le stratagème suivant. Il « fit couler derrière Turckheim, de montagnes en montagnes, quelques grenadiers qui y allumèrent une multitude de feux » pour persuader à l'ennemi que son armée était bien plus nombreuse qu'elle ne l'était en réalité.

La bataille avait été sanglante. Du côté des ennemis, six cents tués et environ mille blessés; du côté des Français, environ quatre cents hommes tués et cinq cents blessés.

Turenne, nous l'avons dit, s'attendait à une grande bataille; l'armée entière passa la nuit sous les armes, et, le lendemain avant le jour, elle s'avança vers Colmar. La ville était abandonnée. Dès sept heures du soir on avait fait filer le bagage dans la direction de Strasbourg, et pendant la nuit toutes les troupes avaient suivi ce mouvement de retraite.

Les gardes bourgeoises n'osèrent pas refuser l'entrée au général victorieux. Turenne prescrivit à son armée de ne faire aucun désordre, et alla simplement se loger à l'auberge de la Montagne-Noire, d'où il annonça son succès à Louvois.

La retraite des Allemands s'effectuait dans le plus grand désordre. De toutes parts les partis de cavalerie française ramassaient des traînards. On fit en quelques jours plus de deux mille prisonniers. On avait trouvé à Colmar trois mille blessés ou malades. Les marches forcées, le froid, la disette, firent, en outre, de nombreuses victimes. « Vous ne sauriez croire, écrivait Turenne, ce qui est mort d'ennemis, en Alsace, de misère, et ce qui s'en trouvera encore dans la marche qu'ils font, où il n'y a d'autre fourrage que la paille des maisons et aucuns grains. »

Les Allemands, ne se sentant plus en sûreté en Alsace,

repassaient le Rhin en toute hâte, « tout débiffés, mal unis et moins fiers qu'ils n'étaient avant cette course malheureuse [1]. » On conseillait à Turenne de poursuivre activement et d'achever cette armée démoralisée, exténuée. « Je m'en garderai bien, répondit-il ; car, à moins de les tuer tous, je les rendrais maîtres de Strasbourg, qui leur ouvrirait ses portes pour les recueillir, et les bourgmestres qui leur ont livré le pont, malgré la neutralité, leur abandonneraient encore la ville pour se mettre à couvert du juste ressentiment du roi. Pressons-les seulement de passer le Rhin [2]. »

Craignant que les fugitifs ne s'arrêtassent à Strasbourg et ne fussent retenus par les magistrats eux-mêmes pour les défendre contre la colère du roi de France, il se hâta de faire savoir aux magistrats qu'il ne les rendait pas responsables d'une défection qu'il savait n'être due qu'à la populace, ajoutant qu'il ne leur serait fait aucun mal s'ils s'engageaient à garder leur neutralité et à défendre à l'avenir le passage de leur pont. Cette conduite sage et politique réussit complètement. Enchantés d'en être quittes à si bon marché, les Strasbourgeois pressèrent eux-mêmes le passage des Allemands vaincus. Bientôt il ne resta sur la rive gauche du Rhin que les prisonniers et les morts.

Turenne pourvut aux cantonnements de son armée comme il l'entendit. Le roi lui laissa toute latitude à cet égard. Le maréchal désirait vivement revenir à Paris, et priait Louvois de demander à Louis XIV l'autorisation nécessaire. « Je vous supplie très humblement, Monsieur, de demander au roi s'il trouvera bon que je m'en aille quand les troupes auront passé la montagne. » (12 janvier 1675.) Louis XIV, de son côté, désirait le revoir, et lui écrivait : « Je désire qu'ensuite vous reveniez près de moi, où j'ai bien de l'impatience de vous voir pour vous témoigner de vive voix la satisfaction que me donnent les services considérables et importants que vous m'avez rendus pendant toute la campagne, et de la dernière victoire que vous venez de remporter sur mes ennemis [3]. »

Cette magnifique campagne excita en France un enthousiasme universel. Le roi ordonna des actions de grâces

---

[1] *Abrégé de la vie de Turenne.* Anonyme. — Villefranche, 1675.
[2] *Mémoires de Saint-Hilaire.*
[3] 13 janviers 1675. — Dépôt de la guerre.

solennelles. Les populations des pays sauvés des ravages de l'invasion accoururent en foule sur le passage du maréchal « pour le voir, pour le proclamer leur libérateur, pour le remercier de leurs biens, de leur liberté sauvés [1] ».

Quand il arriva à Saint-Germain, le 9 février, le roi descendit au-devant de lui, l'embrassa devant toute la cour en lui disant : « Vous avez relevé un lis de ma couronne. » Et le lendemain il lui envoya un présent de cent mille pistoles. « Il n'y eut pas jusqu'aux porteurs de chaises qui ne quittassent leur travail pour se présenter en foule à lui et lui faire leurs compliments [2]. — La modestie, ajoute Pellisson, a relevé sa gloire; tout le monde a trouvé qu'il était un peu plus *honteux* qu'il n'avait accoutumé de l'être. On ne peut parler plus simplement de tout ce qu'il a fait. En récompense, il a fait remarquer à tout le monde que si le roi n'avait pas pris la Franche-Comté au commencement de la campagne, les ennemis, au lieu de repasser le Rhin, se seraient maintenus dans le cœur de l'État. »

L'admiration était unanime. « Que dites-vous, demandait Mme de Sévigné à Bussy-Rabutin, de la belle action qu'a faite M. de Turenne en faisant repasser le Rhin à nos ennemis? » Et Bussy répondait : « J'aime M. de Turenne autant que je l'ai autrefois haï; pour dire toute la vérité, mon cœur ne peut plus tenir contre tant de mérite. »

Au milieu de tant de gloire, la modestie de Turenne était vraiment admirable. « Ne croyez pas, s'il vous plaît, que je ne sache bien que tout ceci est assez beau, » écrivait-il au cardinal de Bouillon; mais son âme patriote et française ne voyait que les résultats obtenus, la patrie sauvée. « Quoique je ne parle pas beaucoup de ce qui se passe depuis quelque temps, je sais très bien que cela est bien heureux et utile au service du roi [3]. »

Les Allemands avaient compris que les rivalités des généraux avaient été la principale cause de leur insuccès. Aussi, l'année suivante, l'Empereur choisit-il le comte de Montecuculli pour commander en chef. L'habile et renommé capitaine consentit à quitter pour combattre Turenne la retraite où le retenaient ses infirmités et son âge. Devant son prestige personnel les dissensions s'effacèrent

---

[1] Mascaron, *Oraison funèbre.*
[2] Pellisson, *Lettres historiques.*
[3] Turenne au cardinal de Bouillon, 7 janvier 1675.

et l'unité de commandement fut rétablie. Les troupes allemandes, composées de vieux régiments, étaient excellentes; mais Turenne aussi avait lieu d'être satisfait des siennes. « Je n'ai jamais vu tant de bons hommes, écrivait-il à Louvois, ni mieux intentionnés. » Le nombre était à peu près le même, trente mille hommes de chaque côté.

La première question, d'une importance capitale, était de savoir sur quel terrain s'engagerait la lutte, en Alsace ou en Souabe. Celui des deux généraux qui parviendrait à porter la guerre sur le territoire ennemi devait avoir en effet, dès le début, une supériorité marquée. Il rejetterait sur son adversaire le lourd fardeau de l'invasion, et il acquerrait par ce premier succès cet ascendant moral qui double la force d'une armée. Turenne crut un instant avoir perdu ce premier point. L'électeur de Mayence livra sa capitale à l'Empereur, qui y fit entrer immédiatement cinq cents chevaux et deux mille hommes d'infanterie. Le 16 mai, Montecuculli vint camper à Oberkirch, où il fut complimenté par les magistrats de Strasbourg; puis il se rapprocha encore de cette ville et vint camper à Willstett; il posta même quelques régiments d'infanterie à une portée de mousquet du fort de Kehl.

Dès que Vaubrun fut averti de ces mouvements, il renforça les garnisons de Saverne, Haguenau et Philippsbourg, et prévint Turenne, qui était en marche pour rejoindre ses troupes. Le maréchal avait quitté Paris le 11 mai, au moment même où le roi partait pour aller dans les Pays-Bas assiéger Limbourg avec M. le prince.

Informé à Lunéville du dessein de Montecuculli et des incertitudes des Strasbourgeois, Turenne vit bien que le seul moyen de prévenir le passage des Impériaux par le pont de Strasbourg était de se rapprocher de la ville avec son armée. Il arriva le 20 mai auprès de Schelestadt, le 21 à Benfeld. Les magistrats, intimidés, promirent de rester neutres et continrent le peuple, dont quelques meneurs, gagnés par l'argent de l'Allemagne, voulaient livrer le pont à Montecuculli.

Trompé dans son espoir, ce général se déroba tout à coup. Il feignit de vouloir assiéger Philippsbourg. Turenne, laissant son armée au camp d'Achenheim, s'avança jusqu'à Haguenau et jeta cinq cents fantassins dans la ville menacée; mais, pénétrant bien le véritable dessein des ennemis, il refusa de s'éloigner de Strasbourg. Montecuculli continua à descendre le Rhin; le 31 mai et le 1er juin, il passait près de Spire sur la rive gauche, et faisait une démonstration sur Landau, Neustadt et Kaiserslautern.

Turenne ne bougea pas. Il pensait, et avec raison, que la marche de Montecuculli n'était qu'une feinte. Il mandait à Metz et à Nancy qu'on ne s'inquiétât point des détachements ennemis qui paraîtraient dans les environs de ces places.

Montecuculli, voyant que Turenne ne prenait pas le change et n'osant pas s'engager dans la basse Alsace, repassa le 4 juin sur la rive droite. Turenne, lui aussi, passa le Rhin les 7 et 8 juin à trois lieues et demie au-dessus de Strasbourg, à Ottenheim, sur sept ponts de bateaux, aussi rapidement que le lui permirent les mauvais chemins détrempés par des pluies torrentielles, et alla occuper Willstett, position excellente où les Français établirent leurs magasins. Turenne redoutait toujours une trahison des Strasbourgeois. Le 5 juin, il écrivait au roi : « Toute la ville de Strasbourg est pleine des troupes de l'Empereur et de Lorraine. On les désarme à la porte. Il est certain que ceux de la ville ne défendront point le bout de leur pont de delà quand on sera un peu éloigné et qu'on le voudra attaquer. »

La politique et la peur retinrent heureusement les magistrats. Ils se rappelaient que quelques mois auparavant Turenne avait contraint une armée triple en force à repasser précipitamment le Rhin, et ils jugèrent prudent de conserver la neutralité.

Willstett, située à deux lieues environ de Kehl, était une petite ville des dépendances du comté de Hanau, munie d'un ancien château, bordée et défendue par le Kintzig, affluent du Rhin qui sort des montagnes de la Forêt-Noire et vient tomber dans le fleuve, un peu au-dessous du fort de Kehl.

Turenne établit son armée à Willstett, le long de la Kintzig, sur laquelle il fit jeter des ponts. Montecuculli, informé que les Français remontaient le Rhin vers Rhinau, soupçonna que Turenne voulait passer le fleuve et se rappela toute l'importance de Willstett. Il fit les derniers efforts pour y arriver avant son adversaire, mais il était encore loin. Il eut beau faire faire à toute son armée plus de quatorze lieues en deux jours, lorsqu'il parvint auprès de Willstett, il y trouva Turenne fortement établi. La position des Français le gênait beaucoup; il avait des magasins considérables de blé et de farine à Strasbourg, où il avait fait faire une grande quantité de pain qu'on ne put lui envoyer et qui se gâta. Il résolut donc de faire les plus grands efforts pour rejeter Turenne au delà du Rhin. Pour cela il fallait battre son armée, lui ôter les moyens de subsister, se rendre maître de ses ponts ou recouvrer celui de Strasbourg.

En général habile, Montecuculli choisit le parti le plus avantageux. Il défila entre le camp français et les montagnes de la Forêt-Noire, et alla camper près d'Offembourg, sa gauche appuyée sur l'abbaye de Schuttern, son front couvert par un bois et la Schuttern, menaçant également les ponts d'Ottenheim et de Strasbourg. Cette manœuvre donna de l'inquiétude à Turenne; mais, pour la déjouer, il n'eut qu'à réparer la faute qu'il avait commise en plaçant ses ponts trop loin de Strasbourg. Il les fit descendre à Altenheim, deux lieues plus bas, et diminua ainsi de moitié sa ligne de défense, qui n'eut plus que deux lieues d'étendue. Il appuya fortement sa droite à Altenheim, où se trouvait sa tête de pont; sa gauche demeurait à Willstett. Dans l'intervalle, les troupes étaient réparties par de forts détachements ayant entre eux des communications faciles; et comme une heure et demie de marche seulement séparait les points extrêmes de l'armée, en fort peu de temps des forces considérables pouvaient, en cas d'attaque, se concentrer à l'endroit menacé.

Les deux adversaires restèrent huit jours en présence, aucun d'eux ne voulant engager l'action. Enfin Montecuculli, craignant pour ses subsistances, se décida à se reporter en arrière, traversa Offembourg sans s'y arrêter, et s'établit, le 5 juillet, sur la rive droite de la Renchen, qu'il occupa jusqu'au point où elle tombe dans le Rhin, et sur laquelle il jeta quelques ponts. Il profita habilement de la situation du pays, couvert de marais et de bois et coupé de ruisseaux, fit élever quelques retranchements, et rendit son camp inaccessible.

Turenne le suivit et s'établit en face de lui; il essaya même de faire forcer un des ponts sur la Renchen, mais il ne put y réussir. « Cette tentative occasionna une assez grosse escarmouche, où il y eut du monde de tué[1]. »

---

[1] *Mémoires de Saint-Hilaire.*

Le maréchal fit camper son armée à une très petite distance des ennemis, dans une plaine qu'un bois seulement séparait de Montecuculli. Sa gauche s'appuyait à un bras du Rhin. Le quartier général était au village de Bischen, qui se trouvait en arrière des lignes. Il n'y avait qu'un quart de lieue de la tête du corps au retranchement des ennemis. Les sentinelles des gardes avancées, dans le défilé, étaient à la portée du fusil les unes des autres. Cependant on dormait paisiblement dans l'un et l'autre camp. Un bois de cinq à six cents pas de large et un petit ruisseau qui coulait dans un terrain marécageux, séparaient les deux armées comme aurait fait une distance de vingt lieues.

« Les deux armées sont si proches que quand les ennemis firent les salves de l'avantage de M. de Brandebourg sur les Suédois, beaucoup de leurs boulets de six livres vinrent dans le camp [1]. »

Les armées demeurèrent dans cette position pendant près d'un mois. Pendant ce temps, Turenne, qui n'avait pu pénétrer le bois ni franchir la rivière qui couvrait les ennemis pour parvenir à les joindre, s'appliquait sans relâche à surmonter cet obstacle. Il fit percer obliquement un grand chemin devant sa droite, au travers du bois, et il parvint par cette route sur le bord de la Renchen, à une lieue et demie du camp des ennemis. Il fit faire des ponts sur cette rivière et de bonnes redoutes pour les garder; et, au delà, on prolongea le chemin dans le bois jusqu'à un terrain découvert.

Pendant ce temps, il surveillait le cours du Rhin avec une infatigable vigilance. Quelques batteries d'artillerie bien placées, quelques barrages de l'infanterie postée dans les îles ou sur les bords, un certain nombre de barques pleines de soldats, qui gardaient les principaux passages, interceptaient toute communication entre Strasbourg et les Impériaux, qui commencèrent à souffrir de la disette, tandis que l'armée française, au contraire, avait du pain en abondance. Il est vrai que les chevaux manquaient de fourrages. La violence des pluies était telle, que les ruisseaux se changeaient en torrents et que les eaux emportaient les foins, « quand elles n'emportaient pas les prairies mêmes. »

[1] Turenne à Louvois, 18 juillet.

Le maréchal résolut de s'étendre le long de la Renchen, qui le resserrait, afin de se procurer des fourrages et d'en ôter aux Impériaux, de passer ensuite la rivière et de s'établir sur leur flanc gauche. Si cette entreprise échouait, le maréchal ne perdait rien; si, au contraire, elle réussissait, Montecuculli n'avait d'autre parti à prendre que de combattre avec désavantage, ce qu'il ne voulait pas faire, ou de se retirer et de s'éloigner plus que jamais de Strasbourg. Turenne, avant d'entreprendre cette opération, couvrit Bischen de retranchements et y laissa le comte de Lorges avec huit bataillons et trente escadrons. Le 22 juillet, l'armée s'ébranla, et le 23 elle passa la Renchen au village de Waghurst. Un détachement, sous les ordres du chevalier de Boufflers, se porta en avant, dans la soirée, pour occuper le village de Gamhurst. Montecuculli ne se doutait pas encore du dessein de Turenne. « Parmi plusieurs différences qui se trouvaient entre ces deux généraux, il y en avait une personnelle qui pouvait donner d'assez grands avantages à M. de Turenne : c'est qu'à son âge il avait toute la vigueur et toute l'activité d'un homme jeune, qu'il savait s'en servir, et qu'étant incessamment à cheval, il se trouvait partout, reconnaissait jusqu'aux moindres postes lui-même, et prenait des mesures justes par ses propres connaissances, au lieu que le comte de Montecuculli, plus cassé et moins en état d'agir, était quelquefois obligé de former ses desseins sur le rapport des autres [1]; » mais, ayant remarqué que les avant-postes français grossissaient de ce côté, le général allemand avait envoyé l'ordre d'enlever ces avant-postes. Deux forts détachements, l'un de cinq mille chevaux, sous le duc de Lorraine, l'autre d'infanterie et de cavalerie, sous le comte de Caprara, devaient, au point du jour, exécuter ces instructions. A minuit, les avant-gardes françaises se heurtèrent contre les postes avancés du duc de Lorraine, qui les fit charger. M. de Vaubrun fut blessé au pied dans une de ces charges.

Étonné de trouver tant de résistance, le duc de Lorraine s'arrêta, attendant le jour. Quand il vit qu'il avait affaire à toute une armée, il recula, après avoir fait tête un instant pour ne pas décourager ses troupes, et effectua sa retraite en bon ordre. Caprara, qui s'était aperçu le pre-

---

[1] Deschamps, *Dernières Campagnes de Turenne*.

mier que toute l'armée française était là, s'était prudemment retiré.

Turenne continua sa marche, traversa un bois et déboucha dans une plaine où se trouvait le village de Gameshausen. Il donna l'ordre d'y placer sans délai un poste d'infanterie. Cet ordre ne fut pas exécuté, et, dans la nuit, les Impériaux jetèrent dans Gameshausen quinze cents à deux mille hommes, dont deux cents fantassins. Il fallut pour les déloger faire venir du canon et une partie de l'armée. Au bout de quelque temps, la cavalerie ennemie abandonna le village. L'infanterie, réfugiée dans l'église, fut tout entière prise ou tuée. La relation de cet événement est consignée dans la dernière lettre, datée du 25 juillet, que Turenne ait écrite à Louvois.

Montecuculli, dans la nuit du 25 au 26, parut avoir pris le parti de la retraite. Il se retira dans la direction des montagnes de Souabe, comme s'il voulait entrer dans le Wurtemberg. Turenne résolut de lui couper la route. Il donna ordre au comte de Lorges de le rejoindre avec presque toutes ses forces. Le 27, au matin, toute l'armée française était réunie, et se mit à la poursuite de l'ennemi. A midi, Turenne arrivait près du village de Sassbach, qu'il avait lui-même reconnu la veille et dont il avait inutilement sommé le château. C'était un bon poste qui dominait la route. Montecuculli, qui en comprenait toute l'importance, avait fait occuper l'église et le vieux château par des mousquetaires.

Turenne fit dresser une batterie de huit pièces contre Sassbach; mais, bien qu'elle battît de fort près les murailles de l'église et du château, elle ne les entamait pas, parce que les pièces étaient de petit calibre et les murs épais. Montecuculli, voyant que la situation était bonne, envoya des renforts. Turenne, qui venait de découvrir sur sa gauche un chemin plus favorable pour aller aux ennemis, fit, au contraire, diminuer le feu des batteries. Il s'attendait à une grande bataille et prit ses mesures en conséquence. « Je mettrai ma gauche le plus près de Sassbach que je pourrai, dit-il à Saint-Hilaire, qui se trouvait près de lui, et ma droite tirant vers les montagnes. Allez-vous-en le long de ce front reconnaître les endroits propres à bien poster votre artillerie, et vous y mènerez votre père aussitôt qu'il sera arrivé, afin qu'il juge s'ils sont convenables et qu'il fasse conduire le canon; car dans peu cette affaire-ci pourra devenir très sérieuse. »

Quelques historiens ont prétendu que Turenne se croyait si sûr du succès, qu'en voyant les mouvements de Montecuculli il se serait écrié avec joie : « Je le tiens ! » Ces mots, si peu conformes au caractère modeste du maréchal, ne paraissent pas avoir été prononcés. Turenne pensait que « l'affaire serait très sérieuse », et il avait de bonnes raisons pour avoir tout espoir ; mais la situation de Sassbach était forte, l'armée ennemie excellente, et devant un adversaire comme Montecuculli il ne fallait pas compter d'avance sur un succès certain. Enfin le fils de Saint-Hilaire, qui ne quitta, pour ainsi dire, pas le maréchal dans cette journée, et qui nous a laissé une relation très circonstanciée de tout ce qui s'y passa, ne fait aucune mention de ces paroles.

Montecuculli, obligé de combattre, s'efforça de mettre les chances de son côté ; il dirigea une forte colonne d'infanterie, flanquée de quelques escadrons, sur une tuilerie située sur le bord d'un ravin qui le séparait des Français. Saint-Hilaire, le comte de Roye, différents officiers aperçurent cette manœuvre, dont ils comprirent aussitôt l'importance, et coururent prévenir Turenne, qu'ils trouvèrent assis au pied d'un arbre sur lequel il avait fait monter un vieux soldat qui lui signalait les différentes manœuvres de l'ennemi sur Sassbach.

Comme s'il avait eu un pressentiment, Turenne refusa de quitter l'endroit où il se trouvait, donna l'ordre d'envoyer deux bataillons pour occuper la tuilerie, et fit dire qu'on ne le dérangeât que pour des événements considérables ; mais le comte de Roye, très inquiet du mouvement des ennemis, insista. Il envoya à Turenne le comte d'Hamilton pour le prier d'aller voir les choses par lui-même. Turenne céda, monta à cheval et partit au galop vers la droite.

« En chemin, dit Saint-Hilaire, il aperçut mon père sur la hauteur, et comme il l'honorait de sa confiance, il vint à sa rencontre. Lorsqu'il l'eut joint, il s'arrêta et lui demanda ce que c'était que cette colonne, pour laquelle on le faisait venir. Mon père la lui montrait, quand malheureusement les deux petites pièces tirèrent ; un des coups échappa, passant sur la croupe du cheval de mon père, lui emporta le bras gauche [1], le haut du col du cheval de

---

[1] « Écoutez, je vous prie, une chose qui me paraît belle : il me semble que je lis l'histoire romaine. Saint-Hilaire, lieutenant général de l'artillerie,

Tombeau de Turenne aux Invalides.

mon frère et frappa M. de Turenne au côté gauche. Il fit encore une vingtaine de pas sur son cheval et tomba mort. Ainsi finit ce grand homme, qui n'eut jamais son égal, et je puis assurer que toutes les particularités que je viens de rapporter sont dans l'exacte vérité : tous ceux qui en ont écrit ne les ont pu savoir comme moi. »

Mais il faut laisser la parole à Mme de Sévigné :

« Il voulait se confesser, dit-elle, et en se cachotant il avait donné les ordres pour le soir et devait communier le lendemain, qui était le dimanche. Il croyait donner la bataille, et monta à cheval le samedi à deux heures, après avoir mangé. Il avait bien des gens avec lui ; il les laissa tous à trente pas de la hauteur où il voulait aller ; il dit au petit d'Elbœuf : « Mon neveu, demeurez là, vous ne faites que tourner autour de moi, vous me feriez reconnaître. » Il trouva M. d'Hamilton, près de l'endroit où il était, qui lui dit : « Monsieur, venez par ici ; on tirera par où vous allez. — Monsieur, lui dit-il, je m'y en vais, je ne veux point du tout être tué aujourd'hui ; cela sera le mieux du monde. » Il tournait son cheval, il aperçut Saint-Hilaire qui lui dit le chapeau à la main : « Monsieur, jetez les yeux sur cette batterie que j'ai fait mettre là. » Il retourna deux pas, et, sans être arrêté, il reçut le coup qui emporta le bras et la main qui tenait le chapeau de Saint-Hilaire, et perça le corps après avoir fracassé le bras de ce héros. Ce gentilhomme le regardait toujours, il ne le vit point tomber ; le cheval l'emporta où il avait laissé le petit d'Elbœuf ; il n'était point encore tombé, mais il était penché le nez sur l'arçon. Dans ce moment, le cheval s'arrête ; il tombe entre les bras de ses gens ; il ouvre deux fois de grands yeux et la bouche, puis demeure tranquille pour jamais. Songez qu'il était mort et qu'il avait une partie du cœur emportée [1]. »

fit donc arrêter M. de Turenne, qui avait toujours galopé, pour lui faire voir une batterie ; c'était comme s'il eût dit : « Monsieur, arrêtez-vous un peu ; car c'est ici que vous devez être tué. » Le coup de canon vient donc et emporte le bras de Saint-Hilaire qui montrait cette batterie, et tue M. de Turenne. Le fils de Saint-Hilaire se jette à son père et se met à pleurer et à crier. « Taisez-vous, mon enfant ; voyez, lui dit-il en lui montrant M. de Turenne raide mort, voilà ce qu'il faut pleurer éternellement, voilà ce qui est irréparable ; » et, sans faire nulle attention sur lui, se met à crier et à pleurer cette grande perte. M. de la Rochefoucauld pleure lui-même en admirant la noblesse de ce sentiment. » (Lettre de Mme de Sévigné à Mme de Grignan, 7 août 1675.)

[1] Lettre de Mme de Sévigné à Mme de Grignan, 28 août 1675.

Les restes de Turenne, enveloppés dans un manteau, furent portés sans bruit dans sa tente ; mais le fatal secret fut bien vite connu. Tandis que des cris de joie, des concerts de timbales et de trompettes retentissaient dans le camp ennemi, on n'entendait parmi les Français que des gémissements. « D'abord que notre général fut tué, nous fûmes des enfants sans père. »

« On dit que les soldats faisaient des cris qui s'entendaient de deux lieues : nulle considération ne les pouvait retenir ; ils criaient qu'on les menât au combat, qu'ils voulaient venger la mort de leur père, de leur général, de leur protecteur, de leur défenseur ; qu'avec lui ils ne craignaient rien, mais qu'ils vengeraient bien sa mort ; qu'on les laissât faire, qu'ils étaient furieux et qu'on les menât au combat [1]. »

Les ennemis avaient été promptement avertis de la mort de Turenne. Vers trois heures de l'après-midi, un déserteur[2] alla en porter la nouvelle à Montecuculli, qui s'étonnait de ne pas être attaqué. On a prétendu[3] qu'au premier moment ce général ne put dissimuler la joie qu'il éprouvait d'être délivré d'un si redoutable adversaire, et que ce ne fut que lorsqu'il eut repris possession de lui-même qu'il laissa tomber cette mémorable parole : « Il est mort aujourd'hui un homme qui faisait honneur à l'homme. » Nous aimons mieux penser que ce magnifique éloge ne fut terni par aucun sentiment égoïste et bas. Montecuculli, du reste, faillit périr aussi dans cette journée. « Nous entendîmes de grands cris sur la hauteur où était la droite des ennemis, et nous vîmes un officier tomber d'un de nos coups de canon. Il fut entouré de beaucoup de monde ; on le releva aussitôt, mais il ne fut point blessé : il n'y eut que son cheval qui eut la tête emportée. Nous sûmes que c'était M. de Montecuculli qui avait échappé à cet effroyable danger [4]. »

Les soldats demandaient à venger leur général, mais les chefs hésitaient à combattre. Il y eut d'abord de longues et pénibles discussions pour savoir qui prendrait le com-

---

[1] Lettre de Mme de Sévigné à Mme de Grignan, 2 août 1675.
[2] C'était un valet de chambre allemand qui était à M. de Boufflers, suivant les uns ; suivant Saint-Hilaire, un dragon du régiment du roi ; suivant M. C. Roussel, c'était un chirurgien français.
[3] *Mémoires de Saint-Hilaire.*
[4] *Ibid.*

mandement. Deux hommes y prétendaient : le marquis de Vaubrun, en sa qualité de plus ancien général; le comte de Lorges, neveu de Turenne, comme étant de jour. Les soldats, qui n'aspiraient qu'à combattre, s'irritaient de ces indécisions et s'écriaient ironiquement: « Lâchez la *Pie*, elle nous conduira[1]. » Enfin l'armée, appelée à vider le différend, se décida, sans doute en raison de sa parenté avec le maréchal, pour le comte de Lorges, qui tint un conseil de guerre, ne se sentant pas assez d'autorité pour assumer seul la responsabilité de la conduite des affaires. On ne s'entendait que sur un point, c'était qu'on ne pouvait continuer la guerre en Allemagne et qu'il fallait repasser en Alsace; mais là se bornait l'accord. Pour l'exécution de la retraite, différents plans furent proposés. On décida enfin qu'après être resté quelque temps en face de l'ennemi pour recevoir la bataille s'il l'offrait, on battrait en retraite sur le Rhin. On resta deux jours en présence; Montecuculli n'osa pas attaquer, et dans la nuit du 29 au 30 juillet, l'armée se replia sur Bischen et Willstett, dont on évacua les magasins dans la journée du 31.

Le 1er août, une partie de l'armée française avait déjà passé la Schutter, quand, vers dix heures du matin, les Impériaux attaquèrent vigoureusement et à l'improviste l'arrière-garde, tandis qu'une forte colonne tournait les Français et se dirigeait sur Altenheim dans le dessein d'enlever la tête de pont et de couper leurs communications. Si ce dessein eût réussi, l'armée se fût trouvée en grand péril. Les deux attaques de Montecuculli trouvèrent heureusement une égale résistance. Les soldats soutinrent avec une opiniâtreté invincible une lutte inégale et se battirent en désespérés. On ne faisait pas de quartier, aussi le combat fut-il très meurtrier. Le régiment de la Ferté perdit quinze capitaines sur seize. Le marquis de Vaubrun, que sa blessure au pied empêchait de se tenir à cheval, se fit attacher sur sa selle et s'élança à la charge à la tête de ses escadrons. Il fut tué d'une balle dans la tête. De Lorges, qui présidait au passage de la Schutter, se conduisit en habile capitaine. Il eut un cheval tué sous lui.

A sept heures du soir, Montecuculli fit sonner la retraite. Ses attaques avaient été repoussées sur tous les points; il

---

[1] On sait que la *Pie* était le cheval que Turenne montait ordinairement.

avait perdu deux à trois mille hommes, sept pièces de canon, plusieurs drapeaux, et son armée démoralisée n'était pas capable de renouveler le combat. On resta néanmoins deux jours encore en présence, puis les Impériaux se retirèrent sur Kehl. L'armée française regagna alors la rive gauche du Rhin sur les ponts d'Altenheim, défit ces ponts après son passage et établit son camp à Plobsheim, entre le fleuve et l'Ill.

Montecuculli essaya une dernière fois de tenter la fortune, mais sa destinée militaire était finie. Il pénétra en Alsace par le pont de Strasbourg. Louis XIV, effrayé, arracha Condé au repos qu'il goûtait à Chantilly. « Que je voudrais, disait le prince en partant, causer seulement deux heures avec l'ombre de M. de Turenne pour prendre la suite de ses desseins ! » Sa présence ranima le courage des soldats et intimida l'ennemi. Condé se tint sur la défensive ; mais, par d'habiles manœuvres, il sut forcer les Impériaux à lever le siège de Haguenau et celui de Saverne, et à repasser le Rhin. Ce fut sa dernière campagne ; il rentra à Chantilly pour n'en plus sortir.

« Je désire que mon corps soit enterré dans l'église de la paroisse où je mourrai, et que mon cœur y demeure aussi avec le moins de cérémonie qu'il se pourra, » disait Turenne dans son testament. Son vœu ne fut pas exaucé.

« Nous avons voulu, écrivit Louis XIV à l'abbé, au prieur et aux religieux de Saint-Denis après la mort de Turenne, pourvoir de telle sorte à la sépulture d'un aussi grand homme et d'un sujet aussi nécessaire, que le lieu où elle seroit fust un témoignage de la grandeur de ses services et de nostre reconnoissance [1]. »

Le corps de Turenne, embaumé et renfermé dans un cercueil de plomb, avait été ramené à Sassbach [2]

---

[1] Les vers suivants coururent à ce moment :

Turenne a son tombeau parmi ceux de nos rois ;
C'est le fait glorieux de ses fameux exploits.
Ainsi la France veut couronner sa vaillance,
Afin qu'aux siècles à venir
On ne fasse point différence
De porter la couronne ou de la soutenir.

[2] Les différentes parties du corps que l'on retire lorsqu'on procède à l'embaumement d'un cadavre furent déposées dans l'église d'Achern, vil-

« Partout où passe cette illustre bière ce sont des pleurs et des cris, des presses, des processions qui ont obligé de marcher et arriver de nuit. Ce sera une douleur bien grande s'il passe par Paris [2]. »

En attendant que tout fût prêt pour les magnifiques obsèques qu'on lui préparait, le corps fut déposé dans l'église des Minimes de Brie-Comte-Robert. Louis XIV ne jugea pas suffisant de le faire inhumer dans l'église de Saint-Denis ; c'est un honneur que l'on a rendu au connétable Bertrand du Guesclin, au connétable de Sancerre, au sage Bureau de la Rivière, au chevalier Arnaud du Guesclin, au brave Guillaume du Châtel. Il voulut donner à Turenne une plus grande marque de distinction, et il or-

---

lage voisin de Sassbach ; elles sont inhumées dans une petite chapelle dédiée à saint Nicolas.

Les habitants de Sassbach conservèrent fidèlement le souvenir du grand événement qui s'était passé près d'eux. Le terrain où Turenne était mort fut entouré d'un respect religieux et devint sacré. En 1781, le cardinal de Rohan fit élever près de cet endroit un monument qui, presque entièrement détruit en 1801, fut restauré par les soins du général Moreau. Le 27 juillet 1829, un nouveau monument, qui subsiste encore, remplaça le précédent. « Au milieu d'une enceinte formée par une haie vive entremêlée de beaux arbres, un obélisque de granit, haut de huit mètres, porte cette simple inscription :

LA FRANCE A TURENNE

« Sur les quatre faces du piédestal, haut de cinq mètres, se trouvent le buste de Turenne, ses armoiries, le nom des batailles qui l'ont immortalisé : Arras, les Dunes, Entzheim, Turckheim, et cette inscription :

ICI TURENNE FUT TUÉ, LE 27 JUILLET 1675.

« Un autre petit monument indique la place où le grand homme tomba après avoir reçu le coup mortel. A droite de l'obélisque, une palissade en bois noir entoure un vieux tronc d'arbre mort. Selon la tradition, cet arbre est celui-là même sur lequel ricocha le boulet qui tua Turenne. » (Joanne, *Trains de plaisir aux bords du Rhin.*)

Dans une petite maison voisine du monument se trouve un boulet que l'on montre aux curieux comme étant celui qui causa la mort du maréchal.

[2] Lettre de Mme de Sévigné à Mme de Grignan, 19 août 1675. — « Le premier président de la cour des aides a une terre en Champagne : son fermier lui vint signifier l'autre jour ou de la rabaisser considérablement, ou de rompre le bail qui en fut fait il y a deux ans. On lui demande pourquoi et que ce n'est point la coutume : il répond que du temps de M. de Turenne on pouvait recueillir avec sûreté et compter sur les terres de ce pays-là ; mais que depuis sa mort tout le monde quittait, croyant que les ennemis y vont entrer. Voilà des choses simples et naturelles qui font son éloge aussi magnifiquement que les Fléchier et les Mascaron. » (*Id.*, lettre du 21 août 1675.)

donna que le corps de ce grand homme fût inhumé dans la chapelle des Bourbons.

Le corps de Turenne fut conduit de l'église des Minimes de Brie-Comte-Robert à Saint-Denis le 19 août.

Le lendemain 20, les parents firent faire un service à Saint-Denis par les religieux. Il n'y eut aucune cérémonie publique. A l'issue de la messe, les religieux portèrent le corps dans la chapelle Saint-Eustache, où il devait rester jusqu'à ce que la chapelle des Bourbons fût bâtie, conformément à la lettre de cachet que le sieur de Saintot, maître des cérémonies, avait portée quelques jours auparavant au prieur, et qui était datée du 15 août.

Ses neveux, le cardinal de la Tour d'Auvergne et le duc de Bouillon, lui firent ériger, par Tuby et Marsy, d'après les desseins de Lebrun, un magnifique tombeau dans la chapelle Saint-Eustache de l'église abbatiale, avec l'autorisation du roi.

Le jour du grand service avait été arrêté au 6 septembre; mais, les préparatifs n'étant pas achevés, on remit la cérémonie au 9.

Un grand concours de peuple se pressait autour de Notre-Dame. « Jamais, a dit Mme de Sévigné, un homme n'a été regretté si sincèrement; tout Paris et tout le peuple était dans le trouble et dans l'émotion. » La population, irritée contre Mme de Montespan, disait: « C'est elle qui nous vaut cela. »

Nous avons deux descriptions de l'appareil funèbre dressé pour la cérémonie qui eut lieu à Notre-Dame le 9 septembre 1675. L'une est de Colletet, qu'un vers de Boileau a rendu à jamais ridicule; l'autre n'est pas signée, elle est plus complète et plus intéressante.

La nef était décorée des armoiries de Turenne, et de dix-huit trophées supportant des devises latines relatives aux actions d'éclat qu'il a faites dans les dernières guerres.

Le mausolée placé au milieu du chœur consistait en une tour ovale élevée sur une montagne avec quatre grands palmiers chargés d'armes en trophées et surmontés de trois couronnes: une de duc [1], une d'étoiles et une de laurier. Au-dessus de la tour, quatre vertus soutiennent une

---

[1] L'une des inscriptions dit « une couronne de prince », mais il est probable que c'est une erreur.

urne à l'antique, faite en forme de tombeau, sur laquelle l'Immortalité, foulant aux pieds la mort, porte l'image de M. de Turenne vers le ciel.

Les quatre faces de l'urne portent les noms de quatre vertus :

RELIGIONI. — FIDEI. — FORTITUDINI. — SAPIENTIÆ.

La Religion. — La Fidélité. — La Valeur. — La Sagesse.

La Réputation et la Gloire pleurent la mort de Turenne, mais écrivent son nom sur des boucliers pour en conserver la mémoire. Les monstres renversés et enchaînés sont l'Envie, la Témérité, la Précipitation, la Lâcheté, l'Intérêt et l'Impiété.

Tout autour du chœur il y avait des frontons portant des devises. Il y en avait trente-quatre accompagnés de dessins et d'attributs symboliques.

Le tombeau de Turenne fut exécuté par Baptiste Tuby et Gaspard Marsy, d'après les dessins de Lebrun.

Les restes mortels de Turenne demeurèrent dans son tombeau jusqu'à la révolution française. Un décret de la convention nationale ayant prescrit d'exhumer les corps ensevelis dans l'abbaye de Saint-Denis afin d'utiliser le plomb des cercueils, la municipalité de Franciade, nom que portait alors la ville de Saint-Denis, donna, le samedi 12 octobre 1793, l'ordre de procéder aux exhumations prescrites. Le tombeau de Turenne fut ouvert le premier. Turenne fut trouvé dans un état de conservation tel, qu'il n'était point déformé et que les traits de son visage n'étaient point altérés. Ce corps, nullement flétri et parfaitement conforme aux portraits et médaillons que nous avons de lui, était en état de momie sèche et couleur de bistre clair.

Pour soustraire le cadavre aux profanations des ouvriers, on leur persuada que la science le réclamait comme une curiosité, et il fut remis à un gardien nommé Hort, qui renferma cette momie dans une boîte de chêne et la déposa dans la petite sacristie de l'église. Pendant plus de huit mois le cadavre demeura entre les mains de cet homme, qui le montrait moyennant rétribution et en détachait une dent de temps en temps pour la vendre à quelque amateur de curiosité. Sur la demande de Desfontaines, savant botaniste et professeur au jardin des Plantes, le cadavre du grand homme fut transporté dans les galeries du muséum d'histoire naturelle.

En se promenant dans ces galeries, un membre du conseil des Cinq cents, Dumolard, député de l'Isère, fut frappé de l'inconvenance de la place qu'occupaient les restes de Turenne, et il eut le courage d'exprimer son indignation dans la séance du conseil du 15 thermidor an IV (2 août 1796). Il proposa de demander au Directoire de faire déposer dans un lieu plus convenable et plus décent les restes du grand Turenne.

« Cette proposition est unanimement adoptée, » dit le procès-verbal; néanmoins, bien qu'adoptée à l'unanimité, elle resta assez longtemps encore à l'état de lettre morte.

Enfin, trois ans après, le décadi 30 germinal an VII (19 avril 1799), on lisait dans la *Gazette nationale* ou *Moniteur universel* la note suivante : « Le Directoire exécutif a arrêté, le 27 germinal (16 avril) que les corps de Turenne, de Molière et de la Fontaine seraient déposés sur-le-champ dans des cénotaphes préparés dans le jardin du musée des monuments français [1]. On doit à l'estimable artiste qui a créé ce musée d'avoir déjà recueilli lui-même les restes de Descartes et de les avoir déposés dans le monument funéraire qu'il lui a élevé. »

Le procès-verbal de la translation des restes de Turenne au musée des monuments français fut rédigé et déposé chez le notaire Potier, le 29 vendémiaire an VIII (12 octobre 1799).

Plus convenable, sans aucun doute, qu'une place au jardin des Plantes entre un rhinocéros et un éléphant, le musée des Augustins n'était pas encore la dernière demeure qui convenait à Turenne. Bonaparte, premier consul, décida que les dépouilles du grand capitaine seraient solennellement transférées dans l'église des Invalides. On enleva du musée des monuments français, où il avait été réédifié, le tombeau érigé à Turenne dans l'abbaye de Saint-Denis, et on le transporta, le 22 septembre 1800, dans « le temple de Mars », comme on disait à cette époque.

---

[1] Ce musée, établi par Alexandre Lenoir, peintre français, mort en 1839, était installé dans l'ancien couvent des Petits-Augustins. Il réunit et préserva de la destruction plus de cinq cents objets d'art provenant des églises et couvents supprimés. Sous la restauration, une ordonnance royale rendit les monuments à leur destination primitive, et le musée disparut.

Le *Moniteur* du tridi, 3 vendémiaire an IX (25 septembre 1800), contenait le récit suivant de cette solennité :

« La translation du corps de Turenne s'est faite le 5° jour complémentaire, an VIII, ainsi que l'avait annoncé le programme. A deux heures, le ministre de l'intérieur (Lucien Bonaparte) et le ministre de la guerre (Carnot) se sont rendus au musée des monuments français, rue des Petits-Augustins, accompagnés d'un grand nombre d'officiers généraux. Là ils ont trouvé le citoyen Desfontaines, professeur au jardin des Plantes, au patriotisme et au courage duquel on doit la conservation des restes de ce grand homme, et le citoyen Lenoir, administrateur du musée, qui le premier a pu les recueillir honorablement. Le corps de Turenne avait été placé au milieu de la salle des monuments du XVIIe siècle. Devant lui, sur un brancard couvert d'une riche draperie, on avait posé l'épée qu'il portait le jour de sa mort et le boulet qui l'a frappé. »

Ces précieuses reliques, dit une note du *Moniteur*, appartiennent au citoyen Bouillon, l'un des petits-neveux de Turenne ; il a bien voulu les confier pour cette cérémonie [1].

---

[1] Nous croyons que le rédacteur du *Moniteur* a commis ici une légère inexactitude. Après la mort de Turenne, le boulet qui l'avait tué fut recueilli et envoyé à la famille du maréchal, qui fit faire, pour le conserver, un petit monument placé actuellement à l'hôtel des Invalides, dans la salle du conseil.

Sous un globe de verre d'assez petite dimension se trouvent les deux flambeaux que Turenne avait habituellement dans sa tente en campagne, le boulet historique et une petite statue équestre, or et argent, représentant le maréchal. D'après les renseignements donnés dans une petite brochure fort bien faite publiée en 1863, sans nom d'auteur, sous le titre : *Visite à l'hôtel des Invalides*, après la mort du dernier duc de Bouillon, arrivée pendant la révolution de 1789, sa sœur épousa en émigration un compatriote, M. Hay de Slade, dont elle eut un fils. Ce fils entra au service, en 1814, dans les gardes du corps, donna sa démission en 1830, et mourut en 1848, sans s'être marié. Il légua par testament olographe le petit monument sur Turenne à l'hôtel des Invalides, qui possédait déjà le tombeau du maréchal.

D'après ces indications, en 1800, M. Hay de Slade était déjà en possession de ces restes précieux. Ce fut donc très probablement lui, et non le citoyen Bouillon du *Moniteur*, qui les prêta pour la cérémonie.

Ajoutons en passant que le boulet pèse un kilog. cinq cent dix grammes. Son diamètre est de sept centimètres. Les deux flambeaux sont en argent doré ; ils ont cent cinquante-cinq millimètres de hauteur, et cent quarante-sept millimètres de diamètre à leur pied ; ils pèsent près de quatre cents grammes chacun.

La statuette, placée sur un petit socle, a quatre-vingt-cinq millimètres de hauteur ; elle pèse cent quatre grammes. Le cheval et son harnache-

« Le corps de Turenne, continue la relation du *Moniteur*, a été déposé dans le monument qui le renfermait à Saint-Denis. Ce monument a été placé dans une des parties latérales du dôme par le citoyen Peyre. On ne peut assez s'étonner que ce travail ait été terminé dans le court espace de temps qui a été donné à cet artiste, et on doit admirer le goût avec lequel il a choisi l'emplacement. Ce monument est beaucoup mieux placé qu'à Saint-Denis [1]. »

« Le cœur de Turenne, dit M. de Guilhermy [2], devait être placé dans l'église abbatiale de Cluny, où un magnifique tombeau avait été construit pour le frère aîné du maréchal; mais il fut remis à la famille par les carmélites de la rue Saint-Jacques, et il appartient actuellement à la branche des la Tour d'Auvergne Lauraguais. La place de ce cœur, qu'il nous soit permis de le dire, n'est pas dans les archives d'une famille, mais sous les voûtes de Saint-Denis. » Nous ne pouvons que nous associer à ce vœu.

---

ment, le bâton et la tête du maréchal sont en argent oxydé; le corps de Turenne et le sous-gorge du cheval sont en or.

[1] Il est permis de ne pas partager l'enthousiasme du rédacteur du *Moniteur*. Voici, à cet égard, les appréciations d'un juge compétent, M. de Guilhermy : « L'œuvre de Tuby et Marsy, destinée à une chapelle de médiocre élévation, dont elle couvrait toute une paroi, ne se trouve plus en rapport avec les proportions colossales du dôme des Invalides. On ne lui a pas restitué les riches trophées en bronze doré qui lui servaient autrefois d'accessoires. Nous regrettons aussi qu'on ait laissé subsister jusqu'à ce jour les traces trop apparentes de la précipitation avec laquelle le monument a été rajusté à une place jadis occupée par un autel. «(*Inscriptions de la France du v° au xviii° siècle.*)

[2] *Inscriptions de la France du v° au xviii° siècle.*

CONCLUSION

Nous voici arrivé au terme de notre tâche. Nous avons suivi Turenne tant dans sa carrière militaire que dans sa vie privée. De cette étude nos lecteurs garderont sans doute, comme nous l'avons fait nous-même, une vive admiration pour cette belle figure. Quelques taches, il est vrai, ont obscurci la renommée de Turenne. Il a porté les armes contre sa patrie; ce fut la grande faute de sa vie; mais elle fut rachetée par une prompte soumission et un entier dévouement à la cause royale; nul ne peut savoir quel eût été, sans le puissant secours de son génie, la destinée de Louis XIV. La victoire ne lui a pas toujours été fidèle. Condé, disent ses panégyristes, a toujours triomphé en bataille rangée; Turenne fut vaincu à Marienthal, à Rethel. Cela est vrai; mais, inébranlable dans l'adversité, l'habile et prudent maréchal savait ramener la fortune. Un mois après Marienthal, Merci, victorieux, reculait devant lui.

Turenne a consacré sa vie tout entière à l'étude persévérante, incessante de la guerre; aussi son génie, qui n'a peut-être été qu'une longue patience, n'a-t-il jamais cessé de grandir. Ses deux dernières campagnes ont mis le comble à sa gloire. Confiné dans sa spécialité, il ne dérobait à ses travaux militaires que le temps nécessaire pour se livrer à l'examen des questions religieuses, examen approfondi qui a ramené dans le sein de l'Église catholique cet esprit droit et juste.

Sa réputation n'a pas été diminuée par le prestige des généraux illustres qui l'ont suivi. Le temps, « ce fleuve qui entraîne tout, n'entraînera pas de sitôt une telle mémoire; elle est consacrée à l'immortalité, » a dit de lui Mme de Sévigné, et ce mot est toujours vrai. Son nom vit entouré de respect et d'honneur, non seulement en France, mais chez nos ennemis eux-mêmes.

« En 1814, quand la division d'Ermolof, en marche contre la France, arriva auprès de Sassbach, le général russe donna à ses troupes l'ordre du jour suivant : « Nos « armées approchent du lieu où périt, frappé d'un boulet, « le grand capitaine Turenne : désireux d'honorer la mé- « moire du héros, j'ordonne à la deuxième division d'in-

« fanterie de la garde, placée sous mon commandement,
« de se réunir autour de son monument, en ordre de ba-
« taille, de défiler ensuite et de rendre les honneurs à ce
grand homme. »

« L'ordre fut ponctuellement exécuté. Les régiments de
la deuxième division défilèrent par pelotons devant le monument. L'illustre Ermolof se tenait près de l'arbre dessé-
ché que la vénération des habitants avait conservé. Il
saluait à haute voix les pelotons qui passaient. Puis les
régiments s'arrêtèrent; un grand silence s'établit. Ermolof
fit un signe, et la seconde division fit entendre trois fois
un hourra, saluant ainsi, sur la terre ennemie, le grand
capitaine.

« Après la parade, les officiers se réunirent dans une
maison qui s'élevait non loin du monument. On présenta
un registre à Ermolof, et celui-ci y écrivit que tel jour le
général Ermolof, avec tous les officiers de la deuxième
division, avait rendu à la cendre du capitaine français les
honneurs militaires qui lui étaient dus[1]. »

Et nous, Français, inclinons-nous devant ce glorieux
capitaine, auquel des étrangers, nos ennemis, se sont fait
gloire de rendre de pareils honneurs.

Le nom de Turenne, qui sauva l'Alsace, amène forcément à l'esprit, avec de nobles et glorieux souvenirs, un
amer et douloureux rapprochement. Que tous ceux qui ont
encore au cœur la mémoire de nos récents désastres; que
tous ceux qui aiment la patrie, meurtrie et mutilée, prennent pour modèle ce guerrier patriote qui ne voulait pas
qu'il y eût un homme de guerre en repos en France tant
qu'il y aurait un Allemand en Alsace. Que notre jeune
génération, appelée tout entière à porter les armes, imite
cette vie de devoir et de dévouement; elle ne peut se proposer un plus noble exemple. L'illustre et modeste Turenne sut allier les vertus privées au génie militaire. Ce
grand homme fut un homme de bien.

[1] Roudakof, *Istoria Pavlovskago polka*, cité par M. Rambaud dans
son ouvrage: *Français et Russes*. Paris, 1877.

FIN

TABLE

CHAPITRE I. — Enfance et jeunesse de Turenne. — Son éducation. — Ses premières armes. 7

— II. — Guerres d'Allemagne (1643-1648). 42

— III. — La Fronde (1648-1652). 87

— IV. — Guerres en Flandre. 132

— V. — Turenne diplomate, homme d'État, écrivain. — Campagne de 1667. — Conversion de Turenne. — Sa vie privée. — Son caractère. 173

— VI. — Campagne de Hollande. — Campagne de Westphalie (1672-1673). 205

— VII. — Campagnes de Turenne en Alsace (1674-1675). — Sa mort. — Ses obsèques. 235

CONCLUSION. 285

OUVRAGES DE LA MÊME COLLECTION

FORMAT IN-12 — 1re ET 2e SÉRIE

Abrégé de tous les voyages autour du monde.
Alix, ou la résignation.
Anémones du roi Noman (les).
Artisans célèbres (les).
Aurélie, ou le monde et la piété.
Aventures de Robinson Crusoé, édition illustrée.
Aventures et conquêtes de Fernand Cortez au Mexique.
Béatrix.
Chanoine Schmid (œuvres choisies du), 1re série, contenant : Marie, — Rose de Tannebourg, — Le jeune Henri.
Chanoine Schmid (œuvres choisies du), 2e série, contenant : Geneviève, — la veille de Noël, — Les Œufs de Pâques.
Chanoine Schmid (œuvres choisies du), 3e série, contenant : Fernando, — Agnès, — Le serin, — La chapelle de la forêt.
Chanoine Schmid (œuvres choisies du), 4e série, contenant : le bon Fridolin, — Théodora, — La Guirlande de houblon.
Charles Ier et Olivier Cromwell.
Charles-Quint (histoire de).
Châtelaines de Roussillon (les).
Chevalerie (histoire de la).
Chevaliers de Malte (histoire des).
Coin du feu du Pasteur (le).
Conquête de Constantinople par les Latins (histoire de la).
Conquête de Grenade.
Croisades (histoire abrégée des).
Curé de campagne (le).
Derniers jours de Pompéi (les).
Dévouement fraternel (le).
Duchesse-Anne (la), histoire d'une frégate.
Esquisses entomologiques.

Frère (le) et la Sœur, ou les leçons de l'adversité.
Gerson, ou le Manuscrit aux enluminures.
Gilbert, ou le Poète malheureux.
Hélène de Séran.
Histoire d'Espagne.
Histoire naturelle des oiseaux, des reptiles et des poissons.
Ile des Cinq (l').
Jeunes ouvrières (les).
Marie, ou l'ange de la terre.
Marie Stuart (histoire de).
Marguerite Robert.
Mes prisons, ou Mémoires de Silvio Pellico.
Naufragés au Spitzberg (les), ou les salutaires Effets de la confiance en Dieu.
Nouveaux souvenirs d'une Mère de famille.
Orpheline de Moscou (l'), ou la Jeune institutrice.
Paul et Virginie.
Pilote Willis (le), édition illustrée.
Récits et Souvenirs d'un voyage en Orient.
Récits tirés de l'Ancien Testament, à l'usage des enfants.
Richard Cœur-de-Lion, roi d'Angleterre (histoire de).
Robinson Suisse (le), édit. illust.
Rose et Josephine, nouvelle historique.
Salle d'asile (la) au bord de la mer.
Trois mois de Vacances.
Une première Année dans le monde.
Voyages en Abyssinie et en Nubie.
Voyage en Perse.
Voy. et Aventures de Lapérouse.
Voyages et découvertes des compagnons de Colomb.

BIOGRAPHIES NATIONALES

Bayart (histoire de Pierre Terrail, seigneur de).
Blanche de Castille (histoire de).
Bossuet (histoire de).
Charlemagne et son siècle.
Charles VIII.
Charles V, roi de France (hist. de).
Colbert.
Crillon (vie de).
Fénelon (histoire de).
François de Lorraine (vie de).
Henri de Guise le Balafré.
Jacques Cœur.
Jeanne d'Arc.

Jeunesse du grand Condé (la).
Godefroi de Bouillon.
Louis XI (histoire de).
Louis XIII et Richelieu.
Louvois.
Maréchal de Vauban (le).
Montmorency (le connétable Anne de).
René d'Anjou.
Richelieu (le cardinal de).
Suger.
Sully et son temps.
Turenne (histoire de Henry de la Tour d'Auvergne, vicomte de).

Tours. — Impr. Mame.

www.ingramcontent.com/pod-product-compliance
Lightning Source LLC
Chambersburg PA
CBHW071423150426
43191CB00008B/1021